Thomas Morus
Die Vier Letzten Dinge

THOMAS MORUS WERKE

Herausgegeben von
Hubertus Schulte Herbrüggen
BAND 4

THOMAS MORUS

DIE VIER LETZTEN DINGE

*Übersetzt, eingeleitet und kommentiert
von Friedrich-Karl Unterweg*

KÖSEL-VERLAG MÜNCHEN

CIP-Kurztitelaufnahme der Deutschen Bibliothek

More, Thomas:
Werke/Thomas Morus. Hrsg. von Hubertus Schulte
Herbrüggen. – München: Kösel
NE: Schulte Herbrüggen, Hubertus [Hrsg.]; More,
Thomas: [Sammlung ⟨dt.⟩]
Bd. 4. Die vier letzten Dinge / übers., eingeleitet u.
kommentiert von Friedrich-Karl Unterweg. – 1984.
Orig.-Ausg. u. d. T.: More, Thomas: The four last
things
ISBN 3-466-25021-8
NE: Unterweg, Friedrich-Karl [Hrsg.]

© 1984 by Kösel-Verlag GmbH & Co., München
Printed in Germany. Alle Rechte vorbehalten
Gesamtherstellung: Kösel, Kempten
Umschlag: Günther Oberhauser, München
ISBN 3-466-25021-8

Für
Julia Katharina

Inhalt

Einführung 11

I. Überlieferung – Datierung 16
1. Überlieferung 16
Handschrift 16 – Erstausgabe 17 – Textgeschichte 24
– Übersetzungen 26
2. Datierung 28
Äußeres Zeugnis 28 – Inneres Zeugnis 34 – Konsequenzen 39

II. Aufbau – Leserschaft – Sprache und Stil ... 40
1. Aufbau 40
Fragment und Plan 40 – Gründe des Abbruchs 41 –
Äußerer Aufbau 44 – Innerer Aufbau 46
2. Leserschaft 49
Familie und Freunde 49 – Das eigene Ich 51
3. Sprache und Stil 51
Wortschatz und Syntax 52 – Bildlichkeit 55

III. Literarische Formen und ihre Tradition .. 59
1. Literarische Form 59
Traktat 59 – Rezept 63
2. Vorläufer und Nachbarn 66
Walter Hilton und die englischen Mystiker 68 – Das
Cordiale 71 – Artes moriendi 73 – Die Totentänze 74
– Regimen sanitatis 75 – Pesttraktate 76

IV. Das Argument 78
1. Biblischer Ausgangspunkt 78
Die Bibel als Richtschnur des Lebens 78 – Das Buch
Jesus Sirach 81 – Der Bibelvers Sirach 7,36 83

2. Argumentation durch anerkannte Autorität .. 85
Heilige Schrift und Kirchenväter 86 – Antike Autoren, Sprichwörter und Sentenzen 87

3. Argumentationskette 89
Die bedrohte menschliche Seele 89 – Die Vier Letzten Dinge: Vorbeuge- und Heilmittel 91 – Verblendung hemmt Wirksamkeit der Arznei 92 – Der Mensch ist immerdar krank 93 – Der Tod: unser nächster Nachbar 94 – Der Tod macht alle Menschen gleich 95 – Vergegenwärtigung der Todesgewißheit, Todesnähe und Gleichheit im Tode bewahrt vor Sünde und heilt die Seele 96 – Kernthese: Todesbetrachtung erfreut, kräftig und hilft zur ewigen Seligkeit 98

Vorbemerkungen zur Übersetzung 100

Auswahlbibliographie.................... 103

Die Vier Letzten Dinge 111

Bedenke die Letzten Dinge, und du wirst niemals sündigen 112
Sterben müssen wir 113 – Tod, Jüngstes Gericht, Verdammung und Seligkeit 115 – Bedenken des Todes 117 – Fegefeuer 117 – Über die beiden Substanzen 118 – Geistliche Freuden, fleischlicher Genuß 119 – Widerwillen des Gewissens 120 – Ein gottloses Herz 122 – Weltliche und geistliche Freuden 123 – Infizierter Geschmack 123 – Ein Instrument, um das Unkraut aus der Seele herauszureißen 124 – Woraus das göttliche Vergnügen erwächst 125 – Sankt Augustinus 125 – Heiterkeit über Reue 126 – Sankt Chrysostomos. Angenehme Qual 127 – Ein Zeichen der Gunst Gottes 128 – Pilgerfahrt 128 – Fegefeuer 128 – Trost 129 – Freude durch geistliche Übungen 129 – Zwei Stufen zum Himmel 130 – Der Geist ist nie müßig 130 – Nachdenken 130 – Schwatzen. Schweigen 131 – Der Zeitpunkt zu Schweigen 132 – Ein vagabundierender Geist 133 – Wissen ohne innere Betrachtung nützt wenig 135 – Drei Feinde 135

Die Betrachtung des Todes 136
Tod. Philosophie 136 – Das Bedenken des Todes 137 – Der Tanz von St. Pauls 137 – Die Qualen des Todes 138 – Christus schrie 140 – Belästigungen beim Sterben 141 – Schmeißfliegen 141 – Ehefrau. Kinder 141 – Testamentsvollstrecker 142 – Der Teufel 142 – Fegefeuer 143 – Des Teufels Versuchungen zur Zeit des Todes 144 – Begräbnis 145 – Verstockte Sünder 146 – Hindernisse, den Tod zu betrachten 146 – Sara. Cicero 147 – Ein alter Mensch kann nicht lange leben 147 – Vergegenwärtigung des Todes durch Krankheit 148 – Plinius Secundus 148 – Immerzu krank 149 – Speise und Trank sind Arzneien 150 – Schlaf ist eine Ohnmacht und das Bild des Todes 151 – Krankheit 151 – Arznei 152 – Unser Leben: eine dauernde Krankheit 154 – Der Tod: ein naher Nachbar 154 – Wir sterben unser ganzes Leben 155

Über den Stolz 159
Stolz ist die Mutter aller Laster 160 – Die Kinder des Stolzes 160 – Der geistige Stolz des Heuchlers 161 – Gott klopft immerzu an 163 – Heuchler 165 – Prahlerei 165 – Ehrgeiz 166 – Ein Bühnenstück 166 – Alles Gefangene 167 – Alle zum Tode verurteilt 168 – Bauherren 169 – Das Wappen der Vorfahren 170

Über den Neid 171
Das Abbild des Todes 172 – Neid ist ein Kind des Stolzes 173 – Eine Fabel Aesops über den Neid 174 – Ein Gleichnis 176

Über den Zorn 178
Stolz ist die Wurzel des Zornes 179 – Schadensersatzklagen 180 – Ein ›trockener Schlag‹ in Spanien 181 – Guter Zorn 182 – Die Schäden des Zornes 183

Über die Habsucht 187
Väter sorgen für die Kinder 189 – Habsüchtige Menschen sind stolz 195 – Ein goldener Traum 201

Über die Völlerei 202
Die Sündhaftigkeit des Auges 203 – Dickbäuchige Völlerei 205 – Der Körper: ein Gefängnis für die Seele 205 – Trägheit und Wollust sind die Töchter der Völlerei 206 – Beschwerlichkeit folgt Völlerfesten 207 – Tugend ist angenehm, Sünde ist schmerzhaft 208 – Völlerei ist schmerzhaft 211 – Völlerei entstellt den Körper 211 – Krankheiten, die durch Völlerei entstehen 211 – Völlerei unterdrückt die Natur 212 – Plutarch 213 – Völler töten sich selbst 215 – Essen, um zu leben 215 – Völler leben, um zu essen 215 – Übermäßige Nahrung 216

Über die Trägheit. 217
Zwei für die Erlösung notwendige Voraussetzungen 217

Lebenstafel Sir Thomas Mores 219

Register. 225

Einführung

*Was sind wir Menschen doch? Ein Wohnhaus grimmer
   Schmerzen,
Ein Ball des falschen Glücks, ein Irrlicht dieser Zeit,
Ein Schauplatz herber Angst, besetzt mit scharfem Leid,
Ein bald verschmelzter Schnee und abgebrannte Kerzen[1].*

Andreas Gryphius' Verse gemahnen den Menschen nachdrücklich an seine Sterblichkeit, führen ihm vor Augen, daß eigentlich sein ganzes Leben von der Todesgewißheit mitbestimmt wird. Eine Tatsache, um die wir im Grunde alle wissen, mit der wir uns aber nur ungern auseinandersetzen[2]. Trotz unaufhörlicher Rundfunk- oder Fernsehberichte über Todesfälle durch Katastrophen, Unglück und Krieg, trotz täglicher Todesanzeigen in der Presse, scheuen wir uns, an unseren eigenen Tod zu denken. »Alles verläuft so, wie wenn weder wir noch die, die uns lieb und teuer sind, sterblich wären. Technisch gesehen räumen wir ein,

---

1 *Andreas Gryphius,* »Menschliches Elend«, in: Vanitas Vanitatum. Von der Nichtigkeit alles Irdischen, hrsg. v. *A. Schulte* mit Bildern von *O. Pankok,* Düsseldorf 1947, 19.
2 Vgl. *Ph. Aries,* Studien zur Geschichte des Todes im Abendland, München 1976, 57–67 und 157–189 (künftig zitiert als *Aries,* Studien) und die ausführlicheren Darstellungen in seiner Geschichte des Todes. Aus dem Französischen von *H.-H. Henschen* und *U. Pfau,* München ²1980, 715–789, zitiert als *Aries,* Geschichte.

daß wir sterben können, schließen wir Lebensversicherungen ab, um unsere Angehörigen vor Notlagen zu schützen. In Wirklichkeit aber, in den Tiefen unseres Selbstbewußtseins, fühlen wir uns unsterblich.«[3] Nicht zuletzt die Fortschritte der Medizin verstärken unsere Hoffnung auf ein langes Leben und lassen uns alle Gedanken ans Sterben verdrängen. Der Tod ist zum verbotenen Objekt geworden[4].

Diese Haltung zum Tode ist indessen erst relativ jung. Sie steht im Gegensatz zu einer jahrhundertealten Tradition, deren charakteristisches Merkmal ein »intensives Gefühl von Vertrautheit mit dem Tode«[5] und eine bereitwillige »Anerkennung eines furchtbaren, aber wahllos zuschlagenden Schicksals«[6] darstellt. Eine Einstellung, die uns heute fremd geworden ist. Die alltägliche Vertrautheit mit dem Tode wurde durch die bildende Kunst wie durch die Fülle eschatologischer Schriften, die vom frühen Mittelalter bis in die Zeit des Barock einen großen Raum einnehmen[7], maßgeblich gefördert. Die Blütezeit der eschatologischen Literatur, die in allen Gattungen einem breiten Publi-

---

3 *Aries*, Studien, 69–70.
4 Vgl. ebd., 57 und *Aries*, Geschichte, 729–730 und 741–753.
5 *Aries*, Studien, 68.
6 Ebd., 69.
7 Vgl. *M. Dusch*, De Veer Utersten. Das Cordiale de quatuor novissimis von Gerhard von Vliederhoven in mittelniederdeutscher Überlieferung, Köln und Wien 1975, 1; *W. Stammler*, Mittelalterliche Prosa in deutscher Sprache, in: Deutsche Philologie im Aufriß, 2. überarbeitete Aufl. hrsg. v. *W. Stammler*, Berlin 1966, Bd. 2, Sp. 756–1032; *H. C. White*, The Tudor Books of Private Devotion, Wisconsin 1951, 3–30 und Pierre Janelle, English Devotional Literature in the Sixteenth and Seventeenth Centuries, in: English Studies Today, second series, ed. *G. A. Bonnard*, Bern 1959, 159–171.

kum[8] eines oder mehrere der ›Letzten Dinge‹[9] des Menschen nahebringt, fällt in das späte Mittelalter. »Keine Zeit hat mit solcher Eindringlichkeit jedermann fort und fort den Todesgedanken eingeprägt wie das fünfzehnte Jahrhundert. Unaufhörlich hallt durch das Leben der Ruf des Memento mori.«[10] Neben der weitverbreiteten Totentanz- und Artes-moriendi-Literatur, den Trostbüchern und Contemptus-mundi-Schriften[11], erfreuten sich insbesondere lateinische und volkssprachliche Traktate über die Quatour novissima einer ungewöhnlichen Beliebtheit[12].

Der hier vorgelegte Band der Werke Mores stellt mit den *Vier Letzten Dingen* aus der langen Reihe der zahlreichen Variationen dieses Themas ein in vieler Hinsicht ungewöhnliches Beispiel asketisch-didaktischer Literatur des frühen 16. Jahrhunderts vor.

Thomas Morus' englische Schrift hat jahrhundertelang ein Schattendasein geführt und im Vergleich zu seinen anderen Werken auch seitens der Forschung bislang wenig Beachtung gefunden. Zu Unrecht, wie wir meinen, da sie uns – ganz abgesehen von ihrer

---

8 Vgl. *Dusch*, 1 und *Stammler*, Philologie im Aufriß, Bd. 2, insbesondere Sp. 1017–1032 sowie *W. T. H. Jackson*, Die Literaturen des Mittelalters. Eine Einführung, Heidelberg 1967, 58–93.
9 Die quatuor novissima: Tod, Jüngstes Gericht, Verdammung und ewige Seligkeit. Vgl. auch S. 115 Anm. 15.
10 *J. Huizinga*, Herbst des Mittelalters. Studien über Lebens- und Geistesformen des 14. und 15. Jahrhunderts in Frankreich und in den Niederlanden, hrsg. v. *K. Köster*, Stuttgart [10]1969, 190.
11 Vgl. *Stammler*, Philologie im Aufriß, Bd. 2, Sp. 966–1032.
12 Vgl. *Dusch*, 2; außerdem *J. Winter Jones*, Note on the Discovery of Two Rare Tracts in the British Museum from the Press of William Caxton, Archaeologia, or Miscellaneous Tracts Relating to Antiquity, XXXI (1846), 412–434 und *F. Falk*, Die Deutschen Sterbebüchlein von der ältesten Zeit des Buchdrucks bis zum Jahr 1520, Köln 1890, 79–82.

zeitgeschichtlichen Bedeutung – einerseits einen Einblick in Mores ›Innerstes‹ gewährt, der unser Bild des Humanisten und Heiligen vervollständigt und abrundet und andererseits eine Behandlung des zeitlosen Memento-mori-Gedankens einschließt, die auch den Leser unserer Tage noch anzusprechen vermag.

Den vergänglichen Kern menschlichen Wesens und Daseins hatte More bereits in einem seiner Epigramme (ca. 1499–1520) knapp umrissen:

> So wie der Wind alle schwankenden Ähren schüttelt, so bewegen uns Hoffnung, Kummer, Zorn und Furcht, wie sie es wollen. An vergänglichen Dingen hat nichts irgendein Gewicht. Eine Schande ist es, durch unbedeutenden Grund erschüttert zu werden[13].

Mit seinen *Vier Letzten Dingen* weitet er diese Kerngedanken zu einer umfassenden Vergegenwärtigung des Todes und der Vergänglichkeit des Menschen aus, in der er in drastisch-ironischer Weise menschliche Schwächen aufdeckt, »eine wirklich wahre Abbildung und Darstellung unseres ehrwürdigen Standes« (S. 167) zeichnet und über die letzte Zukunft nachdenkt. Seine Ausführungen haben unseres Erachtens nichts an Aktualität eingebüßt; sie enthalten Vieles, das uns, die wir in einer Zeit leben, »in der die Letzten Dinge mit Macht an die Tore der Geschichte schlagen«[14], als Denkanstoß dienen könnte, uns zur kritschen Ausein-

---

13 *Thomas Morus*, Epigramme, übersetzt, eingeleitet und kommentiert von *U. Baumann*, München 1983 (Thomas Morus Werke hrsg. von *H. Schulte Herbrüggen*, Bd. 2), 93, Nr. 51 (künftig zitiert als *Epigramme* mit Seitenzahl und Nummer).
14 *M. Schmaus*, Von den Letzten Dingen, Regensburg und Münster 1948, 9.

andersetzung auffordert. Sie erscheinen uns als ein überzeugendes Plädoyer für ein Leben nach dem Maßstab der *Vernunft*, das frei ist von verhängnisvollen Selbsttäuschungen und bestimmt wird durch die bewußte Anerkenntnis der menschlichen Vergänglichkeit und der zeitlichen Begrenztheit unseres Daseins. Vor allem in seinen Ausführungen über den Stolz, den Zorn, den Neid und die Habsucht stellt More aber dar, wie *unvernünftig* wir uns vielfach verhalten. Viele Passagen des Werkes müßten uns eigentlich beschämen, wenn wir uns schonungslos und selbstkritisch vor Augen führten, in welch erschreckendem Maße unser Leben von diesen Untugenden geprägt ist, weil wir egoistisch und oft auf Kosten unserer Mitmenschen mit aller Kraft im Grunde nutzlosen Dingen nachjagen. Vielleicht können *Die Vier Letzten Dinge* uns zur Besinnung bringen und uns helfen, »das Wesentliche zu ergreifen und zum eigentlichen Selbstsein zu gelangen?«[15]

---

15 *G. Scherer*, Das Problem des Todes in der Philosophie, Darmstadt 1979, 2–3.

I. Überlieferung – Datierung

1. Überlieferung

Thomas Mores Traktat über die Vier Letzten Dinge ist ausschließlich in einer gedruckten Fassung, die 1557, zweiundzwanzig Jahre nach seiner Hinrichtung (6. Juli 1535), publiziert wurde und die Grundlage aller späteren Ausgaben bildet, auf uns gekommen[16].

Handschrift

Ein Autograph Mores oder Abschriften dieses Werkes wurden bis heute nicht gefunden oder bekannt. Über möglicherweise in Betracht kommende Besitzer des Autographen oder späterer Handschriften ließe sich allenfalls in Anlehnung an die Überlieferungsgeschichte anderer Werke Mores spekulieren[17]. Die frühen Biographien enthalten hierzu keinerlei Angaben, bestätigen aber zumindest die Autorschaft Mores und

---

16 The Works of Sir Thomas More, knight, sometyme Lorde Chauncellour of England, wrytten by him in the Englysh Tonge, hrsg. v. *William Rastell*, London 1557, 72–102 (künftig zitiert als ›*EW*‹). Eine modernisierte Fassung der *Four Last Things* mit gleichzeitigem Faksimile der Rastell-Ausgabe erschien 1931 im ersten Band der *English Works of Sir Thomas More*, hrsg. v. W. E. *Campbell* und A. W. *Reed*, London und New York; zitiert als ›*Campbell* und *Reed*‹.

17 Vgl. beispielsweise *De Tristitia Christi*, The Yale Edition of the Complete Works of St. Thomas More, New Haven und London, Bd. 14, 1976, 716–737 oder *A Dialogue of Comfort*, Bd. 12, 1976,

berichten einige Details über die Entstehungsumstände, auf die wir unten noch näher eingehen werden[18]. Die Wahrscheinlichkeit, daß handschriftliche Fassungen der *Vier Letzten Dinge* – wie im Falle der *De Tristitia Christi* oder des *Dialogue of Comfort*[19] – heute noch auftauchen, dürfte aber angesichts der Intensität der Morus-Forschung in den letzten Jahrzehnten sowie des großen Bekanntheitsgrades Mores als gering angesehen werden.

Erstausgabe

Die Tatsache, daß sich unsere gesamte Kenntnis der *Vier Letzten Dinge* ausschließlich auf die erwähnte, postum erschienene Druckfassung beschränkt, erfordert deren kurze Beschreibung wie einige Erläuterungen zu ihrem Herausgeber und ihren Entstehungsumständen.

Die *editio princeps* der *Vier Letzten Dinge* erfolgte im Rahmen der monumentalen Folioausgabe der engli-

---

xxii-lvi. Von dieser historisch-kritischen Gesamtausgabe sind bislang außerdem erschienen: *Richard III.*, Bd. 2, 1967; *Translations of Lucian*, Bd. 3, 1974; *Utopia*, Bd. 4, 1965; *Responsio Ad Lutherum*, Bd. 5, 1969; *A Dialogue Concerning Heresies*, Bd. 6, 1981; *The Confutation of Tyndale's Answer*, Bd. 8, 1974; *Apology*, Bd. 9, 1979 und *Treatise on the Passion, Treatise on the Blessed Body, Instructions and Prayers*, Bd. 13, 1976, auf die im folgenden jeweils als YCW mit Band Nr. verwiesen wird.

18 Vgl. S. 31f.

19 Ein Autograph der *Tristitia* wurde erst 1963 von G. Bullogh wiederentdeckt, nachdem es für fast 400 Jahre unbemerkt im Corpus Christi College von Valencia aufbewahrt worden war. Vgl. *G. Bullogh*, More in Valencia: The Holograph Manuscript of the Latin »Passion«, The Tablet, 217 (Dez. 1963), 1379-80 und YCW 14, 697. Eine Handschrift des *Dialogue of Comfort* tauchte Anfang der achtziger Jahre in London auf.

schen Werke Thomas Mores, die heute als eine der schönsten und besten englischen Editionen des 16. Jahrhunderts angesehen wird[20]. Für die Morus-Forschung ist sie von kaum zu überschätzendem Wert, da in ihr viele Schriften Mores erstmals veröffentlicht wurden und ohne dieses großartige Unterfangen der Nachwelt möglicherweise überhaupt nicht erhalten wären[21].

Die monumentale Ausgabe erschien 1557, vier Jahre nachdem *Maria*, die Tochter *Heinrichs VIII.* und seiner ersten Frau *Katharina*[22], englische Königin geworden war und das Ruder des Staatsschiffes, zwanzig Jahre nach Heinrichs folgenschwerer Loslösung Englands von Rom, wieder auf einen katholischen Kurs gelegt hatte. Diese Entscheidung veranlaßte viele Katholiken nach Jahren des Exils in Flandern zur Rückkehr in die Heimat; unter ihnen befanden sich viele Angehörige der Familie und des Freundeskreises Mores[23], so auch *William Rastell* (1508–1565), ein Neffe Mores, der 1549, drei Jahre nach dem Regie-

---

[20] Vgl. *W. A. G. Doyle Davidson*, The Earlier English Works of Sir Thomas More, English Studies, XVII (1953), 49 und *Campbell* und *Reed*, 1–2.

[21] Neben den *Vier Letzten Dingen* wurden u. a. auch die Towerwerke *Treatise upon the Passion of Christ* und *Treatise to Receive the Blessed Body* erstmalig von *Rastell* veröffentlicht. Vgl. auch EW, C ii.

[22] Aus dieser Ehe gingen auch mehrere männliche Nachkommen hervor, doch starben sie alle sehr früh. Dies nahm *Heinrich VIII.* – nachdem sein Blick auf die junge Hofdame *Anna Boleyn* gefallen war – zum Anlaß, die Gültigkeit seiner Ehe mit *Katharina* in Frage zu stellen. *Maria* ›die Katholische‹, 1516 geboren, regierte von 1553–1558. Ihre scharfe Verfolgung der Protestanten brachte ihr auch den Beinamen »die Blutige« ein.

[23] Vgl. zum Freundeskreis Mores insbesondere *P. Hogrefe*, The Sir Thomas More Circle, Urbana 1959, passim.

rungsantritt *Edwards VI.*, mit seiner Familie nach Löwen geflüchtet war[24]. Schon als junger Mann hatte er sich einen guten Ruf als Drucker erworben und etwa um das Jahr 1529 eine eigene Druckerei eingerichtet; zu einer Zeit, da More das Amt des Staatskanzlers übernahm und intensiv mit seinen Kontroversschriften befaßt war[25]. Beeindruckt von der sorgfältigen Arbeit seines Neffen, übertrug More ihm in den folgenden Jahren Druck und Publikation aller seiner Schriften. Ihre freundschaftlich enge Zusammenarbeit endete erst Ende 1533, als Rastell bereits den größten Teil der Kontroversschriften Mores gedruckt hatte[26]. Nach der Inhaftierung seines Onkels (17. April 1534) gab Rastell die inzwischen gefährlich gewordene Druckereitätigkeit auf, widmete sich ganz dem Studium der Rechte und machte auch hier in relativ kurzer Zeit eine beachtliche Karriere[27]. Bis 1549 stieg er zum Vorstandsmitglied und Schatzmeister der Antwaltskammer Lincoln's Inn auf, an der auch More in seinen frühen Jahren tätig gewesen war[28]; dann sah er sich angesichts des zunehmenden Drucks auf die Katholiken gezwungen, das Land zu verlassen[29].

24 Vgl. *A. W. Reed*, Early Tudor Drama. Medwall, the Rastells, Heywood and the More Circle, London 1926, 87; zitiert als *Reed*, Tudor Drama.
25 Vgl. *Campbell* und *Reed*, 4–5 und Lebenstafel.
26 Vgl. *Reed*, Tudor Drama, 76–77.
27 Vgl. ebd., 82 und 85–87.
28 Vgl. *William Roper*, The Life of More, ed. *E. V. Hitchcock*, Early English Text Society, 197, London 1935 u. ö., 5 und 53–54 (künftig zitiert als ›Roper‹) und *R. W. Chambers*, Thomas More, London 1935 (deutsche Übersetzung von *W. Rüttenauer*, München 1946), 76–77 (zitiert als ›Chambers‹).
29 *Rastell* wurde wegen unerlaubten Verlassens des Landes mit 10 £ bestraft. Sein Landsitz und seine gesamte bewegliche Habe verfielen der Krone. *Reed*, Tudor Drama, 87.

Die Zeit seines Exils widmete William Rastell der Kompilation bedeutender Rechtsbücher, vornehmlich aber der Druckvorbereitung der Werke von Thomas Morus[30]. Ein Unternehmen, das nach *Cresacre Mores* Zeugnis schon dessen Tochter *Margaret* kurz nach dem Tode ihres Vaters ins Auge gefaßt hatte[31]. Es ist sehr wahrscheinlich, daß die noch in ihrem Besitz befindlichen Werke, Briefe und anderen Aufzeichnungen Mores[32] nach ihrem Tode (1544) direkt oder über Mittelspersonen aus dem More-Kreis an Rastell weitergeleitet und von ihm selbst – möglicherweise erst im Exil – durch Material aus anderen Quellen ergänzt wurden. ». . . ich habe mit Fleiß gesammelt und so viele seiner Werke, Bücher, Briefe und andere gedruckte und ungedruckte Schriften in englischer Sprache zusammengetragen, wie ich nur auftreiben konnte und diese (in jenen Jahren der bösen Vergangenheit fest und sicher in meinen Händen aufbewahrt) nun kürzlich drucken lassen . . .«[33] schreibt er in der Widmung seines

---

30 Die beiden bedeutendsten Rechtsbücher, die er im Exil fertigstellte, waren *The Collection of Entrees* und *The Collection of Statutes*. Er druckte sie unmittelbar nach seiner Rückkehr nach England. *Campbell* und *Reed*, 8–9.

31 *Cresacre More* berichtet in seinem *Life of Sir Thomas More*, ed. by *J. Hunter*, London 1928, 293, (zitiert als ›Cresacre More‹), daß *Margaret* wegen dieses Vorhabens und der Aufbewahrung des Hauptes ihres Vaters zeitweilig eingekerkert wurde.

32 *Thomas Cromwells* Agenten konfiszierten am 12. Juni 1535 Mores Schreibgeräte und Bücher. Es ist wahrscheinlich, daß die meisten seiner Towerschriften bereits vor diesem Zeitpunkt durch *Margaret* oder seinen Diener *John a Wood* aus dem Tower geschmuggelt worden waren und von Margaret oder anderen Familienangehörigen sicher verwahrt wurden. Vgl. auch *Chambers*, 313 ff.

33 EW, C ii (Widmung). Dieses Zitat wurde, wie alle nachfolgenden aus englischen Werken, von uns ins Deutsche übertragen.

am 30. April 1557 fertiggestellten Werkes. Der der Königin Maria gewidmete Folioband enthält in chronologischer Folge auf 1428 Seiten alle Werke, »die der weise und fromme Mann, Sir Thomas Morus, Ritter, einst Lordkanzler von England ... in der englischen Sprache schrieb, ...«[34] Rastell betont, durch ihre »große Sprachkunst, ausgezeichnete Gelehrsamkeit und sittlichen Tugenden«[35] seien Mores Werke es wert, Besitz und Lektüre jeden Engländers zu sein, »der bemüht und begierig sei, nicht nur die Eleganz und Eigenart der englischen Sprache zu kennen und zu erlernen, sondern auch die wahren Lehren des katholischen Glaubens Christi, die Widerlegung der hassenswerten Irrlehren [der Häretiker] oder die frommen sittlichen Tugenden, die zur Einrichtung und Formung des menschlichen Verhaltens und Gewissens gehören, um ein tugendhaftes und demütiges christliches Leben zu führen, ...«[36]

Das Werk galt aufgrund seiner Bedeutung für die Überlieferungsgeschichte der Schriften Mores und der Tatsache, daß es von einem Mitglied seiner ›Schule‹ stammte, dem er offenbar volles Vertrauen geschenkt hatte, lange Zeit als unbezweifelbar höchste Autorität[37]. In Rastells zitierter Charakterisierung der Werke Mores, die insbesondere seinem humanistischen Frühwerk kaum gerecht wird, sind jedoch für einen kritischen Leser tendenziöse, hagiographische Züge ebenso unverkennbar wie Spuren der Verbitterung über die kirchenpolitischen Ereignisse der Vergangenheit.

34 Ebd.
35 Ebd.
36 Ebd.
37 Vgl. *Campbell* und *Reed*, 1–23.

Diese mögen in den schweren Lebensbedingungen der Familie und des Freundeskreises Mores, in der »Vertreibung« aus England und dem harten persönlichen Schicksals Rastells – seine Frau war kurz vor der Rückkehr nach England im Alter von 26 Jahren gestorben – eine menschlich überzeugende Erklärung finden[38], sollten aber Anlaß sein, seiner Werkausgabe, trotz aller unbestreitbaren Qualitäten, im Interesse eines korrekten Morus-Bildes dennoch kritisch gegenüberzutreten, nicht zuletzt, weil neuere Forschungen bestätigen, daß Rastell verschiedentlich nicht die gebotene Objektivität und Sorgfalt walten ließ, und ihm gelegentlich auch Fehler unterliefen, die es heute richtigzustellen gilt[39].

Bei den *Vier Letzten Dingen* scheint dies – vielleicht mit Ausnahme der Datierung, auf die noch näher einzugehen ist[40] – nicht der Fall zu sein. Er präsentiert diese Schrift auf den Seiten 72 bis 102 seiner Ausgabe offenbar in jenem fragmentarischen, originären Zustand, in dem More sie aus der Hand legte. Nichts deutet darauf hin, daß er den Text des rohen, unfertigen Entwurfs Mores, der dessen ursprünglichem Denkprozeß noch sehr nahe und an vielen Stellen ohne den letzten Schliff geblieben ist, in irgendeiner Form bearbeitet hat[41]. Davon auszunehmen sind etwa solch editorische Maßnahmen, wie die Ergänzung von Marginalien, die Rastells gesamten Band durchziehen. Diese stellen indessen keinen grundlegenden Eingriff in das eigentliche Werk dar, sondern sind eher ein Zeit-

---

38 Vgl. hierzu insbesondere *Reed*, Tudor Drama, 86–92.
39 So irrte er bei der Datierung von Mores *Treatise on the Passion*. Eine Darstellung der Verläßlichkeit Rastells liefert *S. Sylvester* in seiner Edition *Richards III.*, YCW 2, xxix-xxxii.
40 Vgl. S. 28 ff.
41 Vgl. hierzu auch S. 40 f.

charakteristikum. Wir können daher wohl mit Recht davon ausgehen, in der Werkausgabe Rastells einen authentischen Text der *Vier Letzten Dinge* vorliegen zu haben. Dies wird unseres Erachtens auch nicht dadurch in Frage gestellt, daß er beim vorausgehenden Werk dieser Ausgabe, der *History of Richard III.*, ausdrücklich darauf hinweist, er drucke nach einem Autograph Mores[42], bei den *Vier Letzten Dingen* hingegen keinerlei Angaben zur Quelle seines Textes macht. Das möchte sehr wohl an seinem Bemühen liegen, die Authentizität *seiner* Fassung der *History of Richard III.* hervorzuheben und sie damit von den bereits veröffentlichten, verderbten Versionen abzugrenzen[43]. Es könnte aber auch ein Hinweis darauf sein, daß die *Vier Letzten Dinge* nur in einer einzigen Handschrift existierten, deren Authentizität für Rastell nicht in Frage stand, weil er sie selbst besaß oder für die Drucklegung zeitweilig zur Verfügung hatte[44]. Selbst wenn er nicht nach Mores Autograph gedruckt haben sollte, so kann es doch als sicher gelten, daß er im Verlaufe seines ›Sammelprozesses‹ alles daransetzte, dem Original so nahe wie möglich zu kommen – vielleicht indem er selbst eine Abschrift des Autographen anfertigte oder sich Klarheit über die Herkunft und Zuverlässigkeit der ihm zur Verfügung stehenden Handschrift verschaffte[45].

---

42 EW, c ii (Titel).
43 Vgl. zu Einzelheiten *Thomas Morus,* Die Geschichte Richards III., übersetzt, eingeleitet und kommentiert von *H. P. Heinrich,* München 1984 (Thomas Morus Werke hrsg. v. *H. Schulte Herbrüggen,* Bd. 3, 26 ff.; zitiert als *Richard III.*
44 Dies war wahrscheinlich u. a. bei der Drucklegung von Mores *Dialogue of Comfort* der Fall. Vgl. YCW 12, xxvii.
45 Vgl. ebd., xlv.

Textgeschichte

William Rastells verdienstvolle Erstveröffentlichung der *Vier Letzten Dinge* von 1557 scheint aber in der Leserschaft seiner Zeit und der nachfolgenden Jahrhunderte keine größere Resonanz hervorgerufen zu haben, denn im Unterschied zu mehreren anderen Werken Mores wird diese Schrift bis zum Beginn unseres Jahrhunderts weder als Monographie noch in einer Werkausgabe nachgedruckt und auch nur selten in einer englischen Literaturgeschichte gewürdigt[46].

Ihre eigentliche Textgeschichte setzt erst nach einer ausführlichen Vorstellung auch dieses Werkes in *T. E. Bridgetts* epochemachendem *Life and Writings of Sir Thomas More*[47] ein, als *Daniel O'Connor* es 1903 in einer neuenglischen, leicht lesbaren Fassung einem breiteren Publikum erschließt[48]. In seinem kurzen Vorwort unterstreicht er gleichermaßen die weitgehende Unbekanntheit des Traktates wie seine Bedeutung für die Vervollständigung des Morus-Bildes und kommt zu dem Schluß: »Es ist das beste der asketischen Werke Mores«[49]. Abgesehen von der Auslassung einiger Sätze folgt er recht genau der Ausgabe von 1557. Mit dem

---

46 Der *Dialogue of Comfort* erschien bereits wieder 1573, *A Merry Jest* ca. 1575 und die *History of Richard III*. 1641 und 1651 als Monographie. Vgl. *R. W. Gibson*, St. Thomas More: A Preliminary Bibliography of his Works and of Moreana to the Year 1750, New Haven und London 1961, No. 52, 70, 64 a und b sowie 65.

47 London 1891, 385–392.

48 *Thomas More*, The Four Last Things, London 1903. Die vollschwarzen, engstehenden gotischen Buchstaben der Rastell-Ausgabe waren zudem inzwischen in England weitgehend außer Gebrauch gekommen und für ein ungeübtes Auge anstrengend zu lesen.

49 Ebd., vi.

Hinweis auf eine für die nahe Zukunft geplante historisch-kritische Edition durch einen französischen Gelehrten verzichtet er größtenteils auf Sacherläuterungen und Kommentar[50]. O'Connors Ausgabe, die nach Meinung *Doyle-Davidsons* hauptsächlich in katholischen Kreisen Aufnahme fand und schnell vergriffen war[51], wurde 1935 – anläßlich der Heiligsprechung Mores – mit geringfügigen Textvarianten und ohne Vorwort neu aufgelegt[52].

In der Zwischenzeit waren bereits Auszüge aus den *Vier Letzten Dingen*, nämlich die Kapitel über Neid und Habsucht, in eine von *P. S.* und *H. M. Allen* besorgte Auswahlausgabe der englischen Werke Mores einbezogen und 1924 veröffentlicht worden[53]. Dieser folgte sieben Jahre später die erste wissenschaftliche Ausgabe, als *W. E. Campbell* und *A. W. Reed* das Werk in ihrer auf sieben Bände angelegten Edition der *English Works of Sir Thomas More* mit einer kurzen Einführung und philologischen Sacherläuterungen versahen. Die modernisierte Fassung des Textes, in der Orthographie und Interpunktion dem modernen Sprachgebrauch angepaßt und obsolete Wörter erklärt sind[54], wird durch ein Faksimile der Rastell-Ausgabe

---

50 Ebd., vii.
51 Vgl. *Doyle-Davidson,* 52.
52 *Thomas More,* The Four Last Things, London 1935. Es handelt sich nicht um einen unveränderten Nachdruck. Möglicherweise verzichtete *O'Connor* auf seine Einführung, weil das Werk inzwischen von *Campbell* und *Reed* im Rahmen der modernisierten Ausgabe der English Works publiziert und kommentiert worden war. Vgl. auch S. 26.
53 *Sir Thomas More.* Selections from his English Works and the Lives by Erasmus and Roper, Oxford 1924.
54 Vgl. *Campbell* und *Reed,* x-xi. Nur zwei der geplanten sieben Bände sind erschienen.

von 1557 ergänzt, deren Text sie im Unterschied zu den zuvor genannten Publikationen exakt folgt[55]. Da die *Vier Letzten Dinge* noch nicht im Rahmen der großen historisch-kritischen Ausgabe der *Yale Edition of the Complete Works of Saint Thomas More*[56] erschienen sind, ist das Werk von *Campbell* und *Reed* auch heute noch als Standardedition unseres Traktates anzusehen.

Übersetzungen

Im Gefolge der Kanonisation Mores überträgt *Alfred Tholen* im Jahre 1936 die *Vier Letzten Dinge* unter dem Titel *Die Kunst des gottseligen Sterbens* zum ersten Mal ins Deutsche[57]. Er folgt, wie ein Zitat aus der Einführung eindeutig belegt, der Ausgabe O'Connors von 1903. Wie dieser verzichtet auch er auf die Wiedergabe der Marginalien; die Quellenbelege der Bibelzitate gibt er, wie alle anderen Herausgeber nach Rastell, in Fußnoten[58]. Ein Textvergleich bestätigt, daß er sich noch weiter vom Original löst als O'Connor. Tholen schreibt dazu in seinem Vorwort: »Die Übersetzung des englischen Textes setzte ein durchgreifendes Verfahren, ein beherztes und zugleich pietätsgebundenes Zulangen voraus. [...] Manches mußte – nicht ohne

---

[55] So werden beispielsweise auch alle Marginalien der Rastell-Ausgabe wiedergegeben. Vgl. zu den Editionsgrundsätzen, ebd., x.xi und 13–14.
[56] Das Werk ist als Band I geplant.
[57] Kevelaer 1936. Die Buchdruckerei Butzon & Bercker publizierte insbesondere Werke volkstümlicher Devotionsliteratur.
[58] Vgl. *Tholen*, 11–12 und passim; *O'Connor*, 1903, Vorwort und passim und *Campbell* und *Reed*, 459–499.

Bedauern – im Hinblick auf den voraussetzungslosen Leser geglättet, gemildert, gekürzt und umgeordnet werden.«[59] Das Ergebnis dieses Verfahrens ist demnach keine philologisch exakte Übersetzung, sondern ein »Umgießen des Gehaltes«[60] in eine neue Form. Seine zahlreichen Auslassungen, Glättungen und Straffungen führen zwangsläufig zu einer zu großen Distanz zwischen Original und Übersetzung, die teilweise in die Richtung einer purgierten Nachdichtung tendiert und Mores Werk den Reiz des unfertigen, drastisch-offenen und direkt-familiären Entwurfes nimmt. Die Tatsache, daß Tholen dennoch die Ansicht vertritt, »Von der typischen inneren Eigenart und Gesetzlichkeit des Büchleins wurde nichts Wesentliches geopfert«[61], ist ein erneuter Beleg für ein sich schon bei Rastell anbahnendes einseitig hagiographisches Morus-Bild, das sich auch sonst im Vorwort Tholens abzeichnet[62].

Seine Übertragung scheint nur in kleiner Auflage gedruckt worden und ohne großes Echo geblieben zu sein, da sie heute nur schwer zugänglich ist, allen Ermittlungen zufolge nicht nachgedruckt wurde und auch in der einschlägigen Sekundärliteratur keine Erwähnung findet[63].

59 *Tholen*, 10–11.
60 Ebd., 11.
61 Ebd.
62 Vgl. *Tholen*, 7–12. So spricht er stets vom *heiligen* Thomas Morus, dem *heiligen* Kanzler, dem *heiligen* Verfasser etc. und betont in seiner biographischen Skizze insbesondere den Aspekt des Asketen und Heiligen. Kritisch sei noch vermerkt, daß er Mores Übernahme des Lordkanzleramtes auf »kurz vor 1522« datiert, als er »nur« Unterschatzkanzler geworden war (1521). Vgl. hierzu unsere Lebenstafel.
63 Das in der Diözesanbibliothek Köln vorhandene Exemplar ent-

Sonstige Übersetzungen der *Vier Letzten Dinge* ins Deutsche oder in andere Sprachen sind bisher nicht bekannt.

2. Datierung

In der wissenschaftlichen Datierung literarischer Werke würdigt man äußere und innere Zeugnisse.

Äußeres Zeugnis

Der Herausgeber *William Rastell* versieht das Werk im Titel seiner Ausgabe von 1557 gleich mit mehreren expliziten und impliziten Zeitangaben, wenn er feststellt, der Traktat sei »Geschrieben um das Jahr 1522 unseres Herrn von Sir Thomas More, derzeit Ritter und Mitglied des Geheimen Kronrates König Heinrichs VIII. und auch Unterschatzmeister von England.«[64] Eine ähnliche Datierungskette verwendete er bereits in der Überschrift zur *History of Richard III.*[65] und später beim *Dialogue Concerning Heresies*[66]. Dennoch bleibt der genaue Entstehungszeitpunkt des Werkes ungewiß. Läßt schon die Formulierung »um das Jahr 1522« einen gewissen zeitlichen Spielraum, so vergrößern die weiteren »Belege« diesen eher noch als ihn zu verkleinern. »Ritter« und »Unterschatzmeister von England« war More seit dem 2. 5. 1521 und

hält keine Angabe zur Auflagenhöhe. Ein Hinweis auf das Werk findet sich in Schmaus, a.a.O., 379.

64 EW, 72.
65 Vgl. *Richard III.*, 71.
66 Vgl. YCW 6, 4.

»Mitglied des Geheimen Kronrates« bereits seit August 1517[67]. Da er das Amt des Unterschatzmeisters 1525 niederlegte, ergibt sich als mögliche Abfassungszeit ein Intervall von etwa fünf Jahren. Die implizite Datierung aus der Stellung der *Vier Letzten Dinge* in Rastells chronologisch angelegter Ausgabe vergrößert diese Zeitspanne sogar auf gut zehn Jahre, da er das Werk zwischen der – nach heutigem Forschungsstand zwischen 1513 und 1518 entstandenen – *History of Richard III*.[68] und dem *Dialogue Concerning Heresies* einordnet[69], den More als seine erste englischsprachige Kontroversschrift 1529 fertigstellte.

Als privilegierter Drucker Mores und möglicherweise sogar Zeuge des Entstehungsprozesses verschiedener Schriften war William Rastell gut mit Mores Werk vertraut[70]. Über die verwandtschaftlichen Beziehungen hinaus, war er mit vielen Angehörigen der Familie oder des ›More-Kreises‹ freundschaftlich verbunden[71]. Seine umfassenden und detaillierten Kenntnisse des Lebens und Wirkens Mores bestätigen die leider allein erhaltenen drei Fragmente einer von ihm verfaßten ungewöhnlich umfangreichen Biographie aus dem Jahre 1560[72]. Obgleich er selbst nicht im

---

67 Vgl. *J. B. Trapp* und *H. Schulte Herbrüggen*, The King's Good Servant: Sir Thomas More 1477/78–1535, London 1977 (Katalog der 500-Jahr-Ausstellung in der National Portrait Gallery; zitiert als ›Katalog‹), 11–12 und Lebenstafel.
68 Vgl. hierzu *Richard III.*, 28–30.
69 Vgl. EW. Kurz vor der Veröffentlichung stellte Rastell dem ersten Teil des Buches, dem *Life of John Picus*, noch Mores frühe Gedichte voran, die eine gesonderte Seitenzählung erhielten, um die Chronologie der Gesamtausgabe nicht aufzuheben.
70 Vgl. S. 19 ff.
71 Vgl. u. a. *Reed*, Tudor Drama, 72–74.
72 MS. *Arundel* 152. Die Fragmente sind leicht zugänglich in

Haushalt Mores lebte, verfügte er durch *Margaret* und *John Clement,* die in Mores Haus gewohnt hatten und mit ihm ins Exil gegangen waren, doch über Informationen aus erster Hand. *Chambers* weist darauf hin, daß die erhaltenen Fragmente im Hinblick auf Namen und Daten ungewöhnlich zuverlässig sind[73]. Die Datierung durch einen solchen Zeitgenossen und Augenzeugen ist daher nicht ohne weiteres von der Hand zu weisen. Dennoch verlangen Forschung wie textimmanente Argumente gleichermaßen ein kritisches Überdenken dieser Datierung.

Rastells Autorität als zuverlässiger Herausgeber ist bereits durch *Richard S. Sylvester* in Frage gestellt worden, der nachweisen konnte, daß er Errata-Zettel verschiedentlich unberücksichtigt ließ und Mores Text sogar teilweise expurgierte[74]. Hinzu kommen nachgewiesene Faktenirrtümer, etwa bei der Datierung des *Treatise on the Passion* und der *History of Richard III.*[75] Außerdem war Rastell im Jahre 1522 erst vierzehn Jahre alt und daher zweifellos mit dem Frühwerk Mores weniger gut vertraut als etwa mit seinen Kontroversschriften, die er ab 1529 selbst druckte. Hinzu kommt, daß von Mores Tod bis zur Drucklegung der *Vier Letzten Dinge* immerhin 22 Jahre vergangen waren und auch *Margaret Roper* – höchstwahrschein-

N. *Harpsfield,* The Life and Death of Sr. Thomas More, ed. *E. V. Hitchcock* and *R. W. Chambers,* Early English Text Society, 186, London 1932, Appendix I, 219–252 (Zitiert als ›*Harpsfield*‹).

73 *Chambers,* 36–37.
74 Vgl. YCW 2, xxx.
75 Der *Treatise on the Passion* ist entgegen *Rastells* Meinung nur teilweise im Tower entstanden. Vgl. YCW 13, xxxix-xl. Die *History of Richard III.* datiert er auf das Jahr 1513, doch verfaßte sie More wahrscheinlich erst zwischen 1514 und 1518. Vgl. *Richard III.,* 28–30.

lich noch am besten mit Mores Werk vertraut – bereits 13 Jahre tot war. Das Risiko von Gedächtnislücken oder Irrtümern während der mündlichen Überlieferung ist demnach beträchtlich, zumal der junge Rastell vor seiner engen Zusammenarbeit mit More wohl kaum Aufzeichnungen über dessen Werk gemacht haben wird.

Seine Datierung läßt sich zudem weder durch Aussagen von Zeitgenossen, noch durch Mores eigenes Zeugnis stützen. In der uns erhaltenen Korrespondenz und seinem literarischen Werk finden sich keinerlei Hinweise auf die Entstehungszeit oder -umstände des Traktates. Von den frühen Biographien erwähnt ihn 1588 zuerst *Thomas Stapleton*, der sich auf Berichte und Überlieferungen der wegen der Katholikenverfolgung nach Flandern geflüchteten Angehörigen des Morus-Kreises stützte und seine Biographie 1588 in Douai veröffentlichte[76]. Obwohl zu seinen Informanten auch William Rastell zählte, datiert Stapleton das Werk erheblich früher. Er ist der Ansicht, More habe seinen »außerordentlich frommen und gelehrten Traktat etwa zur gleichen Zeit und um sein eigenes spirituelles Leben zu vertiefen«[77] geschrieben wie seine englische Übertragung der lateinischen Biographie Pico della Mirandolas, die bereits zwischen 1504 und 1505 entstand und das erste Werk Mores war, das gedruckt

---

76 Als Teil III seiner Sammelbiographie *Tres Thomae*, von der 1612 und 1620 weitere Ausgaben erschienen. Die erste Einzelausgabe seiner *Vita Mori* erschien 1689. Vgl. *Gibson*, No. 121–No. 124. Wir stützen uns auf eine englische Übersetzung von *Ph. Hallett*, die unter dem Titel *The Life and Illustrious Martyrdom of Sir Thomas More* im Jahre 1928 in London erschien. Künftig zitiert als *Stapleton/Hallett*. Vgl. auch Katalog, Nr. 273.
77 *Stapleton/Hallett*, 10.

wurde[78]. In einem späteren Kapitel wiederholt Stapleton allerdings Rastells Datierung (um die Zeit seines Geadeltwerdens, der Mitgliedschaft im Kronrat und als Unterschatzmeister)[79] und fügt an dritter Stelle hinzu: »Als More sein Buch über die Vier Letzten Dinge schrieb, gab er seiner Tochter Margaret auf, dasselbe Thema zu behandeln; als sie ihre Aufgabe beendet hatte, bekräftigte er nachdrücklich, daß der Traktat seiner Tochter dem seinen in keiner Weise nachstehe.«[80] Da Margaret aber erst im Jahre 1505 geboren wurde, muß eine der beiden Angaben zwangsläufig falsch sein. Der früheste Zeitpunkt für einen solchen »literarischen Wettstreit« zwischen Vater und Tochter dürfte wohl um 1520 liegen, als Margaret etwa 15 Jahre alt war. Die nachfolgenden Biographen, *Ro.Ba.* (1599)[81] und *Cresacre More* (ca. 1615–1620)[82] tragen zur Datierungsfrage nichts Neues bei. Sie folgen weitgehend Stapleton, doch deutet Cresacre Mores Formulierung, More ließ den »sowohl gelehrten, wie geistlichen und frommen Traktat der Vier Letzten Dinge des Menschen, [...] unvollendet, da ihn der Vater zu anderen Studien rief«[83], auf einen *noch* früheren Abfassungstermin, auf etwa 1494[84].

78 Vgl. Katalog, Nr. 22.
79 *Stapleton/Hallett*, 36.
80 Ebd., 112–113.
81 The Life of Syr Thomas More, Sometymes Lord Chancellour of England, ed. *E. V. Hitchcock* und *P. E. Hallett*, Early English Text Society, 222, London, New York und Toronto 1950, 25 u. 96. Der Verfasser, der sich hinter der Abkürzung verbirgt, konnte bis heute nicht ermittelt werden. Vgl. auch ebd., xxiv-xxv.
82 *Cresacre More,* 28 und 154. Vgl. zur Entstehungsgeschichte der beiden Biographien Katalog, No. 274 und No. 276.
83 *Cresacre More,* 28.
84 Vgl. Lebenstafel.

Hält man den von allen drei Biographen erwähnten »literarischen Wettstreit« zwischen Vater und Tochter nicht für eine Anekdote, mit der die außergewöhnliche Bildung Margarets hervorgehoben werden soll[85], dann erführe Rastells Datierung durch Stapleton eine Stützung. Aufgrund des Alters von Margaret ergäbe sich so etwa 1520 – eher noch ein späterer Termin – als *terminus post quem*.

Die modernen Biographen folgen bis auf *E. E. Reynolds*, der als Abfassungszeit die Jahre zwischen 1520 und 1525 nennt[86], meist der Datierung Rastells. Fast übereinstimmend stellen sie fest, »Nach einigen Jahren des Lebens am Hofe scheint sich More in Gefahr gefühlt zu haben, von weltlichen Dingen gefesselt zu werden«[87], weil er »auf den Pfaden des Glücks wandelte«[88]. Deshalb habe er »danach getrachtet, sein Herz rein und demütig zu halten, indem er einen Traktat«[89] über die Vier Letzten Dinge verfaßte. Ihre Beschreibung des Abfassungsgrundes und der -umstände setzt eine hagiographische Überhöhung des Morus-Bildes fort, die, von Rastell ausgehend und mit zunehmender Distanz zum Geschehen stärker werdend, von Ro.Ba. und insbesondere Cresacre More fortgesetzt wird[90].

---

85 *Margaret Roper* war für ihre Zeit eine ungewöhnlich gebildete Frau und Mores engste Vertraute; ein Aspekt, der von den Biographen gerne hervorgehoben wird. Vgl. z. B. *Stapleton/Hallett*, 112–119 und *Chambers*, 182–183.
86 The Field is Won, London 1968, 175.
87 *E. M. G. Routh*, Sir Thomas More and his Friends. 1477–1535, New York 1963, 118.
88 *Chambers*, 199.
89 *Bridgett*, 25.
90 Vgl. hierzu auch die Beschreibung der Biographien in der Lebenstafel.

Inneres Zeugnis

Obgleich man zugestehen muß, daß Mores kritische Ausführungen über den Stolz auf Weltlich-Vergängliches oder das Beispiel vom plötzlichen Fall eines großen Herzogs (S. 176f.) durch persönliche Erfahrungen am Hof *Heinrichs VIII.* beeinflußt sein möchten und als Grund für ein Nachdenken über die eigene Situation plausibel erscheinen, gibt es andererseits zahlreiche gewichtige Passagen, die eher für einen Abfassungstermin sprechen, der *nach* dem Rücktritt Mores vom Amte des Staatskanzlers liegt, in einer Zeit also, als sich die politische Situation zuspitzte, und More erkennen mußte, daß man ihn auch als Privatmann nicht in Ruhe lassen und ihm den Eid auf die Suprematsakte abverlangen würde[91].

So scheint uns schon seine Feststellung, »Zweifellos hat jedes Ding sein Maß. Es gibt [...] Zeiten zu sprechen und Zeiten zu schweigen« (S. 131f.), einen Hinweis auf seine Befragungen zum Suprematseid (1534) zu enthalten. »Wann immer die Rede sündhaft und gottwidrig ist, ist es besser zu schweigen und währenddessen über etwas Besseres nachzudenken, als ihr zuzuhören und das Gespräch zu unterstützen« (S. 132) schreibt er weiter. More folgte diesem Grundsatz bis zuletzt. Er sprach nie über die Suprematsfrage, nicht einmal im engsten Familienkreis, sondern schwieg eisern, um sich nicht in Gefahr zu bringen. Erst als er durch einen Meineid *Richard Richs* des Hochverrats für schuldig befunden war, brach er sein Schweigen[92].

[91] Vgl. *Chambers,* 291–350.
[92] Vgl. *H. Schulte Herbrüggen,* The Process Against Sir Thomas More, The Law Quarterly, 99 (1983), 130–136.

Während More der Auffassung war, die »Auflösung« der ersten Ehe Heinrichs VIII. und die daraus später entwickelte Suprematie des Königs in geistlichen Dingen verstoße gegen Gottes Gebot, zögerten die meisten seiner Zeitgenossen und der größte Teil des Klerus unter dem massiven Druck Heinrichs nicht, ihn als Oberhaupt der Kirche von England anzuerkennen. More hingegen sah sich außerstande, gegen sein Gewissen zu handeln und verweigerte den Eid[93]. Für ihn hätte er »den Wurf seiner eigenen Seele ins Feuer der Hölle« (S. 121) bedeutet, weil er die »große Torheit« (S. 194) begangen hätte, »nicht lieber einen kurzen Schmerz in Kauf [... zu nehmen], um immerwährende Freuden zu gewinnen, anstatt für den Gewinn des immerwährenden Schmerzes, ein kurzes Vergnügen.« (S. 209). Diese Auffassung vertrat er auch noch einmal in einem seiner Towerbriefe an Margaret: »Ein Mensch mag seinen Kopf verlieren, aber dennoch nicht zuschanden werden [...]«[94] und in seiner lateinischen Betrachtung über den Tod, in der er über die Vernunftswidrigkeit handelt, »das eigene irdische Leben durch Begehen einer schweren Sünde vielleicht ein wenig verlängern, nicht hingegen vor dem gewissen Tod bewahren zu können, dadurch jedoch das ewige Leben zu verlieren.«[95]

Die Reihe der Beispiele zu diesem Aspekt ließe sich fortsetzen, doch wollen wir stattdessen noch auf einige

---

93 Vgl. *Chambers* 325 ff.
94 *E. F. Rogers*, ed., The Correspondence of Sir Thomas More, Princeton 1947, Nr. 210, Z. 105-106; künftig zitiert als ›Rogers‹ mit nachfolgender Nr.
95 *Thomas Morus*, Gebete und Meditationen, hrsg., eingeleitet, übersetzt und kommentiert von *H. Schulte Herbrüggen*, München 1982, 38. (Thomas Morus Werke hrsg. von *H. Schulte Herbrüggen*, Bd. 1, zitiert als ›*Gebete und Meditationen*‹).

andere Parallelen zwischen den *Vier Letzten Dingen* und den »Towerwerken« Mores und seiner persönlichen Situation eingehen.

Im Kapitel »Die Betrachtung des Todes«[96] skizziert More das menschliche Dasein als »nichts anderes als ein fortwährendes Sterben« (S. 157) und bringt zur Stützung seiner Auffassung das Bild der Gefangenen ein, »die beide zum Tode verurteilt sind und beide gleichzeitig auf einem Karren zur Hinrichtung gebracht werden.« (S. 157). Ein Bild, das er auch im ebenfalls in der Towerzeit verfaßten *Dialogue of Comfort* verwendet, als er für sich die Möglichkeit eines gewaltsamen Todes in Betracht ziehen mußte[97]. Erinnert man sich, daß Mores Freund *John Fisher* und die befreundeten Kartäusermönche, die ebenfalls den Eid verweigert hatten, mit More im Tower in Haft waren und kurz vor ihm hingerichtet wurden, dann könnte man dieses Bild geradezu als »Vorwegnahme« oder Vorahnung seines eigenen späteren Schicksals verstehen.

Eine Anspielung auf seine Situation nach dem Rücktritt vom Kanzleramt scheint uns auch in folgendem Abschnitt gegeben: »Sähen wir zwei Männer auch wegen höchst gewichtiger Dinge miteinander kämpfen, so hielten wir sie doch dann für verrückt, sofern sie nicht voneinander ablassen, wenn sie einen zum Angriff bereiten Löwen sich nähern sehen, bereit, sie beide zu verschlingen.« (S. 186). Durch die in der Renaissance gebräuchlichen Analogien könnte man in

---

[96] Die Thematik dieses Kapitels behandelt More in komprimierter Form auch in der lateinischen *Betrachtung über den Tod*, die er 1534 im Tower verfaßte. Vgl. *Gebete und Meditationen*, 66–69 und YCW 13, 209–213.

[97] Vgl. YCW 12, 264/1–270/12.

dem Löwen *Heinrich VIII.* sehen, zumal More selbst mit diesem Bild über Heinrich sprach[98], und in den beiden kämpfenden Männern More und seinen Gegenspieler *Thomas Cromwell,* der dann fünf Jahre nach More hingerichtet wurde, obwohl er Heinrich ein gefügiges Werkzeug gewesen war. Für ihn scheint Mores Charakterisierung jener stolzen Heuchler, »die sich selbst für heilig halten, in Verachtung anderer und einem heimlichen Gefallen an ihren geistigen Lastern, die sich selbst unter dem Deckmantel und Schatten irgendeiner Art von Tugend empfehlen...«, (S. 164) geradezu maßgeschneidert zu sein, doch mag Mores Ergänzung, »der sein Tun mit dem Vorwand eines heiligen Vorhabens bemäntelt«, (S. 162) sich auch auf Heinrich und dessen »Auflösung« seiner Ehe aufgrund vorgeblicher religiöser Skrupel beziehen.

Abgesehen von diesen Entsprechungen in seinen »Tower-Werken«, sprechen aber noch weitere Gesichtspunkte für eine späte Datierung um etwa 1534. So stellte *Sister Mary Rosenda Sullivan* bei einer Untersuchung des *cursus* in den Werken Mores fest, daß im Hinblick auf Satzrhythmus, Wortwahl und Alliteration große Gemeinsamkeiten zwischen den *Vier Letzten Dingen* und dem *Dialogue of Comfort* (1534) bestehen[99], die über die von *Alistair Fox* konsta-

---

[98] »Wenn Ihr meinem bescheidenen Rat folgen wollt, werdet Ihr [Master Cromwell], in den Ratschlägen, die Ihr Seiner Gnaden gebt, ihm immer mitteilen, was er tun sollte, niemals aber, was er zu tun vermöchte. So werdet Ihr Euch als wahrhaft ergebener Diener und wirklich wertvoller Ratgeber erweisen. Denn wenn ein Löwe selbst seine Kraft kennte, wäre es schwer, ihn zu lenken.« (*Roper,* 56–57), vgl. auch YCW 12, 110/30–111/3 und 317/24–318/17 und Anm. 64.

[99] A Study of the Cursus in the Works of St. Thomas More, Washington 1943, 58–59, 76–77 und 92–93.

tierten Korrespondenzen zwischen den *Letzten Dingen* und der *History of Richard III.* weit hinausgehen[100]. Obwohl sie in keinem Fall Schlußfolgerungen zur Datierung zieht, bleiben ihre Erkenntnisse in unserem Zusammenhang beachtlich.

Ferner läßt Mores Gesamtwerk inhaltlich drei Gruppen erkennen, die schaffensgenetisch einander folgen: zwischen 1499 und 1518 etwa humanistisch-literarische Schriften, zwischen 1521 und 1533 kontroverstheologische und 1534/35 religiös-erbauliche Schriften. Ihrem inneren Gehalt nach passen die *Vier Letzten Dinge* am ehesten in diese letztgenannte asketisch-didaktische Gruppe (in der sich mehrfach die Traktatgattung findet) und würden gedanklich, formal wie stilistisch mit ihrer ausführlichen Behandlung eines biblischen Themas ein harmonisches Ganzes bilden, im literarisch-humanistischen Frühwerk hingegen eher wie ein Fremdkörper wirken[101].

Schließlich ist der Traktat durch seine thematische Beschränkung auf die Vergegenwärtigung des Todes in seiner Deutung als »Tor« zur ewigen Seligkeit der Trostliteratur zuzurechnen, die wiederum einen großen Teil des Spätwerkes ausmacht.

Zusammengefaßt spricht Rastells *äußeres Zeugnis* für die Zeit um 1522, das *innere Zeugnis* des Werks und seine enge Verknüpfung mit dem Spätwerk hingegen für eine Abfassungszeit um 1534/35. Eine endgültige Entscheidung läßt sich an dieser Stelle nicht treffen.

---

100 *Thomas More*, History and Providence, Oxford 1982, 100–107.
101 In den frühen humanistischen Schriften schneidet More zwar verschiedentlich das Thema Tod und Vergänglichkeit an, behandelt es aber eher konventionell *en passant* und in keinem Fall so emphatisch wie in den *Vier Letzten Dingen*, die ganz der Auslegung eines einzelnen Bibelverses gewidmet sind.

Konsequenzen

Die aus diesen Überlegungen zu ziehenden Konsequenzen laufen keineswegs nur auf eine sonst belanglos bleibende Änderung einer Jahreszahl in der Datierung eines Werkes hinaus. Sie führen vielmehr zu zwei sehr verschiedenen Morus-Bildern.

Die frühe Datierung zeichnet kräftige Konturen im Bilde eines – trotz seiner Hofkarriere – Asketen und Heiligen. Dieses Bild entspricht einer weit verbreiteten und bis heute ungebrochenen Tradition und verrät Tendenzen zu hagiographischer Überhöhung, die Inhalt, Stil und Form des Traktates nicht hinreichend berücksichtigt. Sie geht auf *Rastell, Stapleton* und *Cresacre More* zurück[102].

Die späte Datierung um 1534/35 hingegen entspräche in ihrer fugenlosen Einbindung in Mores damalige Lebenssituation wie in die Gesamtstruktur seines Oeuvre dem Motto »tua res agitur«. Es wäre dann ein Bedenken der *eigenen* Letzten Dinge, als er nach dem Rücktritt vom Kanzleramt und der Zuspitzung der politischen Lage sich gedanklich-argumentativ dazu durchrang, nicht gegen sein Gewissen zu handeln und selbst im Angesicht des Todes allen Versuchungen zu widerstehen, seine ewige Seligkeit für ein kurzes irdisches Glück aufs Spiel zu setzen. Wir wissen, wie gelöst und erleichtert er zur Hinrichtungsstätte ging, weil der Tod für ihn das Ende aller Versuchungen des Teufels bedeutete, und er es nicht länger ertragen mußte, »weiter mit dem Elend [dieser Welt] geplagt und gequält zu werden.«[103]

102 Vgl. auch Lebenstafel und S. 27.
103 *Roper*, 81. Vgl. auch *Gebete und Meditationen*, 66–69.

II. Aufbau – Leserschaft – Sprache und Stil

1. Aufbau

Wie erwähnt, ist Mores Traktat über *Die Vier Letzten Dinge* nur als Fragment auf uns gekommen. *William Rastells* Titelbemerkung »unfynyshed«[104] wie sein Schlußsatz, »Sir Thomas More wrote no farther of thys woorke«[105], deuten darauf hin, daß der fragmentarische Zustand des Werkes auf Mores freiwillige oder erzwungene Entscheidung, die Abhandlung abzubrechen und auf sich beruhen zu lassen, zurückzuführen ist. Hinweise auf Teilverluste oder Beschädigungen der Handschrift in der Zeit bis zur ersten Drucklegung gibt es nicht[106].

Fragment und Plan

Mores ursprüngliche Konzeption des Traktates läßt sich aber anhand einiger Anhaltspunkte rekonstruieren. So deutet bereits der biblische Titel »Memorare

---

104 EW, 72.
105 Ebd., 102.
106 *Stapleton* hebt seine Feststellung, »der größere Teil [der Vier Letzten Dinge] ist verloren gegangen« (*Stapleton/Hallett*, 36) an anderer Stelle wieder auf, als er berichtet, More habe den Traktat nicht vollendet (Ebd., 10–11).

novissima...«[107] auf eine Behandlung aller *vier* Letzten Dinge. Diese Erwartung wird durch Mores Ankündigung, »Laß uns zum Beweis dessen zuerst mit der Betrachtung des ersten dieser Letzten Vier beginnen,...« (S. 135), am Ende des ersten Kapitels erneut bekräftigt. Im Unterschied zu zahlreichen älteren und zeitgenössischen Traktaten über die Vier Letzten Dinge, von denen er mit Sicherheit einige gekannt haben dürfte[108] und in deren literarische Tradition er seine Abhandlung schon durch die Titelwahl einordnet, verzichtet More auf Ausführungen zu den weiteren Dreien: dem Jüngsten Gericht, der Hölle und der ewigen Seligkeit. Er behandelt den Tod allein und die aus seiner gründlichen Vergegenwärtigung erwachsenden Abwehrkräfte gegen sechs der sieben Hauptsünden – das Kapitel über die Wollust fehlt ebenfalls – in großer Ausführlichkeit. Hätte More den Traktat in dieser Weise fortgesetzt und seinen ursprünglichen Plan verwirklicht, so wäre er zweifellos zu einem Monumentalwerk angewachsen, das den Umfang der meisten anderen Bearbeitungen dieses Themas beträchtlich überschritten hätte[109].

Gründe des Abbruchs

Aus welchem Grund More *Die Vier Letzten Dinge* nicht vollendete, läßt sich heute kaum mehr eindeutig

---

107 EW, 72. *Memorare novissima, et in aeternum non peccabis:* Bedenke die Letzten Dinge, und du wirst niemals sündigen. (Sir 7,36), Vgl. auch unten, Anm. 15.
108 Vgl. S. 66–73.
109 Eine der bekanntesten Behandlungen des Themas, das *Cordiale de quatuor novissimis* von *Gerhard von Vliederhoven* (Vgl. S. 71 f.), ist nur etwa halb so lang wie Mores Traktat.

klären, da in Abhängigkeit von der Datierung durchaus mehrere Ursachen in Betracht kommen. Laut *Cresacre More* brach Morus den Traktat ab, weil er von seinem Vater zu anderen Studien gerufen wurde[110]. An späterer Stelle schreibt er dann allerdings, More habe seine Abhandlung möglicherweise nicht vollendet, weil er die gleichzeitig von *Margaret* zum selben Thema verfaßte Erörterung für besser gehalten habe[111]. Einige Unausgewogenheiten und gelegentliche Längen seines Traktates scheinen diese Auffassung zu stützen[112], doch sind weitere Aussagen nicht möglich, da Margarets Abhandlung verloren und ein Vergleich dadurch ausgeschlossen ist.

Bei einer Frühdatierung wäre es denkbar, daß er der Schrift aufgrund starker Belastung durch den Hofdienst, seiner Mitarbeit an Heinrichs *Assertio Septem Sacramentorum* und schließlich seiner völligen Inanspruchnahme durch die Kontroversschriften und die Auseinandersetzung mit den Reformatoren nicht mehr die notwendige Zeit widmen konnte und sie deshalb notgedrungen nach einem Entwurf der ersten Kapitel aus der Hand legte[113].

Im Falle einer Spätdatierung haben vielleicht die Inhaftierung Mores oder die Beschlagnahmung seiner Bücher und Schreibgeräte[114] die Vollendung verhindert.

Abgesehen von den genannten äußeren Gründen könnte man den Abbruch des Werkes aber auch sym-

---

110 Vgl. *Cresacre More*, 28.
111 Vgl. ebd. 154.
112 Vgl. auch S. 45f.
113 Vgl. *J. A. Guy*, More's Public Career, London 1980, passim und *Gebete und Meditationen*, 12.
114 Vgl. *Roper*, 84 und *Harpsfield*, 181–182.

bolisch deuten. Mit *Tholen* sind wir der Auffassung, der Traktat »gewinnt aber mit einem Schlage eine zu völliger Genüge sich rundende Einheit, wenn man den einen großen, alles beherrschenden Gegenstand des Textes, die Betrachtung des Todes zum Heile unserer Seele, gebührend in den Mittelpunkt rückt. Der Gedanke an den Tod ist die tragende Idee des Ganzen.«[115] Wie wir gesehen haben, beschäftigte More »der Gedanke an den Tod« in zahlreichen Werken, doch behandelt er in den *Vier Letzten Dingen* den Tod unter dem Aspekt des *eigenen* Todes, der Suche nach Trost und den geeigneten Mitteln, um das ewige Leben zu erreichen und nicht angesichts der Todesqualen zu verzweifeln und dem Teufel anheimzufallen. Es gab zudem für More keine Notwendigkeit, den Traktat fortzusetzen, da der Tod allein zu den irdisch erfahrbaren Letzten Dingen gehört und er dem Menschen alle Möglichkeiten nimmt, weiterhin das Schicksal seiner Seele zu beeinflussen. »Denn wir alle müssen uns vor dem Gericht Christi offenbaren, damit ein jeder das, was er mit seinem Körper erworben hat gemäß seinen Werken erhalte, seien sie gut oder böse«[116], schreibt More in der *Tristitia Christi* und bricht auch diesen Traktat wenig später ab. Er hatte sich auf den Tod vorbereitet und sein letztes Ziel zeitlebens nicht aus den Augen verloren[117].

---

115 *Tholen*, 7.
116 YCW 14, 657.
117 *G. Marc'hadour* stellt dazu fest: »Für More war jeder Tag Tag des Jüngsten Gerichts.« Moreana 5, (1965), 60. Vgl. *P. Huber*, Traditionsfestigkeit und Traditionskritik bei Thomas Morus, Basel 1953, 98–103.

Äußerer Aufbau

In der von *Rastell* vorgelegten Fassung besteht der Traktat aus 24 zweispaltigen Folioseiten. Der Text ist durchgängig mit Marginalien versehen, mit Quellenangaben zu den eingearbeiteten Bibelzitaten oder Philosophen und Stichworten oder Kurzsätzen, die der Hervorhebung wichtiger Stellen und der weiteren Gliederung der Abhandlung dienen. Wie bei verschiedenen anderen Werken stammen die Marginalien mit großer Sicherheit vom Herausgeber William Rastell[118]. Mores Autograph der *Tristitia Christi* zeigt uns andererseits, daß er bisweilen die betreffenden Bibelstellen auch selbst benennt[119]. Diese Möglichkeit muß daher auch für *Die Vier Letzten Dinge* offenbleiben, wenngleich sich heute wegen des Verlustes der Handschrift Näheres nicht mehr feststellen läßt. Entwurfscharakter wie angesprochener Leserkreis sprechen allerdings für wenige oder gar keine eigenhändigen Marginalien[120].

Der Text ist in der Rastell-Ausgabe durchgängig paginiert (S. 72–102), und die Lagen sind signiert (e.4ᵥ bis f.g.8). Die Bogensignierung ist die ursprüngliche Kennzeichnung gewesen, da die »Paginierung« ab Seite 89 bis zum Schluß dieses Werkes nicht mehr seiten-, sondern spaltenweise fortgeführt wird. Dies läßt darauf schließen, daß die einzelnen Teile der Werkausgabe Rastells von verschiedenen Setzern gleichzeitig bear-

---

118 So z. B. auch in der dritten Ausgabe des *Dialogue Concerning Heresies*, der in den beiden voraufgegangenen Ausgaben, die More noch selbst betreut hatte, keine Marginalien hatte. Vgl. YCW 6, 554–555.
119 Vgl. beispielsweise YCW 14, 666 und 670.
120 Der angesprochene Leserkreis (s. unten) war mit den zitierten Werken gut vertraut.

beitet wurden, die sich bei der Kalkulation des notwendigen Raumes verschätzten und deshalb gezwungen waren, vom ursprünglichen Zählungskonzept abzuweichen. Hierfür spricht auch das Fehlen der Lage »g«[121]. Auch wäre eine Druckunterbrechung oder ein Setzerwechsel als Ursache denkbar.

Rastells Fassung gliedert sich in zwei Hauptkapitel. Das erste umfaßt etwa fünf Folioseiten und trägt keine gesonderte Überschrift. Es stellt die Vier Letzten Dinge als Vorbeugemittel gegen die Sündhaftigkeit des Menschen in seinem ständigen Kampf zwischen Gut und Böse vor. More betont die Notwendigkeit der Buße und geistlicher Übungen und empfiehlt die Versenkung in die Betrachtung der Vier Letzten Dinge als einzig wirksame und verläßliche Arznei gegen die Sünde und zu Schutz oder Heilung der bedrohten Seele[122].

Das zweite Hauptkapitel ist »Die Betrachtung des Todes« überschrieben und füllt die verbleibenden neunzehn Druckseiten. Auf den ersten sechs Seiten setzt More sich mit den Grundbedingungen des menschlichen Lebens auseinander, das seiner Meinung nach durch die Todesgewißheit, die Schrecklichkeit und Ungewißheit der Todesstunde sowie die Vergänglichkeit alles Irdischen entscheidend geprägt wird. Nach dieser Einleitung untersucht er in sechs unterschiedlich langen Unterkapiteln die Wirkung der Betrachtung des Todes gegen die Hauptsünden des Menschen. Obwohl er den Stolz als »Wurzel aller Sünden« (S. 160) und boshafte »Mutter aller Arten des

---

121 Dies ist durch die Kennzeichnung »fg« der auf »e« folgenden Lage ersichtlich. Vgl. hierzu, *Campbell* und *Reed*, 13–14.
122 Vgl. 129–130.

Lasters« (S. 160) darstellt, widmet er nicht ihm, sondern der Habsucht und der Völlerei die größte Aufmerksamkeit. Das Kapitel über die Hauptsünde der Wollust ist nicht ausgeführt. More behandelt sie nur am Rande in anderen Kapiteln[123], und die Darlegungen zur Hauptsünde der Trägheit bricht er nach wenigen Sätzen ab. Angesichts der unterschiedlichen Bedeutung der sieben Hauptsünden bei den Kirchenvätern und in der Moraltheologie erweist sich der äußere Aufbau des Traktats als unausgewogen, da More im Umfange seiner Ausführungen der tradierten Stufenleiter mittelalterlicher Lasterkataloge nur teilweise folgt[124]. Auch dies mag den Entwurfscharakter des Werkes unterstreichen.

Innerer Aufbau

Im Unterschied zu anderen Werken vermittelt More seine Thesen und die darauf aufbauenden Erörterungen in den *Vier Letzten Dingen* direkt und persönlich, ohne jegliche fiktive Einkleidung oder Schaffung litera-

123 So im Kapitel über die Völlerei, S. 202–216 f.
124 Bei der Behandlung der Hauptsünden folgt More formal wie inhaltlich dem von *Gregor dem Großen* festgelegten Sündenkatalog, allerdings bleibt durch die Aussparung der Unkeuschheit eine Lücke zwischen den Hauptsünden Geiz und Unmäßigkeit. Außerdem weicht er in der Bezeichnung des schon nach wenigen Zeilen abbrechenden Kapitels über die Trägheit von Gregor ab und folgt hierin noch *Johannes Cassianus*, der sie der Achtlasterlehre entsprechend nach der Traurigkeit aufführt. Vgl. A. Vögtle, Lasterkataloge, Lexikon für Theologie und Kirche, hrsg. v. Josef Hofer und Karl Rahner. 2. völlig neu bearb. Aufl. Freiburg 1957 ff. (weiterhin zitiert als LThK), Bd. 5, Sp. 806–808 und *F. Scholz*, Sünde, Moraltheologisch, LThK, Bd. 9, Sp. 1181–1183.

rischer Vermittler[125]. Die in Mittelalter und Renaissance beliebte literarische Form des Traktates gestattet es ihm, »abgeschlossene, systematisch geordnete Gedanken zu einem Thema«[126] vorzutragen. Er vermeidet dabei jedoch einen professoralen Monolog, indem er seine Thesen nicht gewissermaßen vom Katheder herunter vorträgt, sondern sich auf eine Ebene mit seinem Leser stellt und ihn »wie einen zu Einwürfen bereiten Hörer«[127] anspricht. Durch die Formulierungen »Laß uns denn hören« (S. 114), »Die Blindheit von uns weltlichem Volk« (S. 117), »wir äußerst sinnlichen Menschen« (S. 123 f.), »sicherlich verfahren wir so mit dem Tod« (S. 147) und »in genau dieser Lage sind wir alle« (S. 159) bezieht More sich immer wieder selbst in den Kreis der angesprochenen Sünder ein. Sein Verzicht auf die wissenschaftlich-theoretische Distanziertheit hat zu unterschiedlichen Beurteilungen der Redeform in den *Vier Letzten Dingen* geführt. So vertritt *Paul Meißner* die Auffassung, Mores Traktat sei nach dem Vorbild von *Platons* Phaidon entstanden, in dem *Sokrates* bekanntlich zum letzten Mal vor seiner Hinrichtung im Kreise seiner Schüler über den Tod doziert[128]. *H. W. Donner* hingegen kann in der Schrift weder ein mittelalterliches, noch ein platonisches Dialog-Konzept erkennen[129]. In der Tat

---

125 Im *Dialogue of Comfort* ist sein Dialogpartner Vincent und im *Dialogue Concerning Heresies* ein Bote.
126 *L. Rohner*, Der deutsche Essay, Stuttgart 1969, 63.
127 Ebd.
128 Mittelalterliches Lebensgefühl in der englischen Renaissance, Deutsche Vierteljahresschrift für Literaturwissenschaft und Geistesgeschichte, XV (1937), 447.
129 St. Thomas More's Treatise on the Four Last Things and the Gothicisms of the Transalpine Renaissance, English Miscellany,

findet sich in den *Vier Letzten Dingen* kein literarischer Dialogpartner Mores, wie er beispielsweise im *Dialogue Concerning Heresies* durch den Boten[130] oder im *Dialogue of Comfort* durch Vincent verkörpert wird[131]. Dennoch gibt es eindeutig dialogische Strukturen. Wendungen wie »so wirst du vielleicht fragen« (S. 116), »Was aber wirst du sagen« (S. 121), »Möchtest du ein Beispiel sehen?« (S. 127), »Du wirst vielleicht einwenden« (S. 133) und »Wenn du dir sodann einige Krankheiten in Erinnerung riefst« (S. 139) oder »Bedenke, wie es dann erst sein wird« (S. 139), kennzeichnen Mores Bemühen, mit seinem Leser in ein »Gespräch« einzutreten. Er geht auf seine »Einwände« ein, entkräftet oder bestätigt sie und fordert sein Gegenüber zum Mitdenken und Handeln auf. Dabei verwendet er stets die sehr persönliche Anredeform »du«, so daß man sehr wohl die Redeform in seinem Traktat mit der eines lehrreichen Gesprächs zwischen Vater und Kind (etwa Margaret – More) oder Lehrer und Schüler (ähnlich Sokrates und Kriton) vergleichen könnte. Daneben sind vom inneren Aufbau her auch Parallelen zur Korrespondenz Mores, insbesondere seinen letzten Briefen an Margaret[132], zu konstatieren. In ihnen wird der Adressat ebenfalls persönlich angesprochen, seine »Reaktion« berücksichtigt, entwickelt sich ein – zeitlich versetztes – Gespräch.

3 (1952), 25–48; erneut in: Essential Articles for the Study of Thomas More, hrsg. von *R. S. Sylvester* und *G. P. Marc'hadour*, Hamden, Conneticut 1977, dort, 344.
130 Vgl. YCW 6, z. B. 24.
131 Vgl. YCW 12, 3f.
132 Vgl. beispielsweise *Rogers*, No. 210, 211, 214, 216 und 218.

2. Leserschaft

Der Lehrer-Schüler-Vergleich wird insbesondere durch die Entstehungsumstände und den in Betracht kommenden Leserkreis der *Vier Letzten Dinge* angeregt. Die Tatsache, daß More die Abhandlung – etwa im Unterschied zum *Dialogue of Comfort* – offenbar nicht für den Druck vorbereitet hat, grenzt, sofern nicht durch äußere Umstände erzwungen, den Adressatenkreis beträchtlich ein[133].

Familie und Freunde

Zahlreiche Anspielungen auf *Platon*, *Seneca*, *Cicero*, *Plutarch*, *Plinius* oder die *Kirchenväter*[134] legen den Gedanken nahe, daß More sich an ein Publikum wandte, bei dem er die Kenntnis dieser Autoren voraussetzen konnte. *Reed* vertritt die Auffassung, »Der Traktat wird am richtigsten beurteilt, wenn wir annehmen, daß er als Lektüre einiger Mitglieder des More-Kreises oder seiner Schule gedacht war, Margaret More und ihr Ehemann, William Roper, John Clement und seine Gattin, Margaret Giggs.«[135] Die Wahrscheinlichkeit eines kleinen, vertrauten Leserkreises sieht er außerdem durch Mores freimütige Kommentare zum

---

133 Beim *Dialogue of Comfort* faßte More offenbar eine spätere Veröffentlichung ins Auge und gab dem Werk einen fiktiven Rahmen, durch den der Leserkreis über die Familie, Freunde und ihn selbst auf den »allgemeinen« Leser ausgedehnt wurde.
134 Nur wenige der genannten Autoren sind explizit im Text aufgeführt. Meist handelt es sich lediglich um Anspielungen, die wir versucht haben, jeweils in den Sacherläuterungen nachzuweisen.
135 *Campbell* und *Reed*, 22–23.

Prozeß und der Hinrichtung des Herzogs von Buk-
kingham verstärkt[136].

Erinnern wir uns der Mitteilung *Stapletons*, der
Traktat über die *Vier Letzten Dinge* sei aus einem
literarischen Wettstreit zwischen Vater und Tochter
hervorgegangen, dann rückt Margaret aus dem genannten Kreis als unmittelbarer Dialogpartner in den Vordergrund. Bei einer Spätdatierung müßte man allerdings alle Familienmitglieder einbeziehen, die in seinem Hause in Chelsea wohnten, da viele Aspekte des
Traktates die wirtschaftliche Situation wie die persönliche Gefährdung ansprechen. Als er seine Familie von
der Rückgabe des Großsiegels in Kenntnis setzte,
bereitete er sie gleichzeitig auf eine bescheidene
Lebensführung, die unter Umständen bis zum Bettel-
stab führen könne, und die Möglichkeit seiner Inhaftierung vor[137]. Was läge näher, als aus diesem Anlaß
Erörterungen über vergängliche Nichtigkeiten, die
Gefährdung der Seele durch die Versuchungen des
Teufels und den einzigartigen Trost, der »in der Hoffnung auf den Himmel« (S. 124f.) liegt, zu Papier zu
bringen, um sie im Kreise der Familie zu lesen und zu
besprechen und ihr dadurch Zuversicht für möglicherweise noch schwerere Zeiten zu geben?

Unabhängig von diesem konkreten Anlaß kann man
Die Vier Letzten Dinge aber auch als zeitloses Lehr-
werk zur christlichen Erziehung der Kinder Mores
ansehen[138].

136 Ebd., 23.
137 Vgl. *Roper,* 55–56.
138 Vgl. *G. Marc'hadour,* »More ist der Pädagoge, der Adler, der
 seine Jungen das Fliegen lehrt«, The Bible in the Works of Sir
 Thomas More, Nieuwkoop 1969–72, part iv, 60 (nachfolgend
 zitiert als ›*Marc'hadour,* Bible‹).

Das eigene Ich

Keineswegs zuletzt kommt, wie bei allen Towerwerken, auch *More selbst* als Adressat in Betracht. Diese Möglichkeit wird schon von den meisten Biographen im Zusammenhang mit den Entstehungsumständen und der Datierung der *Vier Letzten Dinge* angedeutet. So schreibt *Stapleton*, More habe den Traktat verfaßt, um sein eigenes geistliches Leben zu vertiefen[139], und *Bridgett* und *Chambers* sind der Auffassung, daß er ihn begonnen habe, um nicht von den nutzlosen Eitelkeiten der Welt gefangen genommen zu werden[140]. Der Traktat wäre somit ein Dialog Mores mit sich selbst, in dem er sich aus Anlaß einer konkreten Situation den Tod vergegenwärtigt, um gegen die Hauptsünden gefeit zu sein. In Analogie zu anderen Towerwerken könnte man den Traktat sehr wohl aber auch als logisch-diskursive Erörterung ansehen, in der More seine eigene Situation durchdenkt, um – *sub specie aeternitatis* – die richtigen Entschlüsse für sein Handeln fassen zu können und in der Auslegung des Bibelverses Trost und Stärkung für die eigene Todesstunde zu finden.

3. Sprache und Stil

Die englische Prosa Mores darf durch eine Reihe umfassender Untersuchungen im Gegensatz zu seiner

---

139 *Stapleton/Hallett*, 10.
140 *Bridgett*, 25 und *Chambers*, 199.

lateinischen Prosa als gut erforscht gelten[141]. Da wir hier nur eine deutsche Übersetzung der *Vier Letzten Dinge* vorlegen, dürfen wir uns auf einige grundlegende Informationen und zwei Aspekte beschränken: Wortschatz und Syntax sowie Bildlichkeit.

Wortschatz und Syntax

Thomas Morus schrieb in einer Zeit der Wiedergeburt der englischen Prosa und der ersten Versuche zur Kultivierung eines literarischen Stils in der Muttersprache[142]. Obwohl seine englischen Werke lange ohne größere Beachtung blieben und vereinzelt negative Beurteilungen begegnen[143], ist Mores Bedeutung für die Entwicklung der englischen Prosa heute allgemein anerkannt. *Sir James Mackintosh* meint, er sei als erster englischer Prosaschriftsteller anzusehen[144], für *Max Grünzinger* ist er in der Entwicklung der Prosa epochemachend und »der erste englische Schriftsteller, der

---

141 Die wichtigsten Untersuchungen sind: *J. Delcourt,* Essai sur la Langue de Sir Thomas More, Montpellier 1913; *G. Ph. Krapp,* The Rise of English Literary Prose, New York 1915, insbesondere 80–120; *R. W. Chambers,* The Continuity of English Prose from Alfred to More and his School, in: *Harpsfield,* xlv–clxxiv (zitiert als *Chambers,* Prose); *F. T. Visser,* A Syntax of the English Language of St. Thomas More, 3 Bde., Leuven 1946–1956, nachgedr. 1968/69; *Sister M. Fulham,* Some Aspects of the Prose Style of Thomas More in his English Letters, Diss. Washington D. C. 1957 und *N. C. Yee,* An Analysis of the Prose Style of Thomas Mores Dialogue of Comfort, Diss. Boston 1975.
142 Vgl. *Doyle-Davidson,* 70.
143 Vgl. *Fulham,* 17–19.
144 Life of Sir Thomas More, in: Miscellaneous Works, Philadelphia 1848, Bd. 1, 50–51.

eine wirkliche klassische Prosa geschrieben hat«[145], *John Archer Gee* sieht in ihm »den Vater der englischen Prosa«[146] und *R. W. Chambers* stellt zusammenfassend fest: »More war der erste, der einen Prosastil besaß, der allen Ansprüchen Englands im 16. Jahrhundert gerecht wurde.«[147] Im Hinblick auf die asketisch-didaktischen Werke Mores verweist er auf seine enge Bindung an die englischen Mystiker und die Tatsache, daß More sich bereits auf eine umfangreiche erbauliche Literatur und homiletische Tradition in der Muttersprache stützen konnte[148]. Die Schriften von *Richard Rolle, Walter Hilton* und *Julian of Norwich* – um nur einige zu nennen – bergen zahlreiche thematische Parallelen zu den *Vier Letzten Dingen*[149] und zählten auch im 15. und 16. Jahrhundert noch zu den beliebtesten Erbauungsbüchern[150]. Ihr sprachlich-stilistischer Einfluß auf More spiegelt sich nicht zuletzt in der Einfachheit und Klarheit des Ausdrucks, der typischen Kombination von Synonymen, dem Ornatus und den ausgewogenen Sätzen voller Alliteration[151].

Seine Diktion ist noch frei von den gekünstelten Latinismen und »inkhornterms«[152], die das Englische

---

145 M. *Grünzinger*, Die neuenglische Schriftsprache in den Werken des Sir Thomas More, Diss. Freiburg 1909, 7.
146 *J. A. Gee*, The Life and the Works of Thomas Lupset with a Critical Text of the Original Treatise and the Letters, New Haven 1928, 195.
147 *Chambers*, Prose, liv.
148 Ebd., cxxiv.
149 Vgl. S. 68 ff.
150 Vgl. *Chambers*, Prose, ci-cix und cxxiii-cxxxiv sowie *D. Knowles*, Englische Mystik, Düsseldorf 1968, 46–150.
151 Vgl. *Chambers*, Prose, cxxii und cxxv sowie *Donner*, 347–349.
152 Der Begriff kennzeichnet modisch-lateinische Ausdrücke, die

nur wenig später nachhaltig prägten[153]. Während Mores Wortschatz bereits englisch-modern anmutet[154], ist seine Syntax in den *Vier Letzten Dingen* vielfach noch durch das Lateinische bestimmt[155]. Klassische Strukturen zeigen sich beispielsweise an seiner Gewohnheit, das Hauptverb des Satzes ans Ende zu rücken[156]. Dies und die Eigenart, seine Sätze so mit Gedanken und Assoziationen zu befrachten, daß der Hauptgedanke oftmals durch die Fülle der Einschübe verloren geht, fordern vom Leser eine hohe Aufmerksamkeit. »Nebenthemen reizen ihn zu ausgiebigen Streifzügen seitab von der Hauptstraße; er wiederholt sich, wo es sich um ihm besonders liebgewordene Vorstellungen handelt.«[157] Die Hast, mit der er schrieb, und der Entwurfscharakter des Traktates dürften diesen Eindruck mitbegründen. Sein Stil ist »vertraulich direkt, beinahe scheußlich freimütig« schreibt *A. W. Reed* in seiner Einführung[158] und spielt damit auf die zahlreichen krassen, ungeschminkten Illustrationen an, die Mores Bemühen kennzeichnen, ein realistisches und schonungslos offenes Bild vom Ende des

---

anstelle eines vorhandenen englischen Begriffes verwendet und seit der Mitte des 16. Jahrhunderts als Zeichen eines hochgestochenen pleonastischen Stils verspottet wurden. Vgl. zur Entwicklung des Wortschatzes zur Zeit Mores: M. Görlach, Einführung ins Frühneuenglische, Heidelberg 1978, 127–189.

153 Vgl. *Gee*, 195.
154 Vgl. *J. Delcourts*, Liste des archaismes et néologismes de More, a.a.O., 402–461.
155 Vgl. *Visser*, Bd. I, ixff.
156 Vgl. *Gee*, 196.
157 *Tholen*, 11. Vgl. außerdem *Gee*, 195–196 und *P. S.* und *H. M. Allen*, Selections, xiii.
158 *Campbell* und *Reed*, 21.

menschlichen Lebens zu zeichnen und dem Leser seine Argumentation mit allem Nachdruck zu veranschaulichen[159].

Bildlichkeit

In den *Vier Letzten Dingen* bemüht sich More, seine Überzeugungskraft und Anschaulichkeit durch parabolische oder gleichnishafte Redeweisen zu erhöhen. Diese Stilmittel durchziehen in Form von Fabeln, Parabeln und Gleichnissen mit wechselnder Intensität fast sein gesamtes literarisches Werk[160]. Die Wirksamkeit einer bildlichen Ausdrucksweise betont er im *Dialogue Concerning Heresies:* »Es gibt in dieser Welt keine überzeugenderen Schriften als die, die den ganzen Sachverhalt in Bildern ausdrücken.«[161] »Überzeugend« ist die parabolische Rede durch ihre Distanz zum Leser, die man auch als Verfremdung bezeichnen kann[162]. Sie wendet sich nicht an Gefühle, sondern allein an die Erkenntnis. So verschafft auch More dem Leser der *Vier Letzten Dinge* mehrfach die Möglichkeit, zunächst aus bildhafter Distanz heraus und ohne direkten Bezug auf sein eigenes Verhalten zu urteilen, um dieses dann aus einem neuen Blickwinkel zu betrachten, zu überprüfen und gegebenenfalls zu ändern. Durch die Einflechtung der »äsopischen

---

159 Vgl. beispielsweise S. 138 und S. 168f.
160 Als Beispiele seien lediglich genannt: *Richard III.*, 207; YCW 12, 110/30–111/3, 180/29–181/4, 189/13–14, 285/19–286/3 und YCW 4, 56/32-33.
161 YCW 6, 46/36–47/3.
162 Vgl. R. *Dithmar* (Hrsg.), Fabeln, Parabeln und Gleichnisse. Beispiele didaktischer Literatur, München ⁴1976, 17.

Fabel« über den Habsüchtigen und Neidischen in seine Darlegungen über »die Krankheit des Neides«[163] macht er die Leser, um mit *Breitinger* zu sprechen, »ganz unmerklich auf ihr eigenes Tun und Lassen aufmerksam, [... um] ihnen einen unparteiischen Richterspruch wider sich selbst abzunötigen.«[164]

Wegen des didaktischen Aspektes seines Traktates, der ganz von dem Wunsche geprägt ist, zu überzeugen, macht More auch von anderen Formen parabolischer Rede reichen Gebrauch[165]. Angesichts der mangelnden Aufnahmebereitschaft seines Lesers bieten sie ihm ein passendes literarisches Mittel, denn »die Wahrheit ist das unleidlichste Ding auf Erden.«[166] In den *Vier Letzten Dingen* ist die *Wahrheit* die Unausweichlichkeit des Todes und die Ungewißheit der Todesstunde. »Beim Betrachten des Todes sind wir meist alle gemeinsam kurzsichtig, denn wir können ihn nicht sehen, bis er uns sehr nahe kommt.« (S. 199). Einige aber sind gänzlich blind und »nicht willens, den Tod zu betrachten [...]« (S. 200). »Der Grund dafür ist sicherlich, daß sie freiwillig die Augen zukneifen und ihn nicht anzusehen wünschen.« (S. 200). Diesen will More die Augen öffnen und sie durch Argumente der *Vernunft* von ihrem törichten Verhalten überzeugen.

163 S. 174 f. Vgl. außerdem S. 171–178 und dort Anm. 116.
164 *J. J. Breitinger*, Critische Dichtkunst. Faksimilenachdruck der Ausgabe von 1740. Mit einem Nachwort von *W. Bender*, 2 Bde. Stuttgart 1966, 182.
165 Wir können im folgenden nur auf die wichtigsten Beispiele eingehen. Die Bildersprache in den *Vier Letzten Dingen* ist reichhaltig und vielseitig, aber bisher noch nicht umfassend analysiert worden. Antike Quellen und Parallelen der genannten Bilder werden jeweils in den Sacherläuterungen besprochen.
166 So *Martin Luther* in der Vorrede zu seiner Fabelsammlung. Neu herausgegeben von *W. Steinberg*, Halle/Saale 1961.

So vergleicht er die Welt mit den Brettern einer Bühne, von der die Menschen nach einem kurzen Schauspiel wieder abtreten müssen (S. 166f.), das Leben mit einer tödlichen Krankheit, das nur durch die Arzneien Speise und Trank verlängert werden kann (S. 150ff.), und mit einem fortwährenden Sterben, das bereits mit der Geburt einsetzt (S. 155ff.), die Menschen mit zum Tode verurteilten Gefangenen, die in einem Karren ihrer Hinrichtungsstätte entgegenfahren (S. 185), und die Welt »mit einem sicheren Gefängnis [...], aus dem kein Mensch entfliehen kann.« (S. 167). Die Bilder werden als allgemeine Beispiele eingeführt, und erst in dem Moment, in dem der Leser von der Richtigkeit der Darstellung überzeugt ist, wird die Distanz aufgehoben und die Verbindung zur eigenen Situation geknüpft: »Nun, in genau dieser Lage sind wir alle.« (S. 159).

Die Düsterkeit und Hoffnungslosigkeit dieser gewählten Bilder läßt die Welt als etwas Negatives, wenig Erstrebenswertes und das menschliche Leben als eitles törichtes Bemühen erscheinen, Vergängliches festzuhalten; eine Darstellung, die die feste Einbettung des Traktates in die mittelalterliche Contemptus-mundi-Tradition unterstreicht. Die *Vier Letzten Dinge* sind jedoch keineswegs so »erbarmungslos« und voller »schrecklicher Bilder« wie man verschiedentlich glaubte[167]; im Gegenteil relativieren humorvoll-ironische Passagen, wie die Beschreibung der Begräbnisvorbereitungen (S. 145) oder des trunkenen Völlers (S. 208), diesen Eindruck bereits, und der umfassende

---

167 In dieser Weise äußern sich beispielsweise *Chambers* (S. 199) und *Routh* (S. 118).

Trost der zentralen Bildlichkeit, die das ganze Werk durchzieht, heben ihn schließlich weitgehend auf.

Schon zu Beginn seines Traktates bezeichnet More die Vier Letzten Dinge, die der Arzt Jesus Sirach empfiehlt (S. 114f.), einerseits als *Vorbeuge*mittel gegen die Krankheit der Sünde des Menschen, andererseits aber auch als *Heil*mittel für »Patienten«, die bereits von der Krankheit befallen sind (S. 123ff.). Die Heilung ist indessen nur möglich, weil Christus durch seinen Erlösertod die Sünden der Menschen auf sich lud und ihnen dadurch die Möglichkeit ewigen Lebens zurückgab (S. 143). More nimmt hiermit das Christusmedicus-Thema wieder auf, das besonders häufig von *Augustinus,* seinem »bevorzugten Kirchenvater«, verwendet wird, sich aber auch in Schriften anderer Kirchenväter findet[168] und seinen Ursprung im Neuen Testament hat[169]. Augustinus sieht (wie More) »Christi Mission auf der Erde als die des göttlichen Arztes, der die Wunden heilte, die der Menschheit durch Adams Fall beigebracht wurden, das alte Gift der Schlange neutralisierte und dem vernünftigen Menschen heilsame Arzneien gab, durch die er einen Rückfall in die Krankheit vermeiden kann«[170]. Eine dieser Arzneien sind die Vier Letzten Dinge, deren meditative Betrachtung zur Demut führt (S. 184), die ihm die Nachfolge Christi ermöglicht und schließlich, nach dem Schmerz des eigenen Todes, »in seine [Gottes] Herrlichkeit zu kommen«. (S. 126f.)[171].

168 Vgl. *R. Arbesmann,* The Concept of »Christus Medicus« in St. Augustine, Traditio X (1954), 1–28.
169 Vgl. Mk 2,17, aber auch Sir 38,1–15 und YCW 12, 11/20–12/4.
170 *Arbesmann,* 7.
171 Vgl. auch YCW 12, 11/24–12/4.

III. Literarische Formen und ihre Tradition

1. Literarische Form

Traktat

Thomas Morus verwendet für seine *Vier Letzten Dinge* eine im gesamten Mittelalter und der Renaissance beliebte und weitverbreitete literarische Gebrauchsform der Prosa, den Traktat *(treatise)*. Das Wort geht auf das lateinische *tractatus* zurück und kennzeichnet eine durch lange Tradition geprägte Form der Abhandlung, die in der Patristik und der mittelalterlich-scholastischen Theologie und Philosophie die gebräuchlichste Darstellungsform philosophisch-wissenschaftlicher und theologisch-didaktischer Probleme verkörpert[172]. Als literarische Form mit informierender Funktion stellt sie *Horst Belke* in eine Reihe mit dem Sachbuch, dem Bericht und der Biographie und grenzt sie ab von Formen mit wertender Funktion, dem Essay, dem Feuilleton sowie der Glosse und appellierender Funktion wie Rede, Predigt und Pamphlet[173]. »Zusammenfassend läßt sich der Traktat als eine aus der populärphilosophischen Vermittlung der griechischen Antike

---

172 Vgl. *J. A. Kruse,* »Traktat«, Reallexikon der Deutschen Literaturgeschichte, Bd. 4, hrsg. v. *K. Kanzog* und *A. Masser,* Berlin und New York ²1981, 531 und 535–536.
173 Vgl. *H. Belke,* Literarische Gebrauchsformen, Düsseldorf 1973, 79–82.

herstammende literarische Gebrauchsform bestimmen, die für christlich-homiletische Zwecke nutzbar gemacht wurde und Einzelthemen moralisch-dogmatischer Art aufzunehmen hatte.«[174] Im Humanismus und der Renaissance lebte der Traktat in der vielfältigsten Weise fort und wurde nach dem Vorbild der Scholastik um viele Gebiete theologisch-philosophischer Konvenienz erweitert, so daß schließlich alle Wissensgebiete im Traktat ein sachlich orientiertes Vermittlungsmedium finden konnten. Die anfänglich griechisch oder lateinisch, seit dem späten Mittelalter in zunehmendem Maße aber auch landessprachlich abgefaßten Traktate, zeichnen sich meist durch gute Überschaubarkeit, Klarheit und Verständlichkeit aus[175]. Obwohl sie durchaus in der Lage sind, dialogische Redestrukturen aufzunehmen, ist ihre Form in der Regel monologisch; inhaltlich sind sie meist von vorgefaßten Prämissen und unverrückbaren Thesen bestimmt, von denen her der Gegenstand analysiert wird[176]. Traktate erwiesen sich als besonders geeignet, das Bedürfnis nach geistlicher Bildung und religiöser Empfindung in der Kirche durch die Erörterung aller Bereiche der »Glaubens- und Sakramentenlehre, des Gebetes und der zehn Gebote mitsamt der dazugehörigen Sünden- und Tugendproblematik und den Merkmalen des christlichen Lebens«[177] zu befriedigen. Zu den immer wieder bearbeiteten Themen dieser spätmittelalterlichen Erbauungsliteratur, die durch die Erfindung des Buchdrucks eine zuvor nicht gekannte Verbreitung fand,

174 *Kruse*, 537.
175 Vgl. ebd., 537 und 539–543.
176 Vgl. *Belke*, 79–80.
177 *Kruse*, 541.

gehört auch die Eschatologie, die Lehre von den Letzten Dingen.

Die Frage, ob die Bezeichnung der *Vier Letzten Dinge* als *treatise* (Traktat) von More selbst oder – wie es wahrscheinlicher ist – vom Herausgeber *William Rastell* stammt, läßt sich durch den Verlust der Handschrift nicht mehr klären. Sie erweist sich allerdings auch als unerheblich, weil ein Vergleich der *Vier Letzten Dinge* mit anderen Werken Mores, die er teils selbst als *treatise* bezeichnete, keinen Zweifel läßt, daß sie dieser Gattung zuzurechnen sind[178]. Außerdem kann man davon ausgehen, daß auch Rastell durch seine Zusammenarbeit mit More und seine juristische Laufbahn gut mit dieser Gattung vertraut war, und er das Werk daher mühelos richtig zuordnen konnte.

More selbst hat in seinem Gesamtwerk mehrfach von dieser literarischen Form Gebrauch gemacht, doch taucht der Begriff im Titel lediglich der beiden Spätwerke, *Treatise on the Passion* und *Treatise on the Blessed Body,* auf, obwohl unter anderem auch die *De Tristitia Christi,* der *Dialogue Concerning Heresies* und die *Supplication of Souls* von ihrer Struktur her als Traktate anzusehen sind.

In den *Vier Letzten Dingen* erweitert More die ursprünglich strenge, systematisch-knappe Form der Gattung durch Aufnahme zahlreicher Beispiele, mit denen er seine Thesen oder Gedankengänge veranschaulicht, um so seinen Leser endgültig von der Richtigkeit seiner Ausführungen zu überzeugen[179]. Außer-

---

178 So den *Treatise upon the Passion,* »Ein historischer Traktat, der das bittere Leiden unseres Erlösers Christus enthält, ...«, YCW 13, 3/4–5.
179 Vgl. beispielsweise S. 166f. und S. 176f. *Belke* rückt den Traktat

dem ermöglicht ihm dieses Verfahren, die Traktaten vielfach eignende sachliche »Reserviertheit« zu verringern und einen persönlichen Kontakt zu seinem Leser herzustellen. Dieser Stilzug könnte auf seine langjährige Praxis als Anwalt und Richter zurückzuführen sein, durch die er gut mit den zeitgenössischen Rechtsbüchern – die unter anderem auch von *William Rastell* gedruckt wurden – vertraut war, die vielfach Kompilationen kurzer Artikel darstellen, in die anekdotische Elemente und Exempla eingeflochten sind[180].

Im Unterschied zu den beiden genannten Traktaten verwendet More in den *Vier Letzten Dingen* wiederum die Dialogform, die er schon in einigen Streitschriften erfolgreich eingesetzt hatte[181]. Er bedient sich damit einer in der Antike wurzelnden Lehrform (u. a. bei *Platon, Seneca, Cicero, Lukian*), die über die Diatribe auch Eingang in den mit ihr verwandten Traktat fand und sich im Mittelalter und der Renaissance zur beliebtesten Form der Erörterung philosophischer, religiöser und weltanschaulicher Fragen entwickelte und zahlreiche Beispiele guter Kunstprosa – wie allein die *Dialoge Mores* und *Erasmus' von Rotterdam* bestätigen – hervorbrachte[182]. In den *Vier Letzten Dingen* trägt der

<small>in die Nähe der Abhandlung, die er als »lückenlos mit Fakten objektiv argumentierend, am Gegenstand orientiert, sachlich, schmucklos« bezeichnet (79).

180 Vgl. *W. Rastells* Collections of Entrees und Collection of the Statues sowie *J. Rastells* Expositiones Terminorum Legum. Vgl. auch *Reed,* Tudor Drama, 87–88.

181 So z. B. im *Dialogue Concerning Heresies* und in der *Confutation of Tyndale's Answer.*

182 Vgl. zur Entwicklung des Dialogs als Lehrform u. a. *R. Wildbolz,* Der philosophische Dialog als literarisches Kunstwerk, Bern 1952 und *E. Merill,* The Dialogue in English Literature, London 1911.</small>

Dialog zur Veranschaulichung der Denkvorgänge bei und erleichtert More die Überzeugung seines »Gesprächspartners«.

Rezept

Die reiche medizinische und pharmazeutische Literatur ist zu Morus' Zeit vor allem in zwei Großformen, dem Arzneibuch und dem *Regimen sanitatis,* in vielen Sprachen verbreitet[183]. Als Humanist wird More auch mit medizinischen Traktaten und Rezeptsammlungen in Berührung gekommen sein und sie – beispielsweise bei der schweren Erkrankung *Margarets* – gelegentlich studiert haben[184]. Seine Kenntnis beider Gattungen könnte durch *John Clement,* der Mores Adoptivtochter *Margaret Giggs* geheiratet hatte und Arzt geworden war[185], wie durch die Korrespondenz mit Humanistenfreunden, die oft großes Interesse an der Medizin hatten, verstärkt worden sein. So wissen wir beispielsweise, daß *Willibald Pirckheimer* medizinische Rezepte sammelte und auch vielfach um Rat gefragt wurde[186].

183 Vgl. *G. Eis,* Mittelalterliche Fachprosa der Artes, Deutsche Philologie im Aufriß, hrsg. v. *W. Stammler,* 2. überarb. Aufl., Bd. 2, Berlin 1966, Sp. 1185–1193 und *G. Olson,* Literature as Recreation in the Later Middle Ages, Ithaca und London 1982, 39–55; beide Werke enthalten weitere reiche Literaturangaben.
184 So berichtet *Roper* (29/2–7), daß More bei dieser Gelegenheit eine Arznei in den Sinn gekommen sei, an die die Ärzte selbst nicht gedacht hatten.
185 Vgl. hierzu auch *E. Wenkebach,* John Clement, ein englischer Humanist und Arzt des 16. Jahrhunderts, Studien zur Geschichte der Medizin, Heft 14, Leipzig 1925.
186 Vgl. *G. Eis,* Forschungen zur Fachprosa, Bern und München 1971, 107 (»Zwei Rezepte von Willibald Pirckheimer«).

Trotz Lücken in der systematischen Erforschung der medizinischen Fachprosa sind heute viele der alten Handschriften als Drucke zugänglich, so daß man Einblick in die heilkundlichen Kenntnisse und Verfahren der Zeit nehmen kann[187]. Diese wurden vor allem in den *Regimina sanitatis,* allgemeinen Anweisungen zur Erhaltung der Gesundheit »für Menschen aller Altersstufen und für beide Geschlechter«[188], und den *remedia* oder *consilia,* oft knapp formulierten Rezepten gegen einzelne Krankheiten, festgehalten. Als Rezept bezeichnet man eine Schrift, die »dem Willen des Arztes, auf bestimmte Weise der Krankheit Herr zu werden, Form und Inhalt gibt«[189] und schriftliche Anweisungen an den Apotheker zur Herstellung und Abgabe von Arzneien enthalten kann. Zahlreiche Rezepte des 15. und 16. Jahrhunderts sind durch einen dreiteiligen Aufbau geprägt[190]. Im ersten Teil nennt sich vielfach der Arzt als anerkannte Autorität oder er benennt Gewährspersonen, die das Rezept bereits erfolgreich angewendet haben. Im zweiten Teil folgen die Zusammensetzung der Arznei, die Mischung der Kräuter und meist die Anwendungsmethode. Den Schluß bildet

---

187 Die umfangreichste Rezeptsammlung enthält *K. Sudhoffs Archiv für Geschichte der Medizin,* 1908 ff. Zahlreiche Einzelbeiträge finden sich im Werk von *G. Eis.* Vgl. die umfangreiche Bibliographie in Fachliteratur des Mittelalters, Festschrift für *G. Eis,* hrsg. v. *G. Keil et al.* Stuttgart 1968, 499–534 sowie die Literaturangaben in seinem genannten Beitrag im Aufriß, Sp. 1196–1197.

188 *G. Eis,* Mittelalterliche Fachliteratur, Stuttgart 1962, 37.

189 *O. Zekert,* Das ärztliche Rezept, Ingelheim 1960.

190 Vgl. *Eis,* Forschungen zur Fachprosa, 102–105 (»Zwei medizinische Rezepte von Peter Harer«) und *H. E. Sigerist,* Studien und Texte zur frühmittelalterlichen Rezeptliteratur, Studien zur Geschichte der Medizin, Heft 13, Leipzig 1923, 168–186.

eine Beschreibung der Wirkungsweise, die wiederum durch frühere Patienten bestätigt werden kann[191].

Faßt man die Ausführungen Mores über die Vier Letzten Dinge in einigen Kernsätzen zusammen, dann ergeben sich erstaunliche Parallelen zu einem medizinischen Rezept. Bereits auf den ersten Seiten seines Traktates bezeichnet er den Bibelvers aus Jesus Sirach als »eine verläßliche Medizin« (S. 113), die von einem »weisen Mann« (S. 112) stammt, »jedem Menschen« (S. 115) nützt und »ohne jeden Zweifel zuverlässig« (ebd.) ist. Hierin folgt er dem ersten Teil zeitgenössischer Rezepte, indem er einen angesehenen Arzt nennt und die Zuverlässigkeit des Mittels betont. Außerdem hebt er in den weiteren Ausführungen hervor, daß diese Arznei gegen alle Arten von Krankheiten (d. h. alle sieben Hauptsünden) wirksam sei, ein Aspekt, den man gerade in seiner Zeit an einem »wirklich guten« Rezept schätzte[192].

Die Zusammensetzung und Anwendung erläutert er ebenfalls. Die Arznei enthält »keine fremden Zutaten« [...], nichts, das teuer zu kaufen, nichts, das weit zu holen« (S. 114) wäre, sondern »nur vier Kräuter [...], nämlich Tod, Jüngstes Gericht, Verdammung und Seligkeit.« (S. 115). Die Arznei ist sowohl Vorbeuge- als auch Heilmittel und durch das »eifrige Betrachten und gründliche Bedenken der Vier Letzten Dinge« (S. 135) anzuwenden.

Die Medizin bewirkt einen dauerhaften Schutz der Seele »vor der Krankheit der Sünde« (S. 113) und »dem todgeweihten Leben immerwährender Strafe« (S. 114). Außerdem erzeugt sie »nicht nur heilsame Tugenden,

---

191 Vgl. *Eis*, Forschungen zur Fachprosa, 105.
192 Vgl. ebd., 102–103.

sondern auch wunderbare geistliche Freuden und seelische Erfreuung« (S. 124). Ihre Wirkungsweise wird durch die Kirchenväter (S. 126), die Heiligen Apostel (S. 127) und »andere heilige Männer und Frauen« (S. 129) bestätigt.

Zusammenfassend ließen sich die *Vier Letzten Dinge* demnach durchaus als literarische Ausweitung eines knappen Rezeptes ansehen, dessen Bestandteile sich More unter anderem in seinen Gebeten wieder in Erinnerung ruft[193].

2. Vorläufer und Nachbarn

Eine Bestimmung der Quellen der *Vier Letzten Dinge*, die über die – noch zu besprechenden – Bücher der Heiligen Schrift sowie die Kirchenväter und antiken Autoren – handele es sich nun um direkte Zitate oder um offensichtliche Übernahmen ihres Gedankengutes – hinausgeht, erweist sich als schwierig. Mit ziemlicher Sicherheit können wir aber davon ausgehen, daß es sich bei der Schrift nicht um eine Bearbeitung oder Übertragung eines älteren Traktates, sondern um ein originäres Werk Mores handelt. Dennoch fördert bereits eine kursorische Durchsicht auch nur von Teilen des asketisch-didaktischen Schrifttums des Mittelalters auf Schritt und Tritt Parallelen, Anspielungen, vergleichbare Metaphorik und Schlußfolgerungen zu Tage[194]. Die Tatsache, daß diese Werke durch ihren oft kompi-

---

193 Vgl. *Gebete und Meditationen*, 66–69.
194 Verbreitung und Bearbeitungshäufigkeit verschiedener Themen zeigt *M. W. Bloomfield* am Beispiel der Sieben Hauptsünden:

latorischen Entstehungsprozeß aber auch untereinander zahlreiche Ähnlichkeiten aufweisen und mitunter ganze Passagen – auch der *Vier Letzten Dinge* – bei verschiedenen Kirchenvätern gleichzeitig Parallelen haben, erhellt die Schwierigkeit der Bestimmung, wann es sich um eine Primär- und wann um eine Sekundärquelle handeln könnte und wann um eine mehr zufällige »Übereinstimmung im Geiste«. Die Beobachtung unterstreicht, in welch starkem Maße sich die mittelalterliche Literatur mit den großen, alles bestimmenden Themen Tod und Vergänglichkeit[195], mit der Notwendigkeit eines tugendhaften und den Folgen eines sündigen Lebens sowie mit den Fragen der Erlösung oder Verdammung, des Jüngsten Gerichtes und der ewigen Seligkeit auseinandersetzte, um den durch die Allgegenwart des Todes, vor allem nach den großen Pestepidemien, verängstigten Menschen Trost zu spenden[196]. Dieses Bemühen beschränkte sich keineswegs allein auf die Literatur. Mit Ausbreitung der

---

The Seven Deadly Sins. An Introduction to the History of a Religious Concept, with Special Reference to Medieval Literature, Michigan State University 1952, Nachdr. 1967, insbesondere S. 157–242. Den kompilatorischen Charakter zahlreicher Werke der Mystiker und daraus resultierende Parallelen hebt auch *E. Underhills* Edition von Walter Hiltons Scale of Perfection, London 1923, xix, hervor.

195 Vgl. *Huizinga*, 190 ff., und *Th. Spencer*, Death and Elizabethan Tragedy, New York 1960, 3–34.

196 Vgl. hierzu *P. von Moos*, Consolatio. Studien zur mittelalterlichen Trostliteratur über den Tod und zum Problem der christlichen Trauer, 4 Bde., München 1971–72; *H. Appel*, Anfechtung und Trost im Spätmittelalter und bei Luther, Leipzig 1938 (Schriften des Vereins für Reformationsgeschichte, Jahrgang 56, H. 1, Nr. 165) und *E. Döring-Hirsch*, Tod und Jenseits im Spätmittelalter, Berlin 1927 (Studien zur Geschichte der Wirtschafts- und Geisteskultur, Bd. 2).

Bettelorden befaßte sich auch die Volkspredigt intensiv mit Fragen der Lebensbewältigung und Moraltheologie. Deren große Popularität ist nicht zuletzt auf die gewährte »praktische Lebenshilfe« und ihren Brauch zurückzuführen, zugunsten besserer Anschaulichkeit die Predigt mit Exempeln, Fabeln, Sprichwörtern und Anekdoten zu durchsetzen – eine Technik, von der More in den *Vier Letzten Dingen* ebenfalls ausgiebig Gebrauch macht[197]. Aus der mündlichen Überlieferung vieler Predigten ergibt sich eine weitere mögliche Quelle für More.

Versucht man auf der Grundlage der Kernelemente der *Vier Letzten Dinge* (Sterben und Vergänglichkeit, Betrachtung des Todes, Vermeidung von Sünde, Ermunterung zur Buße sowie Trost und Stärkung durch Freuden des Himmels), Mores Hauptquellen in dem breiten Fächer der Erbauungsliteratur zu bestimmen, dann kommen hauptsächlich *Walter Hilton* und die englischen Mystiker in Betracht; als literarische Nachbarn das Cordiale, die Artes-moriendi, die Totentänze und heilkundliche Traktate.

Walter Hilton und die englischen Mystiker

More selbst empfiehlt die Lektüre von *Hiltons* († 1395) *Scale of Perfection*, *Bonaventuras* (ca. 1217–74) *Meditationes vitae Christi*, und *Gersons*[198] *Imitatio Christi*

---

197 Vgl. S. 139 und S. 206f.; Ferner *Chambers*, Prose, und G. R. *Owst*, Preaching in Medieval England, Cambridge 1926, besonders 222–354, und ders., Literature and Pulpit in Medieval England, Oxford 1966, vor allem 149–209.

198 More hielt wie viele seiner Zeitgenossen *Jean Gerson* (1363–

zur Förderung der Frömmigkeit in seiner *Confutation of Tyndale's Answer*[199]. Der Name des englischen Mystikers Hilton bedarf zumindest der Ergänzung durch *Richard Rolle* (1290–1349), der als Begründer der englischen Mystik gilt, und seinen Schriften, die sich oft an einzelne wenden, den Stempel des Erbauungsbuches aufdrückte. More dürfte die Werke der Mystiker spätestens während seiner Jahre in der Londoner Kartause kennengelernt haben und von ihnen nicht nur in sprachlich-stilistischer, sondern auch – vornehmlich von Hilton – in inhaltlicher Hinsicht bei der Abfassung der *Vier Letzten Dinge* ebenso beeinflußt worden sein, wie bei seinen Towerwerken[200]. *Hilton* verarbeitete in seinen Traktaten und der berühmten *Scale of Perfection* zahlreiche Elemente aus *Rolles Emendatio vitae* und der *Cloud of Unknowing* eines unbekannten Verfassers, unterscheidet sich von diesen aber durch den stärker praktisch-anleitenden Charakter seiner Ausführungen[201]. Sein Werk wurde 1494 erstmalig gedruckt und zählte – neben Rolles Schriften – vom 14. bis in das 16. Jahrhundert hinein zu den beliebtesten und verbreitetsten Erbauungsbüchern. In sechsundvierzig Kapiteln seiner *Scale* behan-

---

1429) für den Verfasser der Imitatio Christi, die mit großer Sicherheit ein Werk von *Thomas à Kempis* (ca. 1380–1471) ist.

199 YCW 8, 37/25–33. Vgl. auch YCW 13, lxxxvff.

200 *A. W. Reed* verweist im Vorwort zu *The Minor Works of Walter Hilton,* hrsg. v. *D. Jones,* London 1929, darauf, daß die Werke Hiltons während Mores Aufenthalt in der Londoner Kartause vervielfältigt wurden und eine Beeinflussung wahrscheinlich sei. Vgl. auch YCW 13, xciii-xcv, sowie zu Werk und Einfluß der Mystiker allgemein, *D. Knowles,* Englische Mystik, Düsseldorf 1968, besonders 46–121.

201 Vgl. *W. Hilton,* The Scale of Perfection, hrsg. von *E. Underhill,* London 1923, xx-xlii.

delt er u. a. ausführlich die sieben Hauptsünden, die Notwendigkeit eines tugendhaften Lebens, Demut und Barmherzigkeit und gibt Anleitungen zur Gesunderhaltung der Seele. Er stützt sich, wie More, hauptsächlich auf die Bibel und die Kirchenväter. Beiden gemeinsam ist auch eine direkte Leseransprache, die offensichtliche Vertrautheit mit der alltäglichen Welt sowie das stilistische Bemühen um Klarheit und Verständlichkeit[202]. Da Hilton den Tod nur am Rande behandelt, kommt eine literarische Abhängigkeit vornehmlich für den Sündenkatalog in Betracht.

Tod, Vergänglichkeit und das Wesen menschlichen Daseins waren indessen, mit vielen Aspekten, die auch More schildert, gemeinsam mit dem Fegefeuer, dem Jüngsten Gericht, der Verdammung und den Freuden des Himmels in dem Gedicht *Prick of Conscience* beschrieben worden. Es galt lange Zeit als Werk *Richard Rolles* und erfreute sich außerordentlicher Beliebtheit[203]. Als weitere Vorläufer mit thematischen Parallelen, die aber auch durch ihren lebhaft-realistischen Stil an die *Vier Letzten Dinge* erinnern, seien noch *Handlyng Synne* von *Robert von Brunne*, *Speculum Vitae* von *William von Nassyngton* und das lateinische *Speculum Christiani* genannt, dessen engli-

---

202 Vgl. ebd., xiii-xxx. Stärkere Parallelen zu den *Vier Letzten Dingen* finden sich insbesondere in den Kapiteln LVI, LXIV, LXXII und XC des ersten und XXXVII-XLI des zweiten Buches.
203 *H. E. Allen*, The Authorship of the »Prick of Conscience«, Studies in English and Comparative Literature, Radcliffe College Monographs, No. 15, New York and Boston 1915, 115–170. *Richard Morris* sprach das Werk in seiner Edition, The Pricke of Conscience. A Northhumbrian Poem by R. Rolle de Hampole, Berlin 1863, noch Richard Rolle zu.

sche Fassung ebenfalls zu den noch im 15. und teilweise 16. Jahrhundert beliebten Erbauungsbüchern für Laien zählt[204].

Das Cordiale

Überschrift und Ausgangspunkt der *Vier Letzten Dinge*, der Bibelvers »Bedenke die Letzten Dinge, und du wirst niemals sündigen« (Sir 7.36), knüpfen eine direkte Verbindung zu einer weitverbreiteten Gruppe eschatologischer Schriften, die unter dem Namen Cordiale zusammengefaßt werden. Ursprünglich kennzeichnet er nur den anonym erschienenen Erbauungstraktat *Cordiale de quatour novissimis*, den wahrscheinlich *Gerhard von Vliederhoven* gegen Ende des 14. Jahrhunderts verfaßte, wurde aber später auch, teils durch Verwechslungen, auf andere Traktate über die Letzten Dinge übertragen, obwohl diese in der Behandlung des Themas oft stark differieren[205].

Das im wesentlichen aus einer Kompilation von Bibel- und Kirchenväterzitaten, Teilen erbaulicher Literatur des Mittelalters, Kommentar und Mahnungen zur Buße und Abkehr von der Sünde bestehende lateinische Cordiale entwickelte sich rasch zu einer

---

204 *R. Brunne's* Handlyng Synne and Part of ist Original, William Wadington's Manuel des Pechiez. Hrsg. v. *F. J. Furnivall*, Early English Text Society, 119 und 123, London 1901, Nachdr. 1978. Eine Edition des *Speculum Vitae* steht noch aus, doch findet sich eine ausführlichere Besprechung in: *H. E. Allen*, Radcliffe Coll. Mon., 169 ff. und dies., »Speculum Vitae: Addendum« Publications of the Modern Language Assosiation, XXXII (1917), 133–162). *Speculum Christiani*, hrsg. v. *G. Holmstedt*, Early English Text Society 182, London 1933, nachgedr. 1971.
205 The Cordyal by Anthony Woodville, Earl Rivers, hrsg. v. *J. A. Mulders*, Nijmegen 1962, v-vii und *Dusch*, 1–2.

begehrten volksbuchähnlichen Lektüre. Zahlreiche Handschriften, dreiundsiebzig Auflagen in der Wiegendruckzeit (1471–1500) und weitere Ausgaben des 16. Jahrhunderts in niederländischer, deutscher, französischer, spanischer, katalanischer und englischer Sprache spiegeln seine Beliebtheit[206]. Die Verbreitungsgeschichte des Cordiale steht in enger Beziehung zur niederländischen Reformbewegung der *Devotio moderna,* deren Einfluß durch *Erasmus* und *John Colet* auch in England spürbar wurde. Mit der Devotio moderna, deren Begründer, *Geert Groote,* versenkenden Betrachtungen über die Letzten Dinge große Bedeutung als Vorbereitung zur Nachfolge Christi beimaß, fanden auch die beiden Schriften *De quatuor hominis novissimis* (auch Memoriale genannt) und *Dialogus de particulari judico* des Kartäusers *Dionysius* stärkere Beachtung und Verbreitung[207]. Obwohl More die genannten Werke als Handschriften oder frühe Drucke gekannt haben dürfte, kommen sie als primäre Quellen kaum in Betracht. Mores Behandlung des Todes weist zwar naturgemäß Parallelen auf, doch sind seine umfangreiche Erörterung der Hauptsünden, sein logisch-diskursives Vorgehen, sein Bemühen zu überzeugen dort nicht zu finden, stattdessen überwiegen ein ermahnender, predigtartiger Ton und Bemühungen, den Leser durch Furcht und Schrecken vor dem Jüngsten Gericht, dem Fegefeuer und der Verdammung zu Buße und Umkehr zu bewegen. Eindringliche Bildlichkeit und zahlreiche Beispiele zur Veranschaulichung haben die Werke indessen wiederum gemein-

---

206 Ebd., 2–3.
207 Beide in: Dionysii Cartusiani Opera Omnia, Band IX, Tournais 1912. Vgl. auch YCW 13, xcv-cx.

sam, ebenso wie die Intention, den Leser von der Notwendigkeit des Widerstandes gegen die Hauptsünden zu überzeugen[208].

Artes moriendi

Enge Verbindungen hingegen finden sich zur Artesmoriendi-Literatur, die, wie der Totentanz, durch Buchdruck und Holzschnitt ein ungemein breites Publikum erreichte. Die »Sterbebüchlein« mit ihren konkreten Anleitungen zum »rechten« Sterben existieren in zwei grundlegenden Versionen, die beide in lateinischen, englischen, deutschen und französischen Drucken bis weit in das 16. Jahrhundert hinein in Umlauf waren[209]. Gemeinsam ist ihnen die mittelalterliche Auffassung, die Sterbestunde sei die letzte Prüfung des Menschen und entscheide darüber, ob er die ewige Seligkeit gewinnt oder der Verdammung anheimfällt. In dieser Prüfung sieht sich der Sterbende Versuchungen des Teufels ausgesetzt, der sich bemüht, ihn nun endgültig von Gott abzulenken und ihn in seine Gewalt zu bekommen[210]. Die kürzere Version beschränkt sich auf die fünf Versuchungen des Teufels (Glaubenszweifel, Verzweiflung angesichts des eige-

---

208 Vgl. S. 129f. und S. 160; *Dusch,* 27ff. und *Mulders,* 7–22.
209 Vgl. *Sister M. C. O'Connor,* The Art of Dying Well. The Development of the Ars Moriendi, New York 1966, 1–17; *F. Falk,* Sterbebüchlein, passim und *N. L. Beaty,* The Craft of Dying. A Study in the Literary Tradition of the *Ars Moriendi* in England, New Haven und London 1970, bes. 1–53.
210 Vgl. *F. M. Comper* (Hrsg.), The Book of the Craft of Dying and Other English Tracts Concerning Death, New York, Bombay und Kalkutta 1917, xxxix-xliii und *Falk,* a.a.O., 1–15.

nen Leidens, Verzweiflung über die Sünden, Haften an irdischen Gütern, Stolz auf die eigene Tugend), die durch Holzschnittpaare illustriert werden, die gleichzeitig ihre Abwehr durch einen Engel zeigen, bis schließlich das Schlußbild die Erlösung des Menschen und die Nachfolge Christi bringt[211]. Die längere Fassung enthält in der Regel keine Holzschnitte, aber einen ausführlichen Text und zerfällt in sechs Teile, die, neben den im Mittelpunkt stehenden Versuchungen des Teufels, Anweisungen zum rechten Verhalten, Fragenkataloge, die dem Sterbenden von seinen Angehörigen vorzulesen sind, Bibelstellen zum Tod und verschiedene Gebete einschließen[212].

Gemeinsamkeiten Mores mit der Artes-moriendi-Literatur finden sich hauptsächlich in den Versuchungen des Teufels, der Einschätzung der Bedeutung der Todesstunde für das Schicksal der Seele und auch in der üblichen personifizierten Darstellung des Teufels, der dem Sterbenden mit allen diabolischen Mitteln zusetzt[213].

Die Totentänze

Eine direkte Anspielung auf eine Totentanzdarstellung an den Wänden des Kreuzganges im Pardon Churchyard im Norden der alten St.-Pauls-Kathedrale (S. 137f.), verschiedene »Ständereihungen« (S. 167 u. 169) und die Betonung der gleichmachenden Funktion des Todes belegen Mores Kenntnis und Einbeziehung der

211 Vgl. hierzu *A. F. Butsch*, Ars moriendi, Augsburg 1874, passim.
212 Vgl. *Comper*, 22–47.
213 Vgl. S. 142ff. und *M. O'Connor*, 185–187.

Totentänze. In ihnen wird die Gleichheit aller Menschen im Tode drastisch vor Augen geführt, indem Vertreter aller kirchlichen und staatlichen Stände und aller Lebensalter überraschend vom Tode geholt werden[214]. More hält den Anblick der Totentänze allein nicht für hinreichend, um den Menschen vor Sünde zu bewahren, weil sie zwar grausig anzusehen seien und dem Menschen seine Vergänglichkeit in Erinnerung riefen, nicht aber die Qualen und Schrecken des *eigenen* Todes in der Sterbestunde, deren Vergegenwärtigung allein fähig sei, den Menschen nachhaltig zur Umkehr zu bewegen (S. 138).

Regimina sanitatis

Die bereits erwähnten Regimina sanitatis mit ihren verschiedenartigsten Anweisungen zur Erhaltung der Gesundheit werden in den *Vier Letzten Dingen* mehrfach indirekt angesprochen. Mores Feststellung, »Diese Medizin aber nützt jedem Menschen« (S. 115), läßt seine Schrift zu einer allgemeinen Vorschrift zur Erhaltung der Gesundheit (der Seele) werden, deren Befolgung Menschen allen Alters frommt und bei allen Krankheiten hilft[215].

Auch sein Kapitel über die Völlerei erinnert in wei-

---

214 Eine Beschreibung des nach französischem Vorbild entstandenen Totentanzes von St. Pauls liefert *J. M. Clark*, The Dance of Death in the Middle Ages and the Renaissance, Glasgow 1950, 11–13. Die begleitenden Verse von *John Lydgate* (ca. 1370–ca.1450) hat *F. Warren* für die *Early English Text Society*, 181, London 1931, ediert.
215 Ein charakteristischer Zug der *regimina*. Vgl. *Eis*, Mittelalterliche Fachliteratur, 36–37.

ten Passagen an Regimina mit Vorschriften zur Ernährung, die insbesondere die übermäßige Nahrungsaufnahme als der Gesundheit abträglich ansehen, da sie bestimmte Krankheiten, die auch More nennt (S. 211 u. 212f.), fördere[216]. Die Parallele zu den Regimina wird noch dadurch unterstrichen, daß More bei der Behandlung der Hauptsünde der Völlerei *Plutarchs* Regimen »Über die Erhaltung der Gesundheit« zitiert[217].

Pesttraktate

Abschließend sei auf einige Parallelen zu den Pesttraktaten hingewiesen, die nach den großen Pestepidemien seit Mitte des 14. Jahrhunderts in schier unübersehbarer Fülle entstanden. »Alle Universitäten, die Stadträte, Bader und viele namhafte Schriftsteller, auch Geistliche, Musiker, Handwerker und Schulmeister verbreiteten Regimina, Consilia und Einzelrezepte gegen die Pest [...]«[218] Die zumeist in Prosa abgefaßten Schriften verzeichnen, wie die Regimina, sowohl vorbeugende als auch heilende Mittel[219]. Sie beziehen sich aber im Unterschied zu diesen, wie viele spezielle Consilia oder Einzelrezepte, auf eine einzige Krankheit: die Pest. Da man im Mittelalter ihre Ursa-

---

216 Vgl. *Eis,* Forschungen zur Fachprosa, 81–90 und Archiv für Geschichte der Medizin, Bd. 9, Leipzig 1916, 221–257.
217 Vgl. S. 212, Anm. 178.
218 *Eis,* Mittelalterliche Fachprosa der Artes, Sp. 1195–1196. Vgl. außerdem *A. Montgomery Campbell,* The Black Death and Men of Learning, New York 1931. (Mit reichen Literaturangaben).
219 Beispiele im Archiv für Geschichte der Medizin, insbesondere in Bd. 9 (1916), 53 ff.

che noch nicht kannte[220], sah man sie oft als göttliche Strafe für die Sündhaftigkeit des Menschen an. Mit unterschiedlichem Erfolg suchte man sich mit den verschiedensten Mitteln zu helfen. Als Vorbeugemaßnahmen werden in den Pesttraktaten immer wieder mit Essig getränkte Gegenstände genannt, die man sich vor die Nase hielt, und verschiedene Arten von Duftstoffen, mit denen man sich einrieb, um eine Ansteckung zu verhindern[221].

Ganz in diesem Sinne äußert sich More. Er vergleicht die *Vier Letzten Dinge* mit Essig und Rosenwasser, die ein Mensch auf sein Taschentuch nehmen sollte, bevor er sich dorthin begibt, wo eine Seuche herrscht (S. 116). Die Seuche, vor der es sich zu schützen gilt, ist für ihn die Sünde. Sie bezeichnet er mehrfach als ansteckende Krankheit, die alle Menschen befalle und über die ganze Welt verbreitet sei (S. 116 u. 125). Ähnlich wie die Pesttraktate verheißt seine Medizin auch den Menschen Heilung, die bereits von der Seuche infiziert sind, sich aber nach einer Genesung sehnen.

---

[220] Der bakterielle Erreger der Pest *(Pasteurella pestis)* ist erst Ende des 19. Jahrhunderts von *A. Yersin* und *Shibasaburo Kitasato* entdeckt worden. Die Krankheit wird durch den Rattenfloh übertragen.

[221] Beispiele bei *Eis*, Medizinische Fachprosa, 108–110 und Archiv für Geschichte der Medizin, Bd. 9 (1916), 55.

IV. Das Argument

1. Biblischer Ausgangspunkt

Die Bibel als Richtschnur des Lebens

Nach etwa vier Jahren der Selbstprüfung in der Abgeschiedenheit der Londoner Kartause entschied sich Thomas Morus 1503 für ein Leben als Laie in der Welt. Neben seiner Lehrzeit am Hofe *Kardinal Mortons* (ca. 1490–92) dürfte vor allem das zurückgezogene Leben mit den Kartäuser-Mönchen (ca. 1499–1503), die beständige Lektüre der Bibel, Meditation, Gebet und der häufige Besuch der Messe dazu beigetragen haben, die Heilige Schrift zur maßgeblichen Richtschnur seines Lebens werden zu lassen. Sie prägte nicht nur sein privates Leben, sie prägte auch sein gesamtes literarisches Werk[222]. »Niemand kann viele Seiten des Werkes Thomas Mores lesen, ohne seine gründliche Kenntnis der Schrift zu spüren.«[223] Für einen Laien besaß More, wie »die stattliche Reihe seiner apologetischen Schriften, in denen er mit den führenden Reformatoren die Klinge kreuzte«[224] bezeugt, ungewöhnliche theologische Kenntnisse. Sie fußten auf eingehenden Bibelstu-

---

[222] Die umfassenden Zusammenstellungen der Bibelzitate und -anspielungen in Mores Werken von *G. Marc'hadour* bestätigen dies eindrucksvoll. Vgl. *Marc'hadour*, Bible, part v, 113–214.
[223] *Reynolds*, 221.
[224] *Gebete und Meditationen*, 12n.

dien, einer umfassenden Beschäftigung mit den Kommentaren und Schriften der Kirchenväter und wohl nicht minder auf seinem regen geistigen Austausch mit *Erasmus, Colet* und *Linacre,* um nur die wichtigsten seiner geistlichen Freunde unter den Humanisten zu nennen[225]. Seine Griechisch-Studien waren ihm nicht nur Schlüssel zur Literatur der Antike, sondern erlaubten es ihm auch, die griechische Fassung der Bibel zu lesen und Erasmus' Neues Testament fachkundig zu beurteilen und zu verteidigen[226]. Für Thomas Morus war die Heilige Schrift »die höchste und beste Gelehrsamkeit, die irgendein Mensch besitzen kann.«[227] Mit »dem Stab des Glaubens in der Hand [...] und den Kirchenvätern als seine zusätzlichen Führer [...] wird niemand, der mit guter Absicht und bescheidenem Herzen vorangeht, Vernunft walten läßt [...] und Gott um Weisheit, Gnade und Hilfe anruft [...] jemals in Gefahr geraten, sondern wohlbehalten und sicher zu dem Ende seiner Reise gelangen, das er sich selbst wohl wünscht.«[228] Die Bezeichnung der Kirchenväter als »zusätzliche Führer« verweist auf den Rang der Bedeutung, die More ihnen und der tradierten Lehre der Kirche für das Verständnis der biblischen Heilswahrheiten beimißt. Alle drei Quellen bildeten für ihn eine untrennbare Einheit, einen im Verlaufe von Jahrhun-

---

225 Vgl. YCW 5, 821–823. Die fundierten Kenntnisse der Bibel und der Kirchenväter betonen auch *Erasmus* (Opus Epistolarum Desiderii Erasmi Roterodami, hrsg. v. *P. S. Allen* und *H. W. Garrod,* 12 Bde., Oxford 1906–1958, Bd. IV, ep. 1118) und *Stapleton,* (Stapleton/Hallett, 37–38).
226 Vgl. *G. Marc'hadour,* Thomas More et la Bible. La place des livres saints dans son apologétique et sa spiritualité, Paris 1969, 117–143.
227 YCW 6, 152/15–16.
228 Ebd., 152/21–29.

derten verfestigten Boden, auf dem er sich sicher bewegen konnte und sich zugleich durch den *consensus omnium* der Kirchenväter gestützt wußte[229]. Eine Auffassung, die nach dem Thesenanschlag *Luthers* keineswegs mehr überall ungeteilte Zustimmung erfuhr. Die Reformatoren hatten vielmehr mit ihrem Sola-scriptura-Konzept einen unüberbrückbaren Graben zwischen sich und vielen katholischen Zeitgenossen Mores geschaffen. Ihre Auffassung, die Bibel erkläre sich selbst und andere Autoritäten seien zu ihrer Interpretation nicht nötig, griff More in seinen Kontroversschriften vehement an, da sie seiner Meinung nach auf stolzer Selbstüberschätzung beruhte[230].

Während die Heilige Schrift in den Kontroversschriften vornehmlich Gegenstand der Erörterung religiöser Fragen unter dem Aspekt der wissenschaftlichen Theologie war, liefern uns Mores Towerschriften und die *Vier Letzten Dinge* ein gleichermaßen beredtes Zeugnis, wie sehr die Bibel More als verläßlicher Ratgeber für eine weise Lebensführung und Quelle des Trostes in schwierigen persönlichen Situationen diente. Mit der Auslegung und meditativen Vergegenwärtigung ganzer Kapitel des Neuen Testamentes bereitet er sich mit seinen Towerschriften auf die Nachfolge Christi vor, findet Bibelverse, die seiner Lage entsprechen und ihm Kraft geben[231]. In den *Vier Letz-*

---

[229] Vgl. YCW 8, 735–745 und *Marius,* Thomas More and the Early Church Fathers, Traditio 24 (1968), 379–407.

[230] So insbesondere im 25. Kapitel des ersten Buches seines *Dialogue Concerning Heresies,* YCW 6, 137–153. Vgl. zum Sola-scriptura-Konzept auch YCW 5, 731–745 und *Marius,* 393–396.

[231] Vgl. insbesondere *Treatise on the Passion, Treatise on the Blessed Body* (YCW 13, 3–213) und *Gebete und Meditationen,* 57–96.

ten Dingen beschränkt er sich indessen auf einen einzigen Bibelvers aus dem Alten Testament, um Hilfe für ein Leben ohne Sünde zu finden, da für ihn – im Gegensatz zu den Reformatoren – die Erlösung keineswegs als gesichert galt[232].

Das Buch Jesus Sirach

Den Ausgangspunkt der *Vier Letzten Dinge* bildet der Bibelvers *Memorare novissima, et in aeternum non peccabis* aus dem siebten Kapitel von *Jesus Sirach*. Das Buch ist nach seinem Verfasser, einem Weisheitslehrer namens »Jesus, Sohn Eleasars, des Sohnes Sirach« benannt. Die hebräisch-jüdische Bezeichnung des Buches lautet kurz »Ben Sira«, die griechische Bibel nennt es »Siracides«, die lateinische seit Cyprian »Liber ecclesiasticus«[233]. Diese Bezeichnung verwendet auch More in den ersten Zeilen seines Traktates und nennt als Verfasser einen »weisen Mann« (S. 112). Die Formulierung deutet im Zusammenhang mit einem späteren – von More *Salomon* zugeschriebenen – Zitat aus *Jesus Sirach* (S. 188) darauf, daß er diesen für den Verfasser des *Liber ecclesiasticus* hielt. Mit den Büchern Hiob, Cohelet und Weisheit sowie den Psalmen, Sprichwörtern und dem Hohenlied bildet Jesus Sirach die alttestamentliche Weisheitsliteratur. Bei dem in 51

---

232 More behandelt dieses Problem ausführlicher in seiner *Confutation of Tyndale's Answer*, YCW 8, 106 ff. und 624 ff.

233 Vgl. *H. Jedin,* Sirach, LThk, Bd. 9, Sp. 792–793 und *W. Werbeck,* Jesus Sirach, Die Religion in Geschichte und Gegenwart. Handwörterbuch für Theologie und Religionswissenschaft, 3. völlig neu bearbeitete Auflage, hrsg. v. *K. Galling u. a.* Bd. 3, Tübingen 1959, Sp. 653–655 (abgekürzt als RGG).

Kapitel unterteilten Buch handelt es sich um eine lokkere Sammlung von Lebens- und Verhaltensregeln, die sich vor allem an die Jugend wendet, um sie für die Aufgaben und Schwierigkeiten des Lebens zu erziehen. Somit verleiht es der alttestamentlichen Lehre Ausdruck, daß ein Leben nach den Regeln der Weisheit auch Segen und Wohlergehen mit sich bringen werde, und daß wahre Weisheit in der Befolgung des göttlichen Willens bestehe, da nur Gott volle Weisheit besitzt, wie sie dem Menschen nicht zusteht. Daher bezeichnet Jesus Sirach auch die Gottesfurcht als Haupttugend menschlichen Lebens. Das Buch ist zwar abhängig von Sprichwörtern, behandelt im Gegensatz dazu die Weisheitsthemen aber zusammenhängender und arbeitet sie gern in Gegensatzpaaren wie Weisheit und Torheit, Armut und Reichtum, Gesundheit, Krankheit und Tod heraus[234].

Aufgrund des späten Entstehungsdatums (um 180 v. Chr.) fand das Buch keine Aufnahme mehr in den jüdischen Kanon und wird zu den alttestamentlichen Apokryphen gerechnet. Die katholische Kirche übernahm es wie andere deuterokanonische Bücher des Alten Testamentes in den Kanon der Heiligen Schrift, da es über den Kanon der Juden von Alexandrien und das hellenische Judentum Aufnahme in die *Septuaginta* fand, in den lateinischen Übersetzungen, der *Vetus Latina* und der *Vulgata* enthalten ist und Zweifel an der Kanonizität der Apokryphen auf mehreren Konzilen ausgeräumt worden waren[235]. In der Reformationszeit

---

[234] Vgl. ebd. und Einführung zum Buch Jesus Sirach in der Einheitsübersetzung der Heiligen Schrift, 2. Aufl. der Gesamtausgabe, Stuttgart 1982, 752–753.

[235] Vgl. *G. J. Botterwek*, Apokryphen, LThK, Bd. 1, Sp. 712–713.

wurden im Rückgriff auf den rabbinischen Kanon Bedenken gegen einzelne dieser Schriften wieder lebendiger, und *Luther* erklärte die alttestamentlichen Apokryphen für unkanonisch, aber lesenswert, während *Calvin* sie gänzlich vom Kanon ausschloß[236]. Die protestantische Kirche behielt diese Sicht bei, so daß die Apokryphen in der Lutherbibel oder der Authorized Version selbst nicht, sondern allenfalls als Anhang abgedruckt werden.

Mores häufige Verwendung verschiedener deuterokanonischer Schriften unterstreicht erneut, daß er ganz in katholischer Tradition steht und die Apokryphen als Teil der Heiligen Schrift ansieht.

Der Bibelvers Sirach 7,36

More gruppiert die Kapitel seiner Ausführungen um diesen Bibelvers und verliert ihn trotz teilweise langer Exkurse in Form von Beispielen aus dem Alltagsleben (z. B. S. 133 u. 150) oder grundsätzlichen Erörterungen, die er zur Stützung seiner Argumentation benötigt (z. B. S. 151 ff.), niemals aus den Augen. Wie ein Leitmotiv begleitet der Vers den Leser durch die gesamte Erörterung, verknüpft deren Teile miteinander, ruft den Ausgangspunkt immer wieder in Erinnerung und erleichtert dem Leser als klarer Bezugspunkt die Orientierung in Mores Argumentationskette.

Aus einer sachlich-rationalen Analyse des Bibelzitates und der Natur des Menschen ergeben sich für More

---

236 Vgl. *L. Vischer*, Kanon, II. Kirchengeschichtlich, RGG, Bd. 3, Sp. 1119–1121 und *J. Schildenberger*, Kanon, biblischer. A. Exegetisch, LThK, Bd. 5, Sp. 1278–1280.

unabdingbare Schlußfolgerungen, Grundwahrheiten, die man, dem Tenor des Buches Jesus Sirach entsprechend, als wahre Weisheit bezeichnen könnte[237]. Sie bilden das vernunftbezogene Gerüst seines Traktates und werden im Hinblick auf die Konsequenzen für die praktische Lebensführung angesichts der ethischen Gebrechlichkeit des Menschen untersucht. Dabei wird immer wieder die Diskrepanz zwischen dem vernünftigen (anzustrebenden) und dem törichten (realen) Verhalten betont. More geht es demnach nicht nur darum, seinen Leser zur Erkenntnis zu führen, sondern auch darum, die rechten Schritte für das *eigene* Handeln rational zu ermitteln und in konkrete Normen für das Handeln umzusetzen[238]: Er verwendet deshalb in seinem Traktat eine »Wenn-dann-Argumentation«, die die Vertrautheit des Humanisten mit der stoischen Logik und eine langjährige Praxis als Anwalt und Richter nicht verhehlen kann. Die Tatsache, daß er auf spekulative Darstellungen zum Jüngsten Gericht, zur Hölle und zur ewigen Seligkeit verzichtet[239], unterstreicht sein humanistisches Bemühen, zu überzeugen, indem er sich auf Erfahrbares und Überprüfbares beschränkt und diesen Teil der Argumentation durch anerkannte Autoritäten bestätigt. Imperativische Auf-

---

237 Vgl. Jesus Sirach, passim und *V. Hamp,* Weisheit. I. Altes Testament, LThK, Bd. 10, Sp. 999–1001.

238 Vgl. S. 129f. und S. 160. Vergleichbare Strukturen finden sich auch in seiner »Meditation« und »Betrachtung über den Tod«, *Gebete und Meditationen,* 64–69.

239 Er stellt lediglich fest, daß Gericht und Hölle noch schrecklicher seien als der Tod (S. 117). Das Cordiale malt hingegen ein furchterregendes Detailbild der Hölle, um dieses dann mit den Freuden des Himmels zu kontrastieren. Vgl. *Dusch,* 68–115. Zeitgenössische bildliche Darstellungen dokumentieren eindrucksvoll, wie man sich die »Letzten Dinge« vorstellte.

forderungen oder Ermahnungen vermeidet er fast völlig, er belehrt nicht mit erhobenem Zeigefinger, sondern appelliert an die Vernunft seines Lesers, ohne jedoch auf krass naturalistische Beschreibungen – z. B. der Todesstunde (S. 138) – zu verzichten, deren Detailfreude und visuelle Evokation noch ganz spätmittelalterlichen Geist atmen[240]. Vernunftgemäße Erkenntnis der *conditio humana* und mystisch-verinnerlichende Betrachtung des eigenen Todes – wie sie etwa auch aus der franziskanischen Passionsfrömmigkeit in Darstellungen der Kreuzwegstationen, des Schmerzensmannes am Kreuz oder der Pieta spricht, deren Einfluß neben dem der Devotio moderna besonders in Mores meditativen »Towerschriften« spürbar ist[241] – sind die beiden Hauptwirkstoffe der Medizin Mores.

2. Argumentation durch anerkannte Autorität

In einer grundlegenden Studie zu den kontroverstheologischen Schriften Mores stellt *Rainer Pineas* fest, More verwende zur Bekräftigung seiner Ausführungen und zur vollständigen Überzeugung seines Lesers anerkannte Autoritäten, Logik, rhetorische Stilmittel und historische Exempla[242]. *Uwe Baumann* konnte in sei-

---

240 Vgl. S. 141 und *Huizinga*, 203–207 und 415.
241 Vgl. YCW 13, lxxxiii-cvi und *Gebete und Meditationen*, 28–29. Auch hierin mag man ein Argument für die Spätdatierung der *Vier Letzten Dinge* erkennen.
242 Thomas More and Tudor Polemics, Bloomington und London 1968, 99–115.

ner Dissertation *Die Antike in den Epigrammen und Briefen Sir Thomas Mores* diesen Stilzug auch in einem Teil der Korrespondenz nachweisen[243].

In den *Vier Letzten Dingen* macht More ebenfalls von dieser Technik Gebrauch. Als autoritative Argumentationsstützen verwendet er hier insbesondere die Heilige Schrift, die Kirchenväter, antike Autoren und Sprichwörter.

Heilige Schrift und Kirchenväter

Der Heiligen Schrift kommt in Mores Traktat die höchste Autorität zu[244]. Abgesehen von dem Bibelvers Sir 7,36, der den Ausgangs- und Mittelpunkt der Darstellung bildet, bringt More noch etwa siebzig weitere direkte oder indirekte Bibelzitate in seine Ausführungen ein[245]. Die Weisheitsbücher des Alten Testamentes einschließlich des Buches Hiob und der Psalmen nehmen dabei einen ungewöhnlich großen Raum ein; sie werden öfter zitiert als das Neue Testament, was nach *Marc'hadours* Auffassung in Mores Schriften ein einzigartiges Phänomen ist[246]. Seine Ursache dürfte vor allem in der Tatsache zu suchen sein, daß die Verfasser der Weisheitsbücher – wie auch More – sich an eine jüngere Generation wenden, der sie wahre Weisheit und die Erkenntnis vermitteln wollen, daß Wissen weniger bedeutsam ist als Tugendhaftigkeit und Got-

---

243 Paderborn, München, Wien und Zürich 1984, 133–136.
244 Ebenso in den Briefen, vgl. *Baumann*, 133.
245 Vgl. *Marc'hadour*, Bible, part v, 177.
246 Vgl. ebd. part iv, 61.

tesfurcht, die die Grundlage ihrer praktischen Philosophie bilden[247].

In Ergänzung zu einigen zentralen Bibelstellen zitiert More verschiedentlich auch Kommentare der Kirchenväter, um seine Darstellung zu bekräftigen. Im Unterschied zu den Kontroversschriften beschränkt er sich in den *Vier Letzten Dingen* wie in den asketisch-didaktischen Spätschriften auf einige wenige Verweise[248], doch steht, in Übereinstimmung mit seinen anderen Werken, auch hier wiederum *Augustinus* im Vordergrund, gefolgt von *Bernhard von Clairvaux* und *Chrysostomos,* deren Meinungen zur Buße, Reue, Habsucht und zum Neid wiedergegeben werden[249].

Antike Autoren, Sprichwörter und Sentenzen

Trotz des biblischen Ausgangspunktes und der religiösen Thematik seines Traktates, kommen auch mehrere »heidnische« Autoren der Antike zu Wort. Neben *Plato* und *Cicero,* deren Gedanken zum Tod und zum Wesen menschlichen Daseins mehrfach direkt oder indirekt eingebracht werden, auch der Moralphilosoph *Plutarch* über die Gesunderhaltung, *Avian* über den Neid und *Plinius Secundus* über das tugendhafte Leben[250]. Im Gegensatz zu den Kirchenvätern dienen

---

247 Vgl. hierzu S. 81f.
248 Vgl. ferner, *Marius,* 379–407 und *M. T. Schmidt,* St. Augustine's Influence on St. Thomas More's English Works, Diss. New Haven 1943.
249 Vgl. S. 125, 127 u. 201.
250 Vgl. S. 136, 147, 148 u. 174.

die antiken Autoren weniger zu positiven Bestätigung, als vielmehr zur Kennzeichnung »alter« menschlicher Schwächen, wie des Neides und der Habsucht, oder der vernunftwidrigen Hoffnung auf ein langes Leben. Mores Feststellung, daß allein der Bibelvers Sir 7,36 »mehr an fruchtbarem Rat und Beistand für die Formung und Prägung tugendhafter Verhaltensweisen des Menschen und zur Vermeidung der Sünde enthält, als viele dicke und große Bände der Besten der alten Philosophen [...]« (S. 112), unterstreicht deutlich ihre sekundäre Bedeutung, da sie dem Christen angesichts des Todes nur unzureichenden Trost spenden können.

In den *Vier Letzten Dingen* sind laut *J. R. Cavanaugh* fünfundfünfzig Sprichwörter und Sentenzen nachweisbar[251]. Sie dienen der rhetorischen Ausschmückung wie der Stützung der Ausführungen durch eine anerkannte Wahrheit[252]. Den Sprichwörtern wurden schon in der antiken Rhetorik ein hoher Wahrheitsgehalt beigemessen, da sie von Generation zu Generation weitergegeben werden und »ohne die Annahme, Sprichwörter vermitteln Wahrheit, eine ewige und allgemeine Geltung nicht erklärbar sei.«[253]

Zusammenfassend bliebe demnach festzuhalten, daß More auch in den *Vier Letzten Dingen* anerkannte Autoritäten verwendet, um seinen Ausführungen durch den so belegten *consensus omnium*, den er selbst

---

[251] The Use of Proverbs and Sententiae For Rhetorical Amplification in the Writings of Saint Thomas More, Saint Louis 1970, 322–393. Auf die einzelnen Sprichwörter wird an den entsprechenden Stellen des Textes verwiesen.

[252] Ebd., 15–19; zur Unterscheidung von Sprichwort und Sentenz, ebd., 8–14.

[253] *Baumann*, 135.

als Wahrheitskriterium betrachtete, einen höheren Stellenwert zu verleihen[254].

3. Argumentationskette

Lösen wir aus den *Vier Letzten Dingen* die zahlreichen Illustrationen, gedanklichen »Umwege« und Abschweifungen heraus und reduzieren die Ausführungen auf Mores zentrale Überlegungen, den Vorwurf, der Ausgangspunkt, Grundwahrheiten und Ziel des Traktates erkennen läßt, dann ergibt sich in knappen Umrissen folgende systematische Argumentationskette:

Die bedrohte menschliche Seele

Christlicher Tradition und Lehre entsprechend ist das menschliche Leben für Thomas Morus ein beständiger Kampf zwischen Gut und Böse, der erst durch die Todesstunde beendet wird und mit ihr gemeinsam über die ewige Bestimmung der Seele zu Seligkeit oder Verdammnis entscheidet[255]. Seit der Ursünde der

254 Vgl. *Rogers*, 15, Z. 445 f. sowie allgemein: K. Oehler, Der consensus omnium als Kriterium der Wahrheit in der antiken Philosophie und der Patristik, Antike und Abendland 10 (1961), 103–129 und H. Brinkmann, Mittelalterliche Hermeneutik, Tübingen 1980, 160–162 und 237–239.
255 More weist mehrfach nachdrücklich auf die Bedeutung der Todesstunde hin (S. 143 ff.), da sie selbst dem lebenslangen Sünder noch die Möglichkeit gibt, sich vom Teufel abzuwenden und die Seligkeit zu erreichen, wenn er seine Sünden bekennt (vgl. auch sein Gebet nach der Verurteilung, *Gebete und Meditationen*, 92–96). Der Aspekt wird auch von der Artes-moriendi-Literatur betont, vgl. z. B. *Comper*, 5–22.

Stammeltern im Paradies sieht sich der Mensch der »Krankheit« der Sünde ausgesetzt (vgl. S. 142f.) und wäre gänzlich verloren gewesen, hätte er »nicht durch die große Güte Gottes und Christi bitteres Leiden die Möglichkeit immerwährenden Lebens zurückerhalten.« (S. 143). Da nur die Seele unsterblich ist, der Leib aber vergeht, ist dieser für More nur von untergeordnetem Interesse, weil ihn keine noch so gute »Gesundheit lange vom Tode fernhalten kann.« (S. 113). Der Leib stellt vielmehr mit der Welt eine Gefahr dar, denn sie wollen dem Menschen einen krankhaften Hang zu fleischlich-sinnlichem Genuß einpflanzen und die Aufnahme geistig-seelischer Freuden verhindern. In ungleich stärkerem Maße ist die Seele aber noch durch die »unglaublich gespannte Geschäftigkeit und die Machenschaften unseres geistlichen Feindes, des Teufels, ...« (S. 142) bedroht, der seit der Vertreibung von Adam und Eva aus dem Paradies »nie aufgehört [hat], umherzurennen wie ein tobender Löwe und Ausschau zu halten, wen er verschlingen könnte.« (S. 143). Seine Bedrohung der Seele konzentriert sich in besonderem Maße auch auf die Todesstunde des Menschen, die als letzte Prüfung darüber entscheidet, ob er durch die Gnade Gottes die ewige Seligkeit erlangen oder für immer der Verdammung anheimfallen wird. Hier unternimmt er die »äußersten Anstrengungen, uns der Verdammung zuzuführen« (S. 144), denn er »weiß genau, daß er dann einen Menschen entweder für immer gewinnt oder ihn auf ewig verliert [...], wenn er sich bei seinem Tode von ihm abwendet.« (S. 143f.).

Nach More kann das einzig vernünftige Trachten des Menschen »das Wegschieben der böswilligen Versuchungen des Teufels, der schmutzigen Vergnügungen des Fleisches und der eitlen Vergnügungen der Welt« (S. 130) sein, da nur so die Seele vor »dem todgeweihten Leben immerwährender Strafe« (S. 114) geschützt werden kann, und der Mensch frei wird für »das wahrhaft süße und reine Vergnügen des Geistes.« (S. 130). Als außerordentlich wirksames Hilfsmittel zur Erreichung dieses Geisteszustandes sieht More in den *Vier Letzten Dingen* die Betrachtung des Todes. (S. 130 u. 133).

Die Vier Letzten Dinge: Vorbeuge- und Heilmittel

More beschreibt sie als »eine verläßliche Medizin« (S. 113), die einerseits Vorbeugemittel ist, weil sie »so kraftvoll und wirksam ist, daß sie uns immer von der Sünde fernzuhalten vermag« (S. 133) und andererseits ein Heilmittel, das selbst einen großen Sünder noch von seiner Krankheit kurieren kann, »es sei denn, ein Mensch ist ins Verließ der Niedertracht hinabgefallen und die Tür über seinem Kopf geschlossen.« (S. 122). Ihm kann auch diese Medizin nicht mehr helfen, weil er »das natürliche Licht des Verstandes und das geistliche Licht des Glaubens verloren« (S. 122) hat und die gnädige Stimme Gottes, die ihn durch sein Gewissen zur Umkehr mahnt, nicht mehr zu vernehmen vermag[256].

---

256 More vergleicht einen solchen Sünder mit einem Tier, das nur über sinnliche Empfindungen verfügt (S. 122). Ähnlich äußert er sich in der »Betrachtung über den Tod« über Menschen, die den Tod fürchten (*Gebete und Meditationen*, 68).

Verblendung hemmt Wirksamkeit der Arznei

Die Arznei kann ihre Wirksamkeit allerdings nur dann entfalten, wenn der Mensch sie wirklich einnimmt, indem er sich »das eigentliche Wesen und die wahrhafte Vorstellung« (S. 137) des eigenen Todes gründlich vergegenwärtigt. Das schlichte Betrachten von Vanitas- oder Totentanz-Darstellungen allein genügt nicht, weil sie »nur halb so grausig wie die tiefempfundene Vorstellung von der Natur des Todes durch die lebhafte, in dein eigenes Herz eingeprägte Vergegenwärtigung« (S. 138) sind. Der Mensch weigert sich aber, die Wirksamkeit der Arznei zu prüfen, weil sein Geschmack »durch die Krankheit der Sünde und die schmutzige Ausübung der fleischlichen Lust infiziert« (S. 124) ist und er seinen Tod aufgrund seiner guten Gesundheit oder seines geringen Alters noch weit entfernt glaubt. »Aber die Sache, die uns hindert, den Tod in seiner Eigenart zu betrachten und den großen Nutzen anzunehmen, der aus dieser Betrachtung erwüchse, ist, daß wir aus Hoffnung auf ein langes Leben den Tod aus so großer Entfernung betrachten, daß wir ihn entweder überhaupt nicht mehr sehen oder nur sein schwaches und ungenaues Abbild [...]« (S. 146f.). Die Verblendung des Menschen sieht More zum großen Teil als Werk des Teufels an, der bei ihm, wie in den zeitgenössischen Moralitäten, personhafte Züge erkennen läßt. Als des Menschen ärgster Widersacher bemüht er sich unablässig, ihn durch Täuschungen von Gott abzulenken[257]. Um seinen Leser vor einer derart

---

[257] Vgl. ebd. Mores Beschreibungen des Teufels und seiner Versuchungen weisen deutliche Parallelen zur Ars-moriendi auf. Vgl. S. 142f. Vergleichbare Darstellungen finden sich auch in der zu

folgenschweren Selbsttäuschung zu bewahren, führt More ihm vor Augen, daß er nach den Gesetzen der Vernunft nicht nur immerzu schwerkrank, sondern auch ständig dem Tode nahe ist, und er deshalb allen Grund hat, wie schwerkranke oder sterbende Menschen dies erfahrungsgemäß tun, den Tod als nächsten Nachbarn zu betrachten.

Der Mensch ist immerdar krank

Der Mensch ist nicht nur an der Seele erkrankt, weil er ein sündhaftes Leben führt, das auch seine körperliche Gesundheit beeinträchtigen kann[258], sondern birgt von Natur aus »eine so schlimme Krankheit und eine solch andauernde Auszehrung in sich« (S. 150), daß er regelmäßig der Arzneien Speise und Trank bedarf, um ihr Einhalt zu gebieten. Außerdem ist er wie ein kranker Mensch gezwungen, sich täglich zu verbinden, um sein Leben zu verlängern, da »alle unsere Körper von sich aus immerzu in solch schwächlicher Verfassung sind, daß wir – außer wir hüllen sie fortwährend in warme Kleider – nicht fähig wären, auch nur eine Winterwoche zu leben.« (S. 150). Diese Fakten lassen für More nur eine vernünftige Schlußfolgerung zu: »Und hieraus kannst du wahrlich sehen, daß unser ganzes Leben nichts als eine unheilbare Krankheit ist und wie eine unheilsame Krebsgeschwulst [...]« (S. 154), an der

Mores Zeiten noch aufgeführten Moralität *Wisdom, Who is Christ*, die ebenfalls von *Walter Hilton* beeinflußt ist.
258 Bei der Behandlung des Neides und der Völlerei beschreibt More drastisch ein »Sichtbarwerden« der Sünde und die daraus resultierenden Krankheiten, S. 172 und S. 211.

»wir am Ende sterben, ungeachtet aller Arzneien, die wir verwenden, und obwohl uns niemals eine andere Krankheit befiel.« (S. 151). Dem kritischen Leser, den dieses Argument noch nicht von der Notwendigkeit der ständigen Betrachtung der Letzten Dinge überzeugt, beweist More sodann die unmittelbare und ständige Präsenz des Todes.

Der Tod: unser nächster Nachbar

Sie ergibt sich für ihn einerseits schon aus der Erkenntnis, daß alle Menschen an einer lebensbedrohlichen Krankheit leiden und deshalb so dicht beim Tode sind, wie der Rauch beim Feuer (S. 154), ferner aus der Notwendigkeit regelmäßigen Schlafes, der bereits von den antiken Philosophen als Abbild des Todes angesehen wurde[259]. Aus der unbestreitbaren Tatsache, daß ein Mensch, der stirbt, seinem Tode besonders nahe ist, entwickelt More zur Stützung seiner Argumentation noch eine weitere grundlegende These: Da der Mensch weder sterben kann, bevor er Leben empfangen hat, noch wenn er schon tot ist, stellt er unter Verwendung stoischen Gedankengutes (wie zuvor in einem seiner Epigramme[260]) fest: Der Mensch stirbt »letztlich die ganze Zeit seines Lebens, vom ersten Augenblick an bis zum letzten beendeten, d. h. vom ersten Moment, in dem er zu leben begann, bis zum letzten Augenblick seines Lebens, oder besser dem ersten, in dem er völlig tot ist.« (S. 156). Die hieraus resultierende, allen Menschen gemeinsame Todesgewißheit und die gleichzei-

---

[259] Vgl. S. 172, Anm. 78.
[260] *Epigramme*, 95–96, Nr. 57.

tige Ungewißheit der Todesstunde, hebt alle Lebenserwartungs- und Altersunterschiede auf und läßt den verbleibenden Zeitraum bis zum Eintreten des Todes im Grunde zu einer bedeutungslosen Nebensächlichkeit werden. Da die Einsicht und Anerkenntnis dieser Bedingungen des menschlichen Daseins die Anlässe zur Sünde auslöscht, betont More diesen Aspekt wiederholt nachdrücklich[261]. Unser Leben »ist von unserem Anfang bis zu unserem Ende nichts anderes als ein fortwährendes Sterben, so daß wir, wenn wir wachen, wenn wir schlafen, wenn wir essen, wenn wir trinken, wenn wir trauern, wenn wir singen, in welcher Weise auch immer leben, wir trotzdem die ganze Zeit sterben.« (S. 157). Die Todesgewißheit und die Unsicherheit der Todesstunde deuten auf ein weiteres wesentliches Bestandteil der Argumentationskette Mores: die Gleichheit aller Menschen im Tode.

Der Tod macht alle Menschen gleich

Schon die Ankündigung »Diese Medizin nützt jedem Menschen« (S. 115) verweist auf diesen Aspekt und findet in den Feststellungen »Nun, in genau dieser Lage sind wir alle« (S. 159) und »aber wir alle können mit Sicherheit sagen, daß wir sterben werden« (S. 168) ihre Fortsetzung. More unterstreicht die gleichmachende Funktion des Todes aber noch drastischer, indem er die Menschen mit Gefangenen vergleicht, die alle zum Tode verurteilt sind und in einem Gefängnis, aus dem es kein Entfliehen gibt, auf die Hinrichtung warten[262].

---

261 So S. 164ff. Vgl. aber auch *Epigramme*, 93, Nr. 51 und *Gebete und Meditationen*, 64–65.
262 S. 167ff. Vgl. auch S. 166, Anm. 98.

In diesem vermögen sie zwar die unterschiedlichsten Rollen zu spielen, müssen aber alle gewiß sein, daß ihr Auftritt auf der Weltbühne bald vorüber ist[263]. Die Menschen vergessen jedoch nur zu leicht, in welcher Lage sie sich wirklich befinden, »bis plötzlich, nichts weniger erwartend, Junge, Alte, Arme und Reiche, Heitere und Traurige, Prinz, Page, Papst und Armer-Seelen-Priester, jetzt der eine, dann ein anderer, manchmal ein großer Haufen auf einmal, ohne Ordnung, ohne Ansehen des Alters und des Besitzes, alle gänzlich entblößt und in einem Leinentuch herausgetragen, auf verschiedene Weise in irgendeiner Gefängnisecke zu Tode gebracht und dort auch in ein Loch geworfen werden. Und entweder fressen sie die Würmer unter oder die Krähen über der Erde.« (S. 169). Diese eindrucksvolle Passage erhellt zugleich die tröstende, heilende und schützende Wirkung der Betrachtung des Todes[264].

Vergegenwärtigung der Todesgewißheit, Todesnähe und Gleichheit im Tode bewahrt vor Sünde und heilt die Seele

Die rückhaltlose Vergegenwärtigung des Todes kann bei logischer Betrachtung nur zur Erkenntnis seiner Unausweichlichkeit, seiner ständigen Nähe, der Unbestimmtheit der Todesstunde und der Gleichheit aller

---

263 S. 166f. Vgl. auch S. 167, Anm. 99.
264 Insbesondere durch die Anlehnung an die Ständereihungen der Totentänze (vgl. S. 137, Anm. 55), die die gleichmachende Funktion des Todes ebenso unterstreichen wie sein überraschendes und wahlloses Zuschlagen.

Menschen im Tode führen. Für den vernunftgemäß handelnden Menschen muß sich aus dieser Erkenntnis zwangsläufig eine Bedeutungsminderung aller vergänglichen Dinge ergeben, da sie auch durch noch so große Anstrengungen nicht zu erhalten sind. Ein Tor nur könnte Dingen, die er eher heute als morgen verlieren kann und mit absoluter Sicherheit verlieren wird, irgendeinen Wert beimessen. Aufgrund ihrer Wertlosigkeit sind für den Menschen, der zu dieser Einsicht gekommen ist und sich von Vergänglichkeiten freimachen kann, die motivierenden Ursachen der sieben Hauptsünden nicht mehr gegeben. Dies gilt insbesondere für die geistigen Sünden des Stolzes, des Zornes, des Neides und der Habsucht, denen More eine besondere Gefährdung beimißt, da sie schwerer zu erkennen sind als die fleischlichen Sünden Völlerei, Wollust und Trägheit[265].

Seine Feststellung, der Stolz sei »der eigentliche Kopf und die Wurzel aller Sünden [...] die boshafte Mutter aller Arten des Lasters [...]« (S. 160) erklärt die Argumentation. Wie er schon in anderen Werken ausführte, ist für ihn – in Übereinstimmung mit *Augustinus* – der Stolz das Kardinalübel, weil durch ihn die Sünde erst in die Welt kam[266]. Dennoch ist er im Grunde genommen gut zu bekämpfen, weil er aus Eigenschaften oder Gegenständen erwächst, »die binnen kurzem durch den Tod – die Besitzer wissen niemals wie bald schon – all ihren Glanz verlieren.« (S.

---

[265] S. 162f. Der Trägheit mißt More jedoch ein außerordentliches Gewicht bei, zumal sie oft nicht als Sünde angesehen wird (S. 217). Vgl. auch Gal 5, 19–21 und S. 163, Anm. 91.

[266] Vgl. auch YCW 4, 243/25–245/16; YCW 13, 3 ff. und 111 ff. sowie YCW 12, 28/30–30/5 und 161/3–163/15 sowie S. 160, Anm. 86.

165). Zorn, Neid und Habsucht erweisen sich bei genauerer Betrachtung lediglich als Triebe, die aus der Wurzel des Stolzes sprießen. (S. 186). Deshalb muß man »die Wurzel gründlich ausreißen« (S. 184), damit die Zweige endgültig absterben und nicht wieder austreiben können. Die Wirksamkeit der Vergegenwärtigung des Todes gegen die leiblichen Sünden behandelt More nur noch in Ansätzen. So ist er überzeugt, die Völler ließen von ihrer Sünde ab, wenn sie nur recht bedächten, »daß ihre Art des Lebens zwangsläufig diesen schrecklichen Tag [des Todes] beschleunigen muß und ihn binnen kurzem an sie heranführt [...]« (S. 216).

Eine besondere Ausprägung des Stolzes, die in der Moraltheologie als die einzige unverzeihliche Todsünde angesehen wird, läßt sich aber auch durch die Vergegenwärtigung des Todes kaum heilen: die Lebensgrundentscheidung gegen Gott *(contemptus Dei)*[267]. Diese Haltung läuft der Tugend der Demut zuwider, die für die Nachfolge Christi unerläßlich ist und Bekenntnis und Anerkenntnis der eigenen Sündhaftigkeit und Unzulänglichkeit erfordert. Gerade diese Eigenschaften fehlen aber denen, die sich »für lebende Heilige auf Erden halten« (S. 161) und in ihrer Blindheit ihre eigenen Fehler nicht erkennen können.

Kernthese: Todesbetrachtung erfreut, kräftigt und hilft zur ewigen Seligkeit

Obwohl More die Schrecken der Todesstunde drastisch ausmalt, sie als »unerträgliche Tortur« (S. 140)

---

[267] Vgl. S. 161f., Anm. 88.

ansieht, den Tod »für noch viel schrecklicher [hält], als irgendein Mensch ihn beschreiben kann« (S. 146) und daraus ein eigentlich düsteres Bild menschlichen Daseins zeichnet, wirkt der Traktat dennoch keineswegs bedrückend, sondern ist voller Trost und Hoffnung. G. Marc-hadour stellt fest, man könne ihn allein schon durch die Wortwahl als »Lob des Vergnügens« bezeichnen[268]. Worte des Trostes, der Bestärkung und Freude begegnen in der Tat ungewöhnlich häufig[269]. More erscheint auch nicht als weltabgewandter Mahner, der sich nach dem Tode – als dem Tor zur Erlösung vom Elend der Welt – sehnt. Vielmehr versichert er dem Leser, daß ihm das durch die Vergegenwärtigung des Todes erreichbare tugendhafte Leben keineswegs alle Lebensfreude raube, sondern ihm, im Gegenteil, »wahre Süße, Trost, Freude und Wonne« (S. 125) bringe, und zwar »nicht nur in der zukünftigen Welt, sondern auch in seinem gegenwärtigen Leben« (S. 125).

Zusammenfassend bleibt festzustellen, daß More in seinen grundlegenden Argumentationsgängen sich mit Vernunftargumenten nur widerlegen läßt, wenn man die im christlichen Glauben verankerte Heilsgnade des Menschen in Frage stellt. Folgt man ihm hier, dann ergibt sich eine logisch zwingende Kausalkette, der man sich nicht entziehen kann. Möglichen Einwänden, der ganze Traktat sei eine christlich-sophistische Spitzfindigkeit und als Lebenshaltung nicht zu verwirklichen, setzt er in der Nachfolge des Blutzeugnisses der christlichen Märtyrer als letzten Beweis sein eigenes

---

268 G. Marc'hadour, Bible, part iv, 61.
269 Ebd. Vgl. außerdem S. 118, 124f., 165, auf denen der Trostaspekt besonders eingehend angesprochen wird.

Leben und seinen Märtyrertod entgegen. Die stete Erinnerung des Todes und der Vergänglichkeit der Welt erlaubten es ihm zeitlebens, die rechten Entschlüsse zu fassen und das Leben im Kreise seiner Familie allen Widrigkeiten seiner Zeit zum Trotz zu genießen. Die Fähigkeit, allen Dingen das richtige Maß zu geben, ließ ihn schließlich seinen Tod mit Gelassenheit erwarten und das Schafott mit einem Scherz auf den Lippen besteigen: »Helfen Sie mir herauf, Herr Lieutenant, für's Herunterkommen sorge ich dann schon selber.«[270]

Vorbemerkungen zur Übersetzung

Die hier vorgelegte Übersetzung bietet einer deutschsprachigen Leserschaft erstmalig Gelegenheit, sich mit dem vollständigen Text[271] der *Vier Letzten Dinge* Mores vertraut zu machen. Sie bemüht sich, dem englischen Original in seinem Entwurfscharakter so getreu wie möglich zu folgen. Eine Glättung oder Abrundung wurde bewußt vermieden, um die Fragmenthaftigkeit der Schrift Mores mit all ihren Kanten und Scharten nicht zu übertünchen und kein geschöntes Bild eines Werkes zu präsentieren, das More offenbar für einen nur kleineren, privaten Leserkreis konzipierte[272]. Dennoch kann sie zweifellos keinen vollwertigen Ersatz für

---

270 *Roper*, 103/2–4.
271 Die deutsche Ausgabe von *A. Tholen* stellt eine sehr freie, teils purgierte Fassung des Werkes dar, in der ganze Abschnitte fehlen. Vgl. auch S. 26f.
272 Vgl. S. 49ff.

die Lektüre des Originals bieten, da einige seiner besonders reizvollen sprachlichen Eigenarten, beispielsweise die häufige Alliteration, aber auch Wortspiele, sich im Deutschen kaum je treffend wiedergeben lassen[273]. Eingriffe in die teilweise extrem langen Satzperioden Mores waren bisweilen unumgänglich, um die Lesbarkeit und Verständlichkeit seiner Ausführungen für den deutschen Leser nicht unverhältnismäßig zu erschweren[274]. Beibehalten wurden indessen die charakteristischen Formen des sprachlichen Ornatus, vor allem in der vielfachen Verwendung von Synonyma, auch wenn dies zwangsläufig zu, dem modernen Leser vermeidbar erscheinenden, Doppelungen im deutschen Ausdruck führte[275].

Die Übersetzung fußt auf der englischen Ausgabe der *Vier Letzten Dinge* von *W. E. Campbell* und *A. W. Reed* aus dem Jahre 1931, die neben der modernisierten Fassung auch ein Faksimile der ersten Ausgabe des Werkes von 1557 enthält[276]. Die Marginalien dieser Ausgabe wurden, soweit es sich nicht um Bibelreferenzen handelt, übernommen. Die Verweise auf Bibelstellen wurden hingegen, einschließlich der nicht mehr besonders gekennzeichneten eigenen Ergänzungen, in

---

273 Als Beispiele seien hier lediglich zwei Sätze genannt, in denen More die Alliteration gleich mehrfach einsetzt: »tell us *w*orldly *w*retches the *w*ords of hily *W*rit« (*Campbell* und *Reed,* 495, Hervorhebungen jeweils von uns) – uns weltlichen Sündern die Worte der Heiligen Schrift zu verkünden (S. 210) oder eine gedoppelte Alliteration: »of the *m*ortal *s*in of *s*loth, *m*en *m*ake a small *m*atter (Ebd., 498) – um die Todsünde der Trägheit machen die Menschen wenig Aufhebens (S. 217).
274 Ein extremes Beispiel, das im Original mehr als 200 Worte umfaßt, findet sich auf S. 122–124.
275 Vgl. beispielsweise S. 118 u. 136.
276 Vgl. Bibliographie.

den fortlaufenden Text integriert, um die Zahl der Fußnoten nicht noch weiter zu erhöhen. Die deutsche Ausgabe der *Vier Letzten Dinge* von 1936 blieb aus den oben genannten Gründen unberücksichtigt[277].

Die Anmerkungen umfassen neben den für das Textverständnis notwendigen Sacherklärungen (Eigennamen, Zeitgeschichte, Fachbegriffe, etc.) insbesondere Erläuterungen zu theologischen Grundbegriffen, literarischen Quellen und Allusionen sowie zu Parallelstellen in Mores übrigem Werk. Letzterem Aspekt wurde besondere Aufmerksamkeit geschenkt, obwohl im Rahmen dieser Ausgabe Vollständigkeit nicht erreicht werden kann[278]. Hier wird auf die zu erwartende historisch-kritische Ausgabe der *Four Last Things* in der Yale-Reihe der *Complete Works of Saint Thomas More* verwiesen.

Für vielfältige Anregungen, Hinweise und Unterstützung danke ich insbesondere dem Herausgeber dieser Reihe, Prof. Dr. Hubertus Schulte Herbrüggen, meinen Kollegen Uwe Baumann und Hans Peter Heinrich sowie meiner Frau Beate.

Düsseldorf, den 14. 3. 84   Friedrich-K. Unterweg

---

277 Vgl. oben S. 26f.
278 Die Verweise auf Parallelstellen beziehen sich soweit möglich auf die Yale-Ausgabe der Werke Mores. In den Fällen, in denen die entsprechenden Bände noch nicht erschienen sind, wird auf die English Works zurückgegriffen. Bei Werken, die bereits in der deutschen Ausgabe *Schulte Herbrüggens* im Kösel-Verlag vorliegen, beziehen sich die Angaben auf diese.

Auswahlbibliographie

Appel, H., Anfechtung und Trost im Spätmittelalter und bei Luther, Leipzig 1938 (Schriften des Vereins für Reformationsgeschichte, Jahrgang 56, H. 1, Nr. 165).

Arbesmann, R., The Concept of »Christus Medicus« in St. Augustine, Traditio, X (1954), 1–28.

Aries, Ph., Geschichte des Todes, 2. Aufl. München 1980.

–, Studien zur Geschichte des Todes im Abendland, (dtv 4369). München 1976.

Baumann, U., Die Antike in den Epigrammen und Briefen Sir Thomas Mores, Paderborn, München, Wien und Zürich, 1984 (Beiträge zur englischen und amerikanischen Literatur, hrsg. v. *F. H. Link* und *H. Schulte Herbrüggen*, Bd. 2).

–, Dorp, Erasmus, More: Humanistische Aspekte einer literarischen Kontroverse, in: Jahrbuch der Thomas-Morus-Gesellschaft 1982, hrsg. v. *H. Boventer*, Düsseldorf 1983, 141–159.

Beaty, N. L., The Craft of Dying. A Study in the Literary Tradition of the *Ars Moriendi* in England, New Haven und London 1970.

Bloomfield, M. W., The Seven Deadly Sins. An Introduction to the History of a Religious Concept, Michigan 1967.

Bridgett, T. E., Life and Writings of Sir Thomas More, London 1891, ³1924.

Campbell, A. Montgomery, The Black Death and Men of Learning, New York 1931.

Cavanaugh, J. R., The Use of Proverbs and Sententiae for Rhetorical Amplification in the Writings of Saint Thomas More, Diss., Saint Louis University 1970.

Chambers, R. W., Thomas More, London 1935. Deutsche Übersetzung von *W. Rüttenauer*, München 1946.

–, The Continuity of English Prose from Alfred to More and his School, in: *Harpsfield,* Life of More, xlv–clxxiv.

Clark, J. M., The Dance of Death in the Middle Ages and the Renaissance, Glasgow 1950.

Comper, F. M., The Book of the Craft of Dying, and other Early English Tracts Concerning Death, London 1917.

Döring-Hirsch, E., Tod und Jenseits im Spätmittelalter, Berlin 1927 (Studien zur Geschichte der Wirtschafts- und Geisteskultur, Bd. 2).

Donner, H. W., More's Treatise on the Four Last Things and the Gothicisms of the Transalpine Renaissance, English Miscellany, 3 (1952), 25–48; nachgedr. in: Essential Articles for the Study of Thomas More, hrsg. mit Einleitung und Bibliographie von *R. S. Sylvester* und *G. P. Marc'hadour*, Hamden, Conneticut 1977, 343–355, 640–644.

Doyle-Davidson, W. A. G., The Earlier English Works of Sir Thomas More, English Studies, XVII (1953), 49–70; nachgedruckt in: Essential Articles, 356–374, 644–650.

Dusch, M., De Veer Utersten. Das Cordiale de quatuor novissimis von Gerhard von Vliederhoven in mittelniederdeutscher Überlieferung, Köln und Wien 1975.

Eis, G., Mittelalterliche Fachprosa der Artes, Deutsche Philologie im Aufriß, hrsg. v. *W. Stammler*, 2. überarb. Aufl., Berlin 1966, Bd. 2, 1185–1193.

–, Medizinische Fachprosa des späten Mittelalters und der frühen Neuzeit, Amsterdam 1982.

Erasmus von Rotterdam, Ausgewählte Schriften, Ausgabe in acht Bänden, Lateinisch und Deutsch, hrsg. v. *W. Welzig*, Darmstadt 1968 ff.

Fox, A., Thomas More. History and Providence, Oxford 1982.

Harpsfield, N., The Life and Death of Sr. Thomas More, hrsg. v. *Elsie Vaughan Hitchcock* und *R. W. Chambers*, EETS, 186. London 1932, nachgedr. 1963.

Heinrich, H. P., Natur und Vernunft im Lob der Torheit des Erasmus von Rotterdam und in der Utopia des Thomas Morus, in: Jahrbuch der Thomas-Morus-Gesellschaft 1982, hrsg. v. *H. Boventer*, Düsseldorf 1983, 123–140.

Huber, P., Traditionsfestigkeit und Traditionskritik bei Thomas Morus, Basel 1953.

Huizinga, J., Herbst des Mittelalters. Studien über Lebens- und Geistesformen des 14. und 15. Jahrhunderts in Frankreich und in den Niederlanden, hrsg. v. *K. Köster*, (K.T.A., 204), Stuttgart ^{10}1969.

Janelle, P., English Devotional Literature in the Sixteenth and Seventeenth Centuries, in: English Studies Today, zweite Serie, hrsg. v. *G. A. Bonnard*, Bern 1959.

Jones, J. Winter, Note on the Discovery of Two Rare Tracts in the British Museum from the Press of William Caxton, Archeologia, or Miscellaneous Tracts Relating to Antiquity, XXXI (1846), 412–424.

Keil, G. (Hrsg.), Fachliteratur des Mittelalters. Festschrift für *G. Eis*, Stuttgart 1968.

Knowles, D., Englische Mystik, Übersetzung von *K.-D. Ulke*, Düsseldorf 1968.

Marc'hadour, G., The Bible in the Works of Thomas More, Nieuwkoop 1969–72.

–, Thomas More et la Bible. La place des livres saints dans son apologétique et sa spiritualité, Paris 1969.

Marius, R. C., Thomas More and the Early Church Fathers, Traditio 24 (1968), 379–407.

Martz, L. L. und *R. S. Sylvester,* Thomas More's Prayer Book, New Haven und London 1969.

Meissner, P., Mittelalterliches Lebensgefühl in der englischen Renaissance, Deutsche Vierteljahresschrift für Literaturwissenschaft und Geistesgeschichte XV (1937), 433–472.

Moos, P. von, Consolatio. Studien zur mittelalterlichen Trostliteratur über den Tod und zum Problem der christlichen Trauer, 4 Bde., München 1971–72.

More, C., Life and Death of More, Antwerpen 1631.

More, Thomas, The Workes of Sir Thomas More Knyght, sometyme Lorde Chancellour of England, wrytten by him in the Englysh Tonge, hrsg. v. *William Rastell,* London 1557, nachgedr. 1978.

–, The English Works of Sir Thomas More, hrsg. v. *W. E. Campbell* und *A. W. Reed,* London und New York, 1931, 1927, (erschienen sind nur Bd. I und II).

–, The Yale Edition of the Complete Works of St. Thomas More, published by the St. Thomas More Project, Yale University, New Haven und London 1963 ff. Alle bisher erschienenen Bände.

–, The Four Last Things, hrsg. v. *Daniel O'Connor,* London 1903. Veränderter Nachdruck, London 1935.

–, Epigramme, übersetzt, eingeleitet und kommentiert von *U. Baumann,* München 1983 (Thomas Morus Werke, hrsg. v. *H. Schulte Herbrüggen,* Bd. 2).

–, Gebete und Meditationen, hrsg., übersetzt, eingeleitet und kommentiert v. *H. Schulte Herbrüggen*, München 1982, (Thomas Morus Werke, Bd. 1).

–, Die Geschichte Richards III., übersetzt, eingeleitet und kommentiert von *H.-P. Heinrich*, München 1984 (Thomas Morus Werke, Bd. 3).

–, Von der Kunst des gottseligen Sterbens, aus dem Englischen übertragen von *W. Tholen*, Kevelaer 1936.

Mulders, J. A. (Hrsg.), The Cordyal by Anthony Woodville, Earl Rivers. Diss. Nijmegen 1962.

Olson, G., Literature as Recreation in the Later Middle Ages, Ithaca und London 1982.

O'Connor, Sister M. C., The Art of Dying Well. The Development of the Ars Moriendi, New York 1966.

Reed, A. W., Early Tudor Drama. Medwall, The Rastells, Heywood and the More Circle, London 1926.

Ro:Ba:, The Life of Syr Thomas More, sometymes Lord Chancellour of England, hrsg. v. *E. V. Hitchcock* und *P. E. Hallett*, EETS, 222, London, New York und Toronto 1950.

Rogers, E. F. (Hrsg.), The Correspondence of Thomas More, Princeton 1947.

Roper, W., The Life of More, hrsg. v. *E. V. Hitchcock*, EETS, 197, London 1935 u. ö.

Routh, Sir Thomas More and His Friends. 1477–1535, (1934) Nachdr. New York 1963.

Sullivan, Sister M. R., A Study of the Cursus in the Works of St. Thomas More, Diss., Washington D. C. 1943.

Schmidt, Sister M. Th., S. C., St. Augustine's Influence on St. Thomas More's English Works, Diss. Yale University 1943.

Schulte Herbrüggen, H., The Process Against Sir Thomas More, The Law Quarterly, 99 (1983), 113–136.

Stammler, W., Mittelalterliche Prosa in deutscher Sprache, Deutsche Philologie im Aufriß, 2. überarbeitete Aufl. hrsg. v. *W. Stammler,* Berlin 1966, Bd. 2, Sp. 749–1102.

Stapleton, Th. The Life and Illustrious Martyrdom of Sir Thomas More, Übersetzt von *Ph. E. Hallett,* London 1928.

Trapp, J. B. und *H. Schulte Herbrüggen,* The King's Good Servant: Sir Thomas More 1477/78–1535, London 1977. (Katalog der 500-Jahr-Ausstellung in der National Portrait Gallery).

White, H. C., The Tudor Books of Private Devotion, Wisconsin 1951.

Die Versuchung zur Verzweiflung.
Illustration aus einer deutschen Ars moriendi
aus dem Jahre 1493.

Ein (unvollendeter) Traktat[1] über diese Worte der Heiligen Schrift:

Memorare novissima, & in aeternum non peccabis[2]

Verfaßt um das Jahr 1522[3] *unseres Herrn von Sir Thomas More, derzeit Ritter*[4] *und Mitglied des Geheimen Rates König Heinrichs VIII.*[5] *und zugleich Unterschatzmeister*[6] *von England.*

1 Zum Begriff »Traktat« siehe S. 59f. der Einführung. Im Gegensatz zu vielen gleich oder ähnlich betitelten Werken des 15. und 16. Jahrhunderts über die Vier Letzten Dinge (Tod, Jüngstes Gericht, Himmel und Hölle) behandelt Mores Traktat-Fragment lediglich die ausführliche Vergegenwärtigung des Todes anhand einer Besprechung von sechs (Stolz, Neid, Zorn, Habsucht, Völlerei und Trägheit) der sieben Hauptsünden. Das Kapitel über die Wollust ist nicht ausgeführt, das über die Trägheit bricht nach wenigen Zeilen ab. Vgl. hierzu auch S. 217 bis 218.
2 Jesus Sirach (Sir), 7,36. Der Bibelvers bildet vor allem im Spätmittelalter und in der Wiegendruckzeit den Ausgangspunkt zahlreicher eschatologischer Traktate, die gern unter dem Schlagwort »Cordiale« zusammengefaßt werden. Vgl. S. 71 ff.
3 Zur Frage der Datierung siehe S. 28–39.
4 More wurde 1521, einige Jahre nachdem er in den Dienst Heinrichs VIII. getreten war, geadelt. Vgl. *Chambers*, 152. Vgl. auch S. 28 ff.
5 More gehörte etwa seit August 1517 dem Geheimen Kronrat an und erhielt für seine »guten Dienste« bis Ostern 1534 eine jährliche Pension von einhundert Pfund. Vgl. Katalog, Nr. 28.
6 Das Amt des Unterschatzmeisters übernahm More ebenfalls im Jahre 1521 nach dem Tode von Sir John Cutte. Vgl. *Chambers*, 30 bis 31.

Bedenke die Letzten Dinge, und du wirst niemals sündigen.

Stünde es unter den Menschen in Frage, ob die Worte der Heiligen Schrift oder die Lehre irgendeines weltlichen Autors von größerer Kraft und Wirkung für Nutz und Frommen der menschlichen Seele seien (wenn wir die vielen kurzen und gewichtigen Worte aus dem Munde unseres Erlösers Christus selbst, mit dessen göttlicher Weisheit der Verstand keiner irdischen Kreatur vergleichbar sein kann, einmal außer Acht lassen), so ist doch allein dieser von dem weisen Mann im siebenten Kapitel von Ecclesiasticus[7] geschriebene Satz von einer Art, daß er mehr an fruchtbarem Rat und Beistand für die Formung und Prägung tugendhafter Verhaltensweisen des Menschen und zur Vermeidung der Sünde enthält, als viele dicke und große Bände der Besten der alten Philosophen[8] oder irgendeines anderen, der sich je in weltlicher Literatur versuchte.

---

7 Das Buch Jesus Sirach zieht More auch in verschiedenen anderen Werken – insbesondere im *Dialogue of Comfort* – zur Untermauerung seiner Aussagen heran. Vgl. *Marc'hadour*, Bible 1969, part I, 194–197 und part IV, 61–66. Aus einer späteren Textstelle (S. 188) ergibt sich, daß More offenbar *Salomo* für den Verfasser dieses Weisheitsbuches hielt. Vgl. auch S. 81 ff.

8 More dürfte sich vor allem auf *Platon*, aber auch *Plutarch*, *Seneca* und *Cicero* beziehen, die er im nachfolgenden Text mehrfach direkt oder indirekt in seine Argumentation einbezieht. Ihre Bedeutung für die »Formung und Prägung tugendhafter Verhaltensweisen« hebt er auch im *Dialogue of Comfort* hervor, verweist aber gleichzeitig darauf, daß ihre Lehren dem Menschen zwar bei der Unterdrückung der Leidenschaften des Körpers dienlich seien, ihm aber in seiner schwersten Stunde keinen ausreichenden Trost bieten könnten (YCW 12, 9/22–11/12). Der Christ indessen erhalte durch diese Worte der Schrift den einzig verläßlichen und

Man brauchte lange, um ihre besten Aussagen zu nehmen und sie mit diesen Worten der Heiligen Schrift zu vergleichen. Laß uns deren Frucht und Nutzen für sich bedenken. Gut beraten und durchdacht, wird es gründlich erläutern, daß nicht aus einem ganzen Buche weltlicher Literatur eine derart fruchtbare Lehre erwachsen wird. Denn was gäbe ein Mensch nicht für eine zuverlässige Medizin, die von solcher Kraft wäre, ihn sein ganzes Leben vor Krankheit zu schützen, insbesondere dann, wenn er durch die Vermeidung von Erkrankungen gewiß sein könnte, hundert Jahre alt zu werden. Nun ist es so, daß diese Worte uns allen eine verläßliche Medizin geben (wenn wir ihr Einnehmen nicht verweigern)[9]. Durch sie werden wir zwar nicht den Körper, den keine Gesundheit lange vom Tode fernhalten kann, von Krankheit freihalten (denn wir

Sterben müssen wir

müssen doch in einigen Jahren sterben, lebten wir auch noch so lange), wohl aber die Seele, die – hierdurch geschützt vor dem Siechtum der Sünde – hernach ewig in Freude leben und geschützt sein wird

---

umfassenden Trost, der es ihm ermögliche, zeitlebens der Sünde auszuweichen und in der Todesstunde nicht zu verzweifeln. Vgl. hierzu auch S. 136 und ebd., Anm. 53.

9 More kleidet seine Argumente hier in eine Krankheitsmetaphorik ein, durch die die Vier Letzten Dinge als Arznei gegen die Sünde des Menschen anzusehen sind. Wie bereits erläutert (vgl. S. 58), wurzelt diese Bildlichkeit in den Schriften Augustinus', der sie entwickelte und ihr die traditionelle Form gab. Die Wirksamkeit einer geeigneten Bildlichkeit betont More in seinem *Dialogue Concerning Heresies* (YCW 6, 46/36–47/18) und verwendet ähnliche Bilder im *Dialogue of Comfort* (YCW 12, 10/15–12/4), in *De Tristitia Christi* (YCW 14, 95/1–4) und in seiner *Answer to a Poisoned Book* (EW, sig. V_7).

vor dem todgeweihten Leben immerwährender Strafe[10].

Der Arzt sendet seine Verordnung dem Apotheker und verschreibt darin manchmal ein teures Rezept aus vielen fremden, aus fernen Ländern geholten Kräutern und Wurzeln, lange liegengebliebenen Präparaten, deren ganze Kraft erschöpft ist, und einigen, die überhaupt nicht zu erhalten sind[11]. Dieser Arzt[12] aber sendet seine Verordnung zu dir selbst; keine fremden Zutaten darin, nichts, das teuer zu kaufen, nichts, das weit zu holen, sondern jederzeit im Garten deiner eigenen Seele[13] zu sammeln ist.

Laß uns denn hören, um was für ein heilsames Rezept es sich hier handelt. »Bedenke«, so sagt diese Verordnung, »deine Letzten Dinge, und du wirst nie-

---

10 Vgl. hierzu auch YCW 12, 28/26–29. Vgl. außerdem *Cavanaugh*, 360, M 488 und 334, D 96 sowie S. 115, Anm. 15.
11 Die medizinische Metaphorik gibt More Gelegenheit, Kritik an zeitgenössischen Ärzten und der Wirksamkeit ihrer Medikamente zu üben, wie bereits in seinen Epigrammen (*Epigramme*, 100–101, Nr. 72; 104, Nr. 78; 158–159, Nr. 206 und 167, Nr. 230) und im *Dialogue of Comfort* (YCW 12, 11/7–12).
12 Gemeint ist Jesus Sirach, doch ließe sich hier, wie auch an späterer Stelle (S. 134), hinter dem Arzt sehr wohl »Christus Medicus« erkennen, der durch seinen Erlösertod die Heilung des Menschen von der Sünde erst ermöglichte. Vgl. hierzu auch S. 58.
13 More verweist mit diesem Bild auf geistliche Übungen anhand der damals beliebten Gebetbücher, die nach 1491 in illustrierter Form unter dem Namen Hortulus animae (Seelengärtlein) Verbreitung fanden und Ähnlichkeiten mit den marianischen Stundenbüchern für Laien aufweisen. Abweichend von diesen enthalten sie aber auch Beicht-, Kommunions- und Meßgebete, sowie Gebete für alle Gelegenheiten des Tages. Vgl. *F. Wulf*, Hortulus animae, LThK, Bd. 5, Sp 488 sowie *L. L. Martz* und *R. S. Sylvester*, Thomas More's Prayer Book, New Haven und London 1969.

Tod, Jüngstes Gericht, Verdammung und Seligkeit mals in dieser Welt sündigen.«[14] Hier ist zuvörderst eine einfache Arznei, die nur vier Kräuter enthält, verbreitet und wohl bekannt, nämlich Tod, Jüngstes Gericht, Verdammung und Seligkeit[15].

Diese schlichte Arznei ist von wunderbarer Kraft, fähig, uns das ganze Leben vor Sünde zu bewahren. Ein Arzt kann nicht allen Menschen die gleiche Arznei geben, um sie vor Krankheit zu schützen[16], sondern muß den einzelnen Menschen infolge der Unterschiedlichkeit ihrer jeweiligen Temperamente verschiedene geben[17]. Diese Medizin aber nützt jedem Menschen. Ein Arzt ahnt und mutmaßt lediglich, daß sein Rezept guttun wird; diese Medizin aber ist ohne jeden Zweifel zuverlässig.

14 Sir 7,36. Im folgenden beweist More gewissermaßen als Anwalt des Arztes Jesus Sirach (bzw. Christus Medicus) die Wirksamkeit dieser Arznei. Leitmotivisch begleitet der Bibelvers den Leser durch den ganzen Traktat, in dem die gesamte Bandbreite der Wirksamkeit des Rezeptes erläutert wird. Vgl. auch S. 63 ff.

15 Unter den Vier Letzten Dingen gilt nach christlicher Tradition der Tod als »Sold der (Ur-)Sünde« und als Vollendung des menschlichen Lebens; dem Tod folgt am »Ende der Welt« die Auferstehung der Toten mit dem Jüngsten Gericht, die Wiederkehr Christi, und der Entscheidung über das Schicksal der menschlichen Seele (Verdammung oder ewige Seligkeit). Vgl. etwa *K. Rahner*, Tod, LThK, Bd. 10, Sp. 221–226 und *P. Althaus*, Eschatologie, religionsphilosophisch und dogmatisch, RGG, Bd. 2, Sp. 680–689; ausführlich: *J. Pieper*, Tod und Unsterblichkeit, München 1979. Vgl. auch YCW 12, 4/12 und 333.

16 Vgl. hierzu *Dialogue of Comfort*, YCW 12, 173/9–21 und 403.

17 Die »Temperamente« und die Physiologie des Menschen erläutert More oben noch ausführlicher, als er auf den zerstörerischen Kampf der Elemente im Körper zu sprechen kommt. Vgl. S. 152 f. und dort Anm. 79.

Wie kommt es dann aber, so wirst du vielleicht fragen, daß nur so wenige vor Sünde geschützt sind, wenn doch jedermann eine derart verläßliche Medizin so leicht zur Hand hat? Weil die Leute gemeinhin so leben wie der, der aus Trägheit lieber fastend unter krankem Volk weilt, als daß er zuvor ein kleines Vorbeugemittel[18] nähme.

Du wirst vielleicht sagen, ein Teil dieser Arznei sei sehr bitter und schmerzhaft einzunehmen. Sicherlich kann nichts so bitter sein, daß der Verstand es angesichts eines so großen Gewinnes nicht ertrüge. Dennoch ist diese Medizin, wenngleich du ein saures Gesicht dabei ziehst, nicht so bitter wie du meinst. Denn du weißt ja genau, er fordert dich keineswegs auf, Tod oder Jüngstes Gericht oder Verdammung auf dich zu nehmen, sondern allein, sie zu bedenken und zugleich die Seligkeit des Himmels, die alles obendrein mildert. Hätte nun ein Mensch einen so empfindsamen Magen, daß er murren würde, ein kleines Vorbeugemittel zu nehmen, wenn er dahin geht, wo eine ansteckende Krankheit herrscht, so wäre er dennoch arg leichtfertig, wollte er nicht zum mindesten etwas Essig und Rosenwasser auf sein Taschentuch nehmen.

---

18 More spricht von »treacle«; ein mehrdeutiges Wort im Englischen, das einmal »Sirup« bedeutet, daneben – und ursprünglich – aber »Gegengift«. More verweist damit auf lat. »theriaca« griech. Θηριακή, einer Arznei gegen *Schlangenbiß*. Da More unten auf den Ursprung der Sünde – der Verführung Evas durch die Schlange – zu sprechen kommt, erweist sich die Wortwahl als besonders treffend. Die biblische Analogie von Sünde und Schlange wurde überall verstanden, und er selbst verwendet das Bild in zahlreichen anderen Werken. Vgl. u. a. YCW 12, 9/12, YCW 8, 37/34 und EW, sig.t₅. Vgl. außerdem die Sacherläuterungen in YCW 12, 340 und YCW 4, 565.

Ich weiß sehr wohl, daß viele sagen, das bloße Bedenken des Todes allein, so ein Mensch ihn nur gründlich bedenkt und erwägt, sei in der Lage, einen Menschen aller Lebensfreude zu berauben. Um wieviel schmerzhafter und quälender müßte aber sein Leben erst sein, wenn er zur Erinnerung und Erwägung des Todes auch die innige Vorstellung des furchtbaren Jüngsten Gerichtes Gottes und der bitteren Schmerzen des Fegefeuers[19] oder der Hölle hinzunähme – von denen eine jede viele Tode überwiegt und übertrifft. Dies sind die weisen Sprüche derer, die diese Welt zu ihrem Himmel und ihre Lüsternheit zu ihrem Gott machen.

Bedenken des Todes

Fegefeuer

Sieh nun die Blindheit von uns weltlichem Volk, wie genau wir uns erdreisten, unseren törichten Pfeil meist auf jene Dinge abzuschießen, von denen wir am wenigsten verstehen[20]. Denn ich zweifle kaum, daß wir unter

19 Nach traditioneller katholischer Lehre bezeichnet das Fegefeuer den Reinigungsort jener Seelen, die in der Rechtfertigungsgnade sterben, aber noch für läßliche Sünden zu büßen haben, bevor sie geläutert in den Himmel eingehen können. Eine Fürbitte der Gläubigen für die »armen Seelen« im Reinigungszustand (durch Gebet, Meßopfer und Almosen) wird als möglich und wirksam angesehen. Aus dieser Auffassung entstand im Mittelalter das Ablaßwesen. Vgl. *K. Rahner*, Fegefeuer, LThK, Bd. 4, Sp. 49–55 und *More*, Supplication of Souls, passim.

20 Das Bild des verblendeten Menschen greift More an verschiedenen Stellen seiner Abhandlung wieder auf, um auf dessen vernunftwidriges Handeln hinzuweisen und zu unterstreichen, daß er in Sünde lebt und dabei verkennt, daß sein Leben nur geliehen ist (vgl. u. a. S. 164 ff.). Vergleichbare Darstellungen begegnen in der mittelalterlichen Literatur häufig, so in der bekannten Moralität Everyman (Jedermann), zu deren Beginn Gott selbst die Weltzugewandtheit und Sündhaftigkeit der Menschen heftig beklagt (vgl. Z. 28–63). Vgl. auch *Cavanaugh*, 342, F 408.

viertausend zufällig Ausgewählten nicht achtzig[21] fänden, die nicht kühn behaupteten, es sei eine zu schmerzhafte Angelegenheit, diese Vier Letzten Dinge eifrig zu betrachten. Und doch möchte ich eine Wette eingehen, daß du unter jenen Viertausend nicht einmal vierzehn finden wirst, die in all ihren Tagen auch nur viermal gründlich über sie nachgedacht hätten.

Wenn die Menschen die Wirkung und Arbeitsweise dieser Arznei, die Betrachtung dieser Vier Letzten Dinge, wirklich prüfen und ausprobieren wollten, so fänden sie darin keineswegs ihre Lebensfreude verloren, sondern eine so große Freude daraus erwachsen, wie sie nie zuvor etwas Ähnliches empfunden haben, noch vermuteten, daß sie jemals so etwas hätten erfahren sollen. Denn man muß wissen, daß, so wie wir aus zwei verschiedenartigen und ungleichen Substanzen geschaffen sind, aus Körper und Seele[22], wir auch tauglich und in der Lage sind, zwei verschiede und ungleiche Freuden, die eine sinnlich

Über die beiden Substanzen

---

21 More spricht von »Four score« und verwendet damit einen altenglischen Maßbegriff, der zwanzig Einheiten umfaßt und heute noch als Einheit von 20 Pfund beim Verwiegen von Schlachtvieh gebräuchlich ist. Vgl. auch S. 199.

22 Die Unterschiedlichkeit der beiden Substanzen besteht einerseits in der Vergänglichkeit des Leibes und der Unsterblichkeit der Seele und andererseits in ihrer unterschiedlichen Bewertung für das Wohl des Menschen. Der Leib wird als minderwertig betrachtet, da er die Erbsünde ermöglichte, und als verantwortlich für zahlreiche Hauptsünden des Menschen (vgl. oben S. 90 und S. 203) angesehen. Die vernunftgesteuerte Unterdrückung körperlicher Leidenschaften ist daher Ziel christlicher Lebensführung, da nur so die Glückseligkeit der Seele gewährleistet werden kann. Vgl. auch *H. Fleckenstein*, Leib, moraltheologisch, LThK, Bd. 6, Sp. 905–906 sowie *J. B. Metz*, Leib, Leib-Seele-Verhältnis, ebd., Sp. 902–905.

und fleischlich, die andere geistlich und seelisch, zu empfangen. Und so wie die Seele den Körper überragt, so übertrifft die Süße der geistlichen Freuden bei weitem die derben und schmutzigen Freuden allen fleischlichen Genusses, der in Wahrheit keine wirklich aufrichtige Freude ist, sondern nur ein trügerisches Abbild des Vergnügens[23]. Der Grund, warum die Menschen so versessen darauf sind, ist allein Unwissenheit und mangelnde Kenntnis des anderen. Weil jene, denen die rechte Kenntnis der Edelsteine mangelt, sich ebenso gut mit einem trefflich gefälschten Beryll oder Kristall begnügen und zufrieden geben, wie mit einem wirklich natürlichen Diamanten[24]. Aber der, der durch steten Umgang und Erfahrung die richtigen

Geistliche Freuden fleischlicher Genuß

---

[23] Durch die Analogie Körper und fleischlicher Genuß sowie Seele und geistliche Freuden unterstreicht More die Vergänglichkeit und Bedeutungslosigkeit weltlichen Vergnügens, das für den vernunftmäßig handelnden Menschen eine trügerische, nicht erstrebenswerte Beschäftigung ist. Vgl. auch *Platon*, Phaid., 66b–67b und 79c–80b. (Die Abkürzungen der antiken Autoren sind nach den Richtlinien des *Kleine(n) Pauly*, Bd. 1, 1964 xxiff. aufzulösen).

[24] Mores mineralogisches Beispiel, wie er es ähnlich auch in der *Utopia* (vgl. YCW 4, 168/12 und 456) und *Richard III.* (vgl. YCW 2, 82/30 und 262–263) verwendet, gewinnt an Aussagekraft, wenn man sich die im Mittelalter und der Renaissance weit verbreitete Edelsteinallegorese vergegenwärtigt, durch die beispielsweise der Diamant mit Christus gleichgesetzt wird. Vgl. zu dieser vielschichtigen Thematik u. a. *Ch. Meier*, Gemma Spiritalis. Methode und Gebrauch der Edelsteinallegorese vom frühen Christentum bis ins 18. Jahrhundert. Teil I, München 1977 (Teil II ist bisher nicht erschienen). *U. Engelen*, Die Edelsteine in der deutschen Dichtung des 12. und 13. Jahrhunderts, München 1978 und *Fr. Ohly*, Diamant und Bocksblut. Zur Traditions- und Auslegungsgeschichte eines Naturvorganges von der Antike bis in die Moderne, Berlin 1976.

Merkmale und das wahre Feuer eines Diamanten vor Augen hat, weist die Fälschung sofort zurück und will sie nicht betrachten, sei sie auch noch so gut ausgeführt, noch so kunstvoll poliert. Und glaube fürwahr, in gleicher Weise würden die Menschen, wenn sie sich vertraut machten mit dem Geschmack seelischer Freude und jenem Hochgefühl, das rechtschaffene Menschen durch die frohe Erwartung des Himmels empfinden, alsbald auch den verderbten Genuß und den schmutzigen Gefallen, der aus sinnlichem und fleischlichem Vergnügen erwächst, binnen kurzem für nichts achten und auf Dauer verabscheuen. Ist dieses doch niemals so angenehm mit Genuß und Gefallen gewürzt, daß es nicht solchen Widerwillen und Kummer des Gewissens hervorriefe und den Magen rumoren und ihm ergehen läßt, als erbräche er sich[25]. Dessen ungeachtet ist es unsere blinde Gewohnheit, uns dennoch ohne Sorgen und Mühen um das Bessere darin zu halten, wie eine mit Abfall, Schmutz und Schlamm zufriedene Sau sich weder um bessere Nahrung, noch um bessere Schlafstatt sorgt[26].

Widerwillen des Gewissens

---

25 Eine vergleichbare Reaktion auf die Erkenntnis der Sündhaftigkeit beschreibt More im *Dialogue of Comfort*. Vgl. YCW 12, 29/15–20.
26 Durch ein solches Verhalten verstößt der Mensch gegen die oberste Kardinaltugend der Klugheit und degradiert sich selbst, indem er die Rangordnung der göttlichen Schöpfung mißachtet und sich auf eine Stufe mit dem vernunftlosen Tier stellt; dadurch überläßt er dem Körper die Oberhand über die Seele, ein Problem, das More im folgenden immer wieder aufgreift. Vgl. Anm. 22 und 28 sowie S. 122, ferner *Cavanaugh*, 336, D 372; zur Tugendlehre: *J. Pieper*, Das christliche Menschenbild, Leipzig 1936 u. ö.; *ders.*, Traktat über die Klugheit, München 1949 u. ö.

Denke nicht, alles sei angenehm, über das Menschen aus Torheit lachen. Denn im Irrenhaus[27] wirst du jemand noch lachen sehen, der mit seinem eigenen Kopf gegen einen Pfosten schlägt, und doch ist daran wenig Vergnügliches. Aber möglicherweise hältst du dieses Beispiel für ebenso verrückt wie den Verrückten selbst und zur Sache wenig beitragend. Meinetwegen magst du so denken. Was aber wirst du sagen, wenn du Menschen, die für weise gehalten und angesehen werden, noch viel törichter lachen siehst als ihn? Wirst du sie nicht über ihre eigene Geschicklichkeit lachen sehen, wenn – wie sie meinen – sie ihrem Nachbarn absichtlich geschadet haben? Wer nun immer noch nicht erkennt, daß sein Lachen törichter ist als das des Verrückten, den halte ich für törichter als sie beide. Denn der Irre lachte, als er sich durch einen Schlag seines Kopfes vor den Pfosten nichts als ein wenig Schmerz zugefügt hatte. Jener andere weise Tor[28] aber lacht über den Wurf seiner eigenen Seele ins Feuer der Hölle, was ihm Grund gäbe, sein ganzes Leben zu weinen. Und es kann nicht ausbleiben, daß Kummer und Furcht seinem Lachen folgen; und heimliche Sorge

---

27 More spricht von »Bedlam«. Der Begriff ist eine umgangssprachliche Verkürzung von Bethlehem und bezeichnet ein Hospital für Geisteskranke in Bishopsgate, London, das aus der Abtei St. Mary of Bethlehem hervorging und von 1402 bis 1675 existierte, bevor es durch neue Gebäude ersetzt wurde.

28 Die paradoxe Reihung unmöglicher Begriffe (impossibilia), die More noch häufiger verwendet (vgl. S. 123, 181), ist das formale Grundprinzip des antiken Topos' der verkehrten Welt, der gerne als Zeitklage erscheint, mit der aktuelle Mißstände angeprangert werden. Erasmus gebraucht ihn ausführlich in seinem Lob der Torheit. Vgl. zur Traditionsgeschichte, *E. R. Curtius,* Europäische Literatur und lateinisches Mittelalter, Bern und München [8]1973, 104–108.

Ein gottloses Herz
verdirbt die ganze äußerliche Fröhlichkeit. Denn das Herz eines Ruchlosen ist wie eine stürmische See, die keine Ruhe findet (Jes 57,20) es sei denn, ein Mensch ist ins Verlies der Niedertracht hinabgefallen und die Tür über seinem Kopf geschlossen. Denn wenn ein Sünder einmal in die Tiefe gefallen ist, entwickelt er sich zu einem verzweifelten Schurken und achtet alles für nichts; er ist in der allerschlimmsten Verfassung und am weitesten von jeglicher Rettung entfernt[29]. Denn wie beim Körper dessen Krankheit gänzlich unheilbar ist, der krank ist, ohne es zu fühlen und sich vielmehr unversehrt wähnt (denn der, der in diesem Zustand ist, ist gewöhnlich irr), so hat der das natürliche Licht des Verstandes und das geistliche Licht des Glaubens verloren, der durch boshafte Gewohnheit der Sünde in seiner üblen Tat keinen Fehler erkennt, noch deshalb Gewissensbisse hat. Sind diese beiden Lichter des Wissens und Verstandes erst einmal ausgelöscht, was verbleibt ihm mehr als die körperlichen Sinne und die sinnlichen Empfindungen, die Mensch und Tier gemein haben[30]? Nun sind fleischliche und weltliche Freuden in Wahrheit nicht ange-

---

29 Eine ähnliche Auffassung vertritt More auch im *Dialogue of Comfort* (YCW 12, 14/15–23). Die hier angesprochene Verfassung des Menschen entspricht der Trägheit in geistlichen Dingen, die More unten (S. 217f.) als tödliche Sünde bezeichnet. Vgl. außerdem YCW 12, 343.

30 Vgl. Anm. 22 und S. 263f., Anm. 163 sowie YCW 12, 432–433. Die Gleichsetzung des triebhaften Menschen, der nur seinem Körper lebt, mit einem Stück Vieh findet sich auch in Erasmus' Lob der Torheit. Vgl. *Erasmus von Rotterdam*, Ausgewählte Schriften, Ausgabe in acht Bänden, lat. und deutsch, hrsg. v. *W. Welzig*, Darmstadt 1968ff., Bd. 2,63.

Weltliche und geistliche Freuden

nehm, sondern bitter, und geistliche Freuden in Wahrheit so süß, daß ihre Süße das Gefühl körperlicher Schmerzen mehrfach betäubt und vermindert. Aus diesem Grunde finden gute rechtschaffene Menschen mehr Gefallen in der Reue ihrer Sünden und dem Schmerz ihrer Buße als Schurken beim Ausüben ihrer verwerflichen Freveltaten. Und es ist ferner glaubhaft, daß die inneren seelischen Freuden und der Trost, die viele der alten heiligen Märtyrer in der Hoffnung auf den Himmel verspürten, die körperlichen Schmerzen ihrer Qualen verdrängten und eigentlich überwältigten[31]. Aber ähnlich wie ein kranker Mensch keine Süße im Zucker schmeckt und manch schwangere Frauen solch törichte Gelüste haben, daß sie lieber Teer als Sirup und eher Pech denn Marmelade essen, und einige gesunde Menschen Talg mehr lieben als Butter[32], und die Isländer keine Butter mögen, die nicht lange in Fässern gelagert war[33], so finden wir äußerst

Infizierter Geschmack

---

31 Auch diese Stelle könnte auf eine späte Entstehung, etwa in Mores Towerzeit hindeuten, in der er sich mit den drohenden Qualen des Todes auseinandersetzte (so im *Dialogue of Comfort* oder dem *Treatise on the Passion*) und selbst Trost fand durch die Hoffnung auf den Himmel, wie uns seine letzten Briefe (z. B. *Rogers* 218, 18-27) bestätigen. Die von der Hoffnung auf den Himmel ausgehende Kraft war ihm erneut eindrucksvoll vor Augen geführt worden, als er von seiner Towerzelle aus Richard Reynolds und die Kartäusermönche gefaßt zur Hinrichtung gehen sah. Vgl. *Roper*, 80/9-81/4.
32 Wiederum ein Hinweis auf die verkehrte Welt, die durch ein vernunftwidriges Handeln gekennzeichnet ist. Vgl. auch S. 121.
33 *Reed* verweist in diesem Zusammenhang auf die Eigenart der Isländer, Butter erst dann zu genießen, wenn sie ranzig und

sinnlichen Menschen, die wir unseren Geschmack durch die Krankheit der Sünde und die schmutzige Ausübung der fleischlichen Lust infiziert haben, all dessen ungeachtet so großen Gefallen am ekelhaften und stinkenden Genuß fleischlicher Lüste, daß wir nicht einmal Lust haben zu prüfen, welche Art von Süße gute und rechtschaffene Menschen in geistlichen Freuden empfinden und erkennen. Und was ist der Grund dafür? Weil wir das eine nicht empfinden können, wenn wir nicht vom anderen ablassen. Denn wie der Acker, der ganz mit Nesseln, Dorngestrüpp und anderem üblen Unkraut überwuchert ist, kein Korn hervorbringen kann, bis diese gejätet sind[34], so kann unsere Seele so lange keinen Platz für das gute Korn der geistlichen Freuden finden, wie sie mit dem wertlosen Unkraut fleischlichen Genusses überwuchert ist. Zu seinem Ausrotten mit der Wurzel gibt es kein geeigneteres Mittel als die Betrachtung der Vier Letzten Dinge. Sie wird dieses Unkraut fleischlicher Lust ausreißen und nicht versäumen, an ihre Stelle nicht nur heilsame Tugenden, sondern auch wunderbare geistliche Freuden und seelische Erfreuung zu pflanzen, welche in jeder guten Seele durch die Liebe Gottes und die Hoffnung auf den

Ein Instrument, um das Unkraut aus der Seele herauszureißen

---

beinahe unbegrenzt haltbar geworden war, und die Handelsbeziehungen zwischen England und Island, durch die isländischen Gebräuche den Engländern bekannt waren. (*Campbell* und *Reed*, 212, P. 74, C. 7). Vgl. außerdem *P. Hermann*, Island in Vergangenheit und Gegenwart, Leipzig 1907, 41–42.

34 Dies erinnert an das Gleichnis vom Unkraut im Weizenacker (Mt 13,24–30), vgl. *Cavanaugh*, 328, B 595 (Tilley).

Woraus das göttliche Vergnügen erwächst

Himmel sowie den seelischen Gefallen, den der göttliche Geist durch das emsige Bemühen in guter und tugendhafter Tätigkeit findet, emporwachsen[35].

Ich hielte mich nicht so lange bei diesem Punkt auf, noch machte ich so viele Worte über das Vergnügen, das Menschen durch das Rezept dieser Medizin finden können, wäre es nicht, weil ich sehr wohl erkenne, daß die Welt so auf Vergnügen aus ist, daß die Menschen das Vergnügen viel mehr schätzen als den Gewinn. Und damit du erkennst, daß es keine in meinem Kopf entstandene Phantasie ist, wonach Vermeiden und Zurückweisen fleischlichen Vergnügens und Streben nach Drangsal, Seelenqual, Buße und körperlichen Schmerzen für einen Christen nicht nur in der künftigen Welt, sondern auch in seinem gegenwärtigen Leben wahre Süße, Trost, Vergnügen und Freude mit sich bringt, werde ich es dir durch das Zeugnis und die Bestätigung derer als wahr erweisen, denen, weil sie aus eigener Erfahrung sprechen, kein ehrlicher Mann – glaube ich – mißtrauen wird.

Siehe, Kirchenvater Sankt Augustin[36], bußfertige

Sankt Augustin

und reumütige Sünder ermunternd, ihre Vergehen zu bereuen, spricht zu ihnen: »Bereue«, sagt dieser heilige Mann, »und freue dich über deine Reue.«[37] Vergebens

---

35 Vgl. *Epigramme*, 93, Nr. 50.
36 Der Theologe und Philosoph *Aurelius Augustin(us)* (354–430), als Kirchenlehrer für die gesamte Theologie des Mittelalters von entscheidender Bedeutung, war More gut vertraut; er hielt bereits in jungen Jahren Vorlesungen über dessen »Gottesstaat«. Vgl. *Roper*, 6 und *Harpsfield* 13–14 sowie S. 58f.
37 Eine ähnliche Stelle findet sich in Mores *Dialogue of Comfort*,

bäte er ihn, über seine Reue froh zu sein, wenn der
Mensch in seiner Reue nicht froh sein könnte. Aber dieser heilige Vater zeigt durch seinen Rat nicht nur, daß ein Mensch angesichts all seiner Reue fröhlich und heiter sein, sondern auch, daß er froh sein darf aufgrund seiner Reue.

Heiterkeit über Reue

Lange dauerte es, wollte man alle die Stellen aufführen, die diesen Sachverhalt unter den Lehrern der Kirche Christi[38] bestätigen. Wir werden, anstelle ihrer aller, die Worte dessen zitieren, der ihrer aller Lehrer ist, unser Erlöser Jesus Christus. Er sagt, der Weg zum Himmel sei schwierig und bitter oder schmerzhaft. Und deshalb sagt er, daß nur wenige Leute ihn ausfindig machen oder darauf wandeln (Mt 7,14; Lk 13,24). Und doch spricht er angesichts dessen: »Mein Joch ist erträglich und meine Bürde leicht.« (Mt 11,30). Wie könnten sich diese beiden Aussprüche vertragen, wäre es nicht, daß, so wie Mühsal, Pein und Leid schmerzhaft und bitter für das Fleisch sind, Trost und Heiterkeit, die die Seele durch sie erhält, so daß sie in der Liebe unseres Herrn und der Hoffnung in seine Herr-

---

doch ordnet er das Zitat hier nicht *Augustinus*, sondern *Hieronymus* zu. Die Herausgeber der Yale-Ausgabe verweisen darauf, daß beide Angaben falsch sind, und die Quelle des Zitates das anonyme Werk *Liber de Vera et Falsa Poenitentia* (XIII, 28) bildet (YCW 12, 370). Die Schrift wurde jedoch im Mittelalter allgemein Augustinus zugesprochen, so auch von More in der *Confutation of Tyndale's Answer* (YCW 8, 867/30–868/1).

38 Frühchristliche Theologen und Heilige, die entscheidend zur Formulierung der kirchlichen Lehren beigetragen haben, wie beispielsweise *Augustinus, Chrysostomos*, oder später *Bernhard von Clairvaux*, deren »consensus omnium« zu den angesprochenen Fragen More zur Stützung seiner Ausführungen hervorhebt. Vgl. zu dieser Technik auch S. 85ff.

lichkeit zu kommen sich erhebt, die Bitterkeit der Schmerzen gleichermaßen mildern und überwinden, so daß die pure Mühsal dadurch leicht, die Bitterkeit wahrhaft süß und die schiere Qual angenehm wird?

Möchtest du ein Beispiel sehen? Schaue auf seine heiligen Apostel – glaubst du, daß es sie schmerzte, als sie ergriffen und um Christi willen mit Peitschen gegeißelt wurden? Stelle dir vor, du wärest in der gleichen Situation, und ich glaube du wirst denken, ja. Nun siehe also, welche Freude und welches Vergnügen sie für all die Qual ihres Fleisches in ihrer Seele empfingen[39]. Die Heilige Schrift sagt, daß sie glücklich waren und sich freuten, daß Gott sie um Christi willen für wert erachtete, nicht nur gegeißelt zu werden, sondern auch – was für einen aufrichtigen Menschen ein weit größerer Schmerz wäre, als die Qual selbst – mit Schmach und Schande gegeißelt zu werden, so daß ihre Freude um so größer war, je größer ihre Qual (Lk 6,22f.; Petr 4,13). Denn wie der Kirchenlehrer Sankt Chrysostomos[40] sagt, ist die Qual – obgleich sie durch das Wesen des Leidens schmerzlich ist – doch durch die Heiterkeit und den kraftvollen Sinn derer, die sie bereitwillig erleiden,

Sankt Chrysostomos
Angenehme Qual

---

39 In diesem Zusammenhang mag man sich daran erinnern, daß More zeitlebens ein härenes Hemd trug und, wie uns seine Biographen berichten, täglich viele Stunden, in der Regel auch den ganzen Freitag, dem Gebet, geistlichen Übungen und Selbstkasteiungen vorbehielt. Vgl. z. B. *Roper*, 26 und 48–49 sowie *Harpsfield*, 65–66. Der Abschnitt erinnert nach *Cavanaugh* an das Sprichwort: »Liebe findet ein Heilmittel für jedes Leiden.« Vgl. dort, 356, L 500.

40 Der griechische Kirchenlehrer *Johannes* (um 354–407) trug den Beinamen *Chrysostomos* (Goldmund) und zählte zu den bedeutendsten Rednern der alten Kirche.

angenehm[41]. Und, obwohl die Art der Folterungen große Schmerzen und Qualen erzeugte, so übertraf und überwand doch der bereitwillige und geneigte Geist derer, die gegeißelt wurden, jene Natur der Sache, also die äußere körperliche Qual, durch innere geistliche Freude. Und sicherlich ist dies so wahr, daß es als ein ganz sicheres Zeichen dafür angesehen werden kann, daß ein Bußfertiger von der Barmherzigkeit und Gunst Gottes zu profitieren und in ihr zu wachsen beginnt: nämlich wenn er Freude und Belebung bei seinen Anstrengungen und Leiden empfindet, die er durch Gebet, Almosengeben, Wallfahrt, Fasten, Kasteiung, Drangsal, Schmerz und solche geistlichen Übungen auf sich nimmt, durch die die Seele gern mit dem Körper zusammenarbeitet, um durch ihre eigene Bestrafung die rostig zerfressenen Stellen, mit denen die Sünde sie unter den Augen Gottes beschmutzt hat, zu säubern und zu entfernen und um so weniger zurückzulassen, was im Fegefeuer ausgebrannt werden müßte[42]. Und wann immer – wie ich sage – ein Mensch an seiner Strafe Gefallen findet, so hat er ein Zeichen großer Gnade und ein Zeichen, daß seine Buße Gott wohlgefällig ist, denn die Heilige Schrift sagt: der Herr liebt einen fröhlichen Geber (2 Kor 9,7). Wohingegen andererseits jemand, der

Ein Zeichen der Gunst Gottes

Pilgerfahrt

Fegefeuer

---

41 More stützt sich hier auf die 23. Homilie des Matthäus-Kommentars des *Chrysostomos* (Patriologiae Cursus Completus: Series Graeca, hrsg. v. *J. P. Migne*, 161 Bde., Paris 1857-66, Bd. 57, Sp. 314; künftig zitiert als PG mit Bandnr. und Spalte).
42 Vgl. S. 117.

solch geistliches Tun mit trägem Geist und schwachem Gemüt erledigt, zweimal soviel tut und dadurch viermal soviel Qual erhält, weil seine körperliche Qual weder durch geistliche Freude noch Trost gemildert wird. Ich will nicht sagen, daß seine Anstrengung umsonst ist, aber ich wage kühn zu behaupten, daß er sehr viel weniger Erfolg mit sehr viel mehr Schmerz erkauft. Denn es ist sicher, daß die besten Seelen und die, die sich am besten mit geistlicher Tätigkeit geplagt haben, auch den meisten Trost darin finden[43]. Und wenn Gott deshalb jene am meisten gefielen, die in der körperlichen Pein ihrer Buße weniger geistliche Freude empfanden, müßte daraus folgen, daß ein Mensch in einer um so schlimmeren Lage wäre, desto weiter er in der Vervollkommnung geistlicher Übungen fortschritte. Dies kann jedoch in keiner Weise so sein, weil wir sehen, daß die heiligen Apostel und andere heilige Männer und Frauen um so besser waren, desto mehr Erfreuung sie in ihren körperlichen Schmerzen empfanden, waren sie nun von Gott auferlegt oder, um Gottes willen, selbst auf sich genommen.

Trost

Deshalb lasse sich jedermann durch die Anstrengungen seines Geistes und die Hilfe des Gebetes kräftigen, um in aller Drangsal und Qual, Anstrengung, Pein und Seelenqual – ohne jedes Quentchen Stolz oder ohne sich selbst ein Lob zuzuschreiben – Wonne und Freude in solchen geistlichen Übungen zu erkennen und dadurch in der Liebe Gottes zu wachsen, in der Hoffnung auf den Himmel, Verachtung der

Freude durch geistliche Übungen

---

43 Dies dürfte sich auch auf More selbst, vor allem während seiner Inhaftierung im Tower, beziehen. Vgl. Anmerkung 31.

Welt und Sehnsucht, bei Gott zu sein. Um diese Geisteshaltung durch das Wegschieben der böswilligen Vergnügungen des Teufels, der schmutzigen Vergnügungen des Fleisches und der eitlen Vergnügungen der Welt (die, wenn sie einmal ausgeschlossen sind, einen gründlich gereinigten Platz schaffen, um das wahrhaft süße und reine Vergnügen des Geistes zu empfangen) zu erreichen[44], gibt es nichts, wie ich gesagt habe, was leichthin angemessener und wirksamer wäre als das, womit ich begonnen und was ich zu erläutern unternommen habe, nämlich das Betrachten der Vier Letzten Dinge. Dies ist – wie die Heilige Schrift sagt – so wirksam, daß ein Mensch, wenn er sie nur gut bedenkt, niemals sündigen wird.

Du wirst nun vielleicht sagen, es reiche nicht aus, daß ein Mensch nichts Böses tue, er müsse vielmehr auch Gutes tun. Was du da sagst, ist die reine Wahrheit.

Zwei Stufen zum Himmel

Aber erstens, wenn es nicht mehr als diese zwei Stufen bis zum Himmel gäbe, so ist der, der sich auf die erste bringen kann, schon halb oben. Und zum anderen wird es für den, der nichts Schlechtes tut, schwer sein, etwas anderes als zwangsläufig Gutes zu tun, weil der menschliche Geist niemals müßig, sondern gemeinhin entweder mit Gutem oder mit Bösem befaßt ist.

Der Geist ist nie müßig

Und daher wäre es, wenn Leute wenig Worte machen und viel nachdenken, ebenso wie unter vielen Wor-

Nachdenken

---

44 So betet More im Tower in einer Meditation um Kraft für diese Geisteshaltung. *Gebete und Meditationen*, 64–65. Ähnlich äußert er sich auch in seinen *Epigrammen* (93, Nr. 51).

ten nicht alle stets recht und weise gesetzt sind, wenn die Zunge ruht und der Geist nicht gut befaßt ist, weniger schlecht – abgesehen vom weltlichen Tadel – etwas Albernes über Lappalien zu plappern, als sich dieweil insgeheim – während sie durch ihr Schweigen weise erscheinen – im Geiste mit schmutzigen sündigen Neigungen zu beschäftigen, die ihre Zungen, wenn man sie zum Reden brächte, vor Scham nicht aussprechen und derlei nicht in Worte fassen könnten.

Ich sage dies nicht, weil ich die Leute zum Schwatzen bringen möchte, wohl wissend, daß es – wie die Heilige Schrift sagt – nicht ohne Sünde abgeht, wo viele Worte sind (Spr 10,19). Ich sage es vielmehr, weil ich die Leute dazu bringen möchte, auch während ihres Schweigens gut achtzugeben, daß ihr Geist mit redlichen Gedanken befaßt sei, weil er niemals untätig ist. Denn wenn der Geist jemals leer wäre, so wäre er leer, wenn der Körper schläft. Wäre er dann aber völlig leer, so hätten wir keine Träume. Denn wenn die Phantasien uns nicht im Schlafe verlassen, dann ist es unwahrscheinlich, daß sie uns jemals im Wachen verlassen[45]. Deshalb laß uns, wie ich sage, unseren Geist mit guten Gedanken beschäftigt halten, andernfalls wird der Teufel ihn mit schlechten füllen.

Schwatzen
Schweigen

Zweifellos hat jedes Ding sein Maß. Es gibt – wie die Heilige Schrift sagt – Zeiten zu sprechen und Zeiten zu

---

45 Diese Passage ähnelt argumentativ einem stoischen Syllogismus und entspricht etwa dem 2. Axiom des *Chrysipp*. Vgl. dazu *U. Baumann*, Die Antike in den Epigrammen und Briefen Sir Thomas Mores, 131, Anmerkung 179 und 180; ferner *Cavanaugh*, 351, J 6.

schweigen (Pred 3,7; Spr 15,23). Wann immer die Unterhaltung sündhaft und gottwidrig ist, ist es besser zu schweigen und währenddessen über etwas Besseres nachzudenken, als ihr zuzuhören und das Gespräch zu unterstützen. Noch besser als deinen Mund zu halten wäre es freilich, anständig zu sprechen und mit guter Miene und angenehmer Art ein besseres Thema anzuschneiden. Durch diese Art deiner Sprache und Unterhaltung wirst du nicht nur selbst profitieren, wie du es durch dein wohlgesinntes Schweigen getan hättest, sondern vielmehr die ganze Zuhörerschaft verbessern, was eine bei weitem bessere und verdienstvollere Sache ist. Kannst du jedoch kein geeignetes Mittel finden, um das Gespräch zu unterbrechen, dann wäre es – es sei denn, deine bloße Autorität reichte aus, Stille herbeizuführen – vielleicht gut, lieber selbst redlich zu schweigen, als unbedacht schroff herauszuplatzen und sie zum Zorn zu reizen[46], weil dies sie vielleicht nicht daran hindert zu sprechen, sondern nur noch mehr reden läßt, damit es nicht so aussehe, als hörten sie auf deine Aufforderung hin auf. Und in diesem Moment wäre es besser, ein lockeres Wort unwidersprochen durchgehen zu lassen, als Gelegenheit zu zweien zu geben. Wenn die Unterhaltung aber gut ist, so ist es besser, ihr nicht nur zuzuhören, sondern sich zunächst sorgfältig und überlegt auf sie zu konzentrieren und dann – wenn du etwas zur Sache beizutragen weißt – bescheiden und in guter Art dazu zu sprechen und deine Meinung darin zu äußern. So

Der Zeitpunkt zu Schweigen

---

46 More warnt hier vor dem Zorn als einer Hauptsünde, die er unten noch umfassender verurteilt (S. 178 ff.).

wird es den Anwesenden offenbar, daß dein Geist unterdes redlich beschäftigt war, und deine Gedanken nicht vierzig Meilen entfernt umherwanderten, während dein Körper dort war. Denn es geschieht oft, daß gerade das Gesicht den auf einer Pilgerreise wandernden Geist so widerspiegelt, daß andere – nicht ohne eine Bemerkung und einen Tadel über solch vagabundierenden Geist – plötzlich zu jemandem sagen: »Einen Pfennig für deine Gedanken.«[47] Diese Eigenart des in Gesellschaft abschweifenden Geistes mag bisweilen vielleicht durch irgendeine lästige Beschäftigung der Gesellschaft eher entschuldbar sein, doch ist sie zweifellos niemals für Weisheit, noch für gutes Benehmen zu halten.

Ein vagabundierender Geist

Um nun aber zu meinem Anliegen zurückzukehren: weil die Betrachtung dieser Vier Letzten Dinge so kraftvoll und wirksam ist, daß sie uns immer von der Sünde fernzuhalten vermag, und weil wir niemals lange ohne Gutes oder Böses sein können, so muß daraus folgen, daß wir deshalb Gutes tun. Und daraus muß unabwendbar folgen, daß uns allein schon diese Lektion – gut gelernt und eifrig in die Tat umgesetzt – zwangsläufig in den Himmel führen muß.

Du wirst vielleicht einwenden, daß du diese Vier Dinge gut genug kenntest und daß es – wenn das Wissen darum eine so große Wirkung hätte, wie die Heilige Schrift sagt – nicht so viele Böse geben dürfte, wie es sie gibt. Denn was ist das für ein Christ, der Verstand und Besonnenheit hat, der nur davon gehört

---

[47] Vgl. *Cavanaugh*, 376, P 122 und 339, F 1 (Tilley). Das Sprichwort findet sich u. a. auch in dem *Dialogue of Wit and Folly*, pt. ii, 4, von *John Heywood*, einem Freunde Thomas Mores.

hat und, weil er etwas Glauben hat, an diese Vier Letzten Dinge glaubt, für deren erstes, den Tod, wir keinen Glauben benötigen, weil wir ihn durch tägliche Beweise und Erfahrung kennen[48].

Ich verneine nicht, daß wir sie entweder durch Glauben oder durch Erfahrung kennen, aber doch nicht so wahrhaft gründlich, wie wir sie vielleicht kennen könnten und hiernach zweifellos kennen werden. Wenn wir sie einmal gründlich kennten und so lebhaft begriffen, wie wir es vielleicht vermöchten und insbesondere wie wir sie dereinst begreifen werden, dann gäbe es wenig Zweifel daran, daß schon das geringste unter den Vieren [der Tod] uns wahrlich von der Sünde fernhielte. Denn obgleich wir vom Jüngsten Gericht gehört haben, waren wir doch noch niemals dabei; obgleich wir von der Hölle gehört haben, sind wir doch niemals dort gewesen; obgleich wir vom Himmel gehört haben, sind wir noch niemals hineingekommen. Und obgleich wir täglich Menschen sterben sehen und dadurch den Tod kennen, so haben wir ihn doch niemals selbst gefühlt. Wenn wir also diese Dinge gründlich kennten, so wäre bereits das geringste unter allen Vieren, wie gesagt, ausreichend, uns von der Sünde fernzuhalten.

Wie dem auch sei, die besagten Worte der Heiligen Schrift fordern dich nicht auf, die Vier Letzten Dinge zu kennen, sondern deine Vier Letzten Dinge zu *betrachten*. Dann, so sagt Jesus Sirach[49], wirst du niemals sündigen.

---

48 Im Gegensatz zu unserer Zeit, in der das Sterben aus der Familie verbannt ist und der Tod möglichst verdrängt – ja bisweilen pervertiert wird (vgl. *Evelyn Waugh*, The Loved One) – gehörte er zu Mores Zeit zur vertrauten Alltagserfahrung. Vgl. *Aries*, Geschichte des Todes, 13–450 und 713–770.
49 More schreibt lediglich »he«, meint aber Jesus Sirach.

Viele Dinge wissen wir, über die wir selten nachdenken. Aber in den Sachen der Seele nutzt das Wissen ohne innere Betrachtung wenig. Was hilft es zu wissen, daß es einen Gott gibt, was du nicht nur von Herzen glaubst, sondern auch durch den Verstand weißt[50]; was hilft es, daß du ihn zwar kennst, aber nur wenig an ihn denkst?

Wissen ohne innere Betrachtung nützt wenig

Das eifrige Betrachten und gründliche Bedenken der Vier Letzten Dinge ist es, was uns von der Sünde fernhalten wird. Und wenn du einen Versuch und eine Prüfung wagst, so wirst du sehr wohl finden, daß du während der Zeit, in der du gründlich über sie nachdenkst, keine Lust hast zu sündigen, und daß wir niemals Genuß oder Vergnügen an irgendeiner Sünde hätten, wenn unsere Gebrechlichkeit es nur ertrüge, niemals von ihrer innigen Betrachtung abzulassen oder darin zu erschlaffen.

Laß uns zum Beweis dessen zuerst mit der Betrachtung des ersten dieser Letzten Vier beginnen, welches zweifellos das bei weitem geringste unter den Vieren ist. Darin werden wir den Beweis liefern, welch außerordentliche Wirkung durch das eifrige Bedenken aller Vier für die Abwehr all der Verwicklungen, Pfeile, Listen, Verlockungen und Angriffe unserer drei Todfein-

Drei Feinde

---

50 Die hier angesprochene Polarität von Glauben und Vernunft, als Erkenntniswege des Wortes und Willens Gottes, durchzieht große Teile von Mores Werk, insbesondere die *Utopia* und den *Dialoge Concerning Heresies*. Vgl. die ausführliche Analyse in H. P. Heinrich, Natur und Vernunft im Lob der Torheit des Erasmus von Rotterdam und in der Utopia des Thomas Morus, Jahrbuch der Thomas-Morus-Gesellschaft 1982, hrsg. v. *H. Boventer*, Düsseldorf 1983, 123–140.

de, des Teufels, der Welt und unseres eigenen Fleisches erwachsen kann[51].

Die Betrachtung des Todes

Welch ein Nutzen und Frommen der menschlichen Seele durch die Meditation des Todes zuteil wird, ist nicht allein beim auserwählten Volk Gottes[52] zu beobachten, sondern auch an den Besten unter den Heiden und Ungläubigen. Denn einige der alten berühmten Philosophen antworteten auf die Frage, welche Art Wissenszweig die Philosophie denn sei, sie sei die Meditation oder Einübung des Todes. Ähnlich wie der Tod eine Trennung von Körper und Seele vollzieht, wenn sie durch den Lauf der Natur unbedingt auseinander gehen müssen, so, sagten sie, bemühe sich die Philosophie, die Seele von der Liebe und den Affekten des Körpers zu trennen, während sie zusammen sind[53]. Wenn dies nun, wie die besten Philosophen behaupten, das ganze Trachten und Bemühen

Tod
Philosophie

---

[51] *Mundus, caro, diabolus* (vgl. 1 Pet 5,8) sind nach alter christlicher Auffassung die Haupthindernisse für die Erlösung des Menschen, vor denen More in seinen asketisch-didaktischen Schriften immer wieder warnt. Vgl. z. B. YCW 6, 110/2–3 und 637 sowie YCW 12, 108/26–109/11 und 149/20–151/11.

[52] Den Juden. Vgl. 2 Mos 3,13 ff.

[53] More bezieht sich hier eindeutig auf *Platon*, aus dessen Phaidon (9.64a4–65a7) und Politeia (6.496e1–497a1) er frei zitiert. Die Bemühungen der alten Philosophen, die Seele von den weltlichen Vergänglichkeiten loszulösen, hebt More auch im *Dialogue of Comfort* hervor, weist aber daraufhin, daß sie dem Menschen in der Todesstunde keinen ausreichenden Trost bieten konnten, weil ihnen die Gewißheit der göttlichen Gnade und des Ewigen Lebens im Himmel fehlte. Vgl. YCW 12, 9/22–11/12.

der Philosophie ist, dann könnten wir in kurzer Zeit ganz in der Philosophie zu Hause sein[54]. Gibt es doch nichts, das die Seele effektvoller von den elenden Nei-

Das Bedenken des Todes

gungen des Körpers loslösen könnte, als das Bedenken des Todes – sofern wir ihn nicht nur oberflächlich bedenken, wie man ein Wort mit einem Ohr hört und es, ohne irgend ein Verständnis des Sinnes im Herzen, zum anderen wieder hinaus läßt. Wenn wir dieses Wort »Tod« aber nicht nur hören, sondern auch das eigentliche Wesen und die wahrhafte Vorstellung davon in unsere Herzen einsinken lassen, dann werden wir erkennen, daß wir durch die Betrach-

Der Tanz von St. Pauls

tung des bei der St. Pauls-Kathedrale abgebildeten Totentanzes[55] niemals so stark be-

---

54 Vgl. Mores *Utopia,* in der es über Hythlodaeus (der die Geschichte von der wunderbaren Insel mit dem – fiktiven – »besten Staat« erzählt) heißt: »er hat sich ganz der Philosophie ergeben.« (YCW 4, 51/2). Auch in der *Utopia* bleibt die Philosophie gut, aber der Theologie unterlegen.
More meint mit dieser Feststellung die Furchtlosigkeit vor der Todesstunde, eine Haltung der alten Heiden, die im Humanismus gerne mit der Furcht der Christen vor dem Tode kontrastiert wurde (vgl. zu Einzelheiten YCW 4, 529). Die Verbreitung der Todesfurcht im Mittelalter zeigt sich u. a. in der großen Beliebtheit der Artes-moriendi-Literatur, die die Menschen in der »Kunst des gottseligen Sterbens« unterweisen und ihnen Stärkung vermitteln wollte. Vgl. hierzu auch S. 73 f.
55 More bezieht sich auf einen auf Holztafeln an den Wänden des Kreuzganges des Pardon Churchyard im Norden der alten St. Pauls Kathedrale gemalten Totentanz, der im Jahre 1549 zerstört wurde. Die Darstellung mit den Versen *John Lydgates* umfaßte sechsunddreißig Ständefiguren aus der Hierarchie von Kirche und Staat sowie Alter, Jugend und Kindheit, die vom Tod aufgefordert werden, ihm zu folgen. Vgl. S. 74 f. und *John Stow,* A Survey of London, ed. *C. L. Kingsford,* London 1908, Bd. I, 327.

wegt wurden, wie wir uns durch das Gefühl dieser Vorstellung in unserem Herzen bewegt und verwandelt fühlen werden. Und kein Wunder. Denn diese Bilder stellen nur die widerwärtige Gestalt unserer toten knochigen Körper dar, das Fleisch abgenagt. Dies ist zwar häßlich anzusehen, doch ist weder dieser Eindruck, noch der Anblick all der Totenschädel im Beinhaus[56], noch die Erscheinung eines wirklichen Geistes auch nur halb so grausig wie die tief empfundene Vorstellung von der Natur des Todes durch die lebhafte, in dein eigenes Herz eingeprägte Vergegenwärtigung. Denn dann siehst du nicht einen schlicht schmerzlichen Anblick der bloßen, an Sehnen hängenden Knochen. Du siehst vielmehr (wenn du dir deinen eigenen Tod vorstellst, wie dir durch den biblischen Rat empfohlen wird), du siehst, sage ich, dich selbst, sofern du keinen schlimmeren Tod stirbst, doch zum mindesten im Bett liegen: dein Kopf schmerzt, dein Rücken tut weh, deine Venen pulsieren, dein Herz hämmert, deine Kehle röchelt, dein Fleisch zittert, dein Mund steht offen, deine Nase wird spitz, deine Beine kühlen ab, deine Finger tasten umher, dein Atem wird kürzer, all deine Kraft schwindet, dein Leben geht dahin und dein Tod naht heran[57].

Die Qualen des Todes

---

56 More meint hier, wie schon in der *Geschichte Richards III.* (YCW 2, 55/30), z. B. das berühmte Beinhaus im Kreuzgang der St. Pauls Kathedrale nahe dem erwähnten Totentanz. Es bestand aus einer Kapelle mit darunterliegender Gruft für exhumierte Gebeine. Vgl. *O'Connor*, 1903, 21 A und *Stow*, a.a.O. 329–330.

57 Mores naturalistische Darstellung der Todesstunde könnte *Shakespeare* als Vorlage für die Todesszene Sir John Falstaffs in Heinrich V., III.3 und *John Donne*, seinem Großneffen, für seine Predigten (Sermons. Selected Passages, ed. *L. P. Smith*, London 1919, 199) gedient haben.

Wenn du dir sodann einige jener Krankheiten in Erinnerung riefst, die dich in deinen Tagen am meisten geschmerzt und geplagt haben, so wie jeder Mensch einige erlitten hat, dann fändest du, daß manch eine Krankheit in irgendeinem Teil deines Körpers, wie etwa der Stein oder der Harndrang, dich deiner Meinung nach um nichts weniger gequält hat, als wenn dich jemand an jener Stelle mit einem Messer geschnitten hätte, und du wärest, wie es dir damals schien, mit solch einem Tausch zufrieden gewesen. Bedenke, wie es dann erst sein wird, wenn du viele solcher Qualen in jedem Teil deines Körpers fühlen wirst. Sie zerreißen deine Venen und deine Lebensfasern mit einer solchen Qual und Pein, als wenn so viele Messer, wie dein Körper nur eben aufnehmen kann, von allen Seiten her eindrängen und sich in der Mitte träfen[58]. Einen Stockschlag, den Schnitt eines Messers, durch Feuer versengtes Fleisch, die Qual mannigfaltiger Krankheit haben viele Menschen an sich erfahren, und die, die es noch nicht haben, haben wenigstens etwas von denen gehört, die es erlitten. Aber welche Art Leid und Schmerz, welche Art schmerzhafter Qual, welch unerträgliche Pein die hilflose Kreatur bei der Ablösung und Trennung der Seele vom Körper fühlt – noch niemals gab es einen, der davon berichten konnte[59].

Einige Vorahnung und einen Hinweis in dieser Sache

---

58 Eine ähnliche Darstellung findet sich im *Dialogue of Comfort*, YCW 12, 301/26–302/18.
59 Eine Anspielung auf dem Bibelvers: »Was kein Auge je gesehen und kein Ohr je gehört und in keines Menschen Herz je gekommen ist, was Gott denen bereitet hat, die ihn lieben.« 1 Kor 2,9. Dieser Vers liefert den Titel zahlreicher eschatologischer Schriften des 20. Jahrhunderts. Vgl. z. B. *K. Krebs*, Was kein Auge je gesehen, Stuttgart ⁵1919.

haben wir durch das bittere Leiden und klägliche Hinscheiden unseres Erlösers Jesus Christus. Nirgends lesen wir von ihm, daß er jemals wegen irgendwelcher Qual geschrien hätte; weder wegen der Geißeln und Ruten, die seinen göttlichen Körper schlugen, noch wegen der scharfen Dornen, die in sein heiliges Haupt eindrangen, oder wegen der großen langen Nägel, die seine edlen Hände und Füße durchbohrten. Als aber der Augenblick nahte, in dem seine heilige Seele aus seinem göttlichen Körper scheiden sollte, in diesem Moment rief er laut einmal oder zweimal seinen Vater im Himmel an, in dessen mächtige und gütige Hände er beim letzten Atemzug mit lautem Aufschrei seinen Geist befahl (Mt 27,50; Mk 15,37; Lk 23,46). Wenn nun der Tod derart schmerzhaft und heftig selbst für unseren Erlöser Christus war, dessen Freude und Trost seiner Göttlichkeit, wenn er es gewollt hätte, in solcher Weise seiner Seele und so auch seinem Körper hätten zuteil werden können, daß sie nicht nur all seine Schmerzen aufgesaugt, sondern auch seinen heiligen Körper in eine glorreiche Gestalt verwandelt und die Todespein unmöglich gemacht hätten, welch unerträgliche Tortur wird der Tod dann erst für uns arme Sünder sein, von denen die meisten schon während der Todesqualen solch schmerzhafte Gewissensbisse haben werden, daß die Furcht vor der Hölle, das Grauen vor dem Teufel und der Kummer in unserem Herzen angesichts unserer Sünden die Todesqualen unseres Körpers noch übertreffen[60].

Christus schrie

60 Im *Dialogue of Comfort* vergleicht More die Todesqualen des Menschen eindrucksvoll mit den Torturen von Folterknechten. YCW 12, 274/16–275/12.

Dann gibt es noch andere Dinge, die vielleicht jenen, die sie nicht empfinden, nichts bedeuten. Für den aber, der in diesem Zustand liegt, sind sie über alles Maß beschwerlich.

Hast du es nicht schon bei einer schlimmen Krankheit als sehr schmerzhaft empfunden, Leute um dich zu haben, die zu dir schwatzten, und insbesondere über solche Fragen, auf die du, als es eine Qual war zu sprechen, eine Antwort geben solltest? Denke nur ja nicht, es sei ein angenehmes Vergnügen, wenn wir im Sterben liegen, den ganzen Körper voller Schmerzen, den ganzen Geist voller Kummer, die Seele voller Sorge, das Herz voller Furcht, während unser Leben dahingeht, der Tod herankommt, der Teufel sich emsig mit uns befaßt, während uns Stimmung und Kraft fehlen, auch nur eine dieser vielen abscheulichen Unannehmlichkeiten zu ertragen, dann sei es, wie ich sagen wollte, ein angenehmes Ereignis, einen Haufen leiblicher Freunde oder eher Schmeißfliegen vor deinen Augen zu sehen und deinen Ohren zu hören, die um dein Bett und deinen kranken Körper herumspringen, wie Raben um deinen Leichnam, nun schon fast Aas, die dich von jeder Seite anschreien, »Was bekomme ich? Was bekomme ich?«[61] Dann kommen deine Kinder und schreien um ihren Anteil. Dann kommt dein süßes Weib, und wenn sie während deiner Gesundheit in sechs Wochen vielleicht nicht ein liebes Wort zu dir sprach, nennt sie

Belästigungen beim Sterben

Schmeißfliegen

Ehefrau Kinder

---

61 Ähnliche Szenen schildert der englische Dramatiker *Ben Jonson* in seiner Erbschleichersatire *Volpone, or the Fox* (1606), I,3–5.

dich nun süßer Ehemann, weint mit viel Anstrengung und fragt dich, was sie bekommen wird[62]. Dann fragen deine Testamentsvollstrecker nach den Schlüsseln; fragen, wieviel Geld dir geschuldet wird; fragen, welches Vermögen du hast und fragen, wo dein Geld liegt. Wenn du in diesem Zustand liegst, dann werden ihre Worte so lästig sein, daß du alles, wonach sie fragen, auf ein loderndes Feuer wünschst, wenn du nur eine halbe Stunde in Ruhe liegen könntest.

Testaments-vollstrecker

Dann gibt es eine Sache, die ich zuvor kurz berührt habe – ich weiß nicht, ob eher schmerzhaft oder eher gefährlich. Die unglaublich gespannte Geschäftigkeit und die Machenschaften unseres geistlichen Feindes, des Teufels, der nicht nur in einer Art anwesend, sicherlich aber aufgrund seines scheußlichen Neides, der von der Erschaffung des Menschen an zu erkennen war, niemals fern von dem ist, der dem Tod entgegenzieht[63]. Schon dort lag er auf der Lauer, um unsere Stammutter Eva in eine Falle zu locken und dadurch – indem er unseren Stammvater Adam zum Bruch des göttlichen Gebots verleitete – selbst um den Preis der argen

Der Teufel

---

62 *A. W. Reed* glaubt in dieser Textstelle eine Anspielung Mores auf das Wesen seiner zweiten Frau Alice zu erkennen (*Campbell* und *Reed*, 214/C.2.) Dieses Persönlichkeitsbild der Lady Alice (vgl. auch *Chambers*, 109–111) dürfte durch die kürzliche Biographie von *R. Norrington*, In the Shadow of a Saint. Lady Alice More, Oxford 1983, in vielen Aspekten zu revidieren sein.

63 Diese Auffassung spiegelt sich auch in der zu Mores Zeit verbreiteten Ars-moriendi-Literatur, die in den zum Text gehörenden Abbildungen vom Menschen auf dem Totenbett den Teufel in furchterregenden Gestalten zeigt, um so die Schrecken des Todes und die Bedrohung des Menschen durch den Teufel hervorzuheben. Vgl. *A. F. Butsch*, passim; vgl. auch Abbildung, S. 110.

Verschärfung seiner eigenen Verdammung, das Mittel fand, uns aus dem Paradies auszuschließen und der Unsterblichkeit zu berauben, weil er uns nicht nur dem irdischen Tode, sondern sogar seiner ewigen Folter unterwarf, hätten wir nicht durch die große Güte Gottes und Christi bitteres Leiden die Möglichkeit immerwährenden Lebens zurückerhalten. Auch seither hat er nie aufgehört, umherzurennen wie ein tobender Löwe und Ausschau zu halten, wen er verschlingen könnte (Ps 20 [21],14; 1 Petr 5,8)[64]. Es kann keinen Zweifel geben, daß er sich in dieser Hinsicht nicht gerade dann emsigst abmüht, wenn er erkennt, daß wir im Begriff sind, dahinzuscheiden. Denn er weiß genau, daß er dann einen Menschen entweder für immer gewinnt, oder ihn auf ewig verliert. Hatte er ihn zuvor auch noch so fest, so kann er ihn doch – wenn er sich in diesem Moment von ihm losreißt – nach dessen Tod niemals wiederbekommen. Vielleicht mag er ihn für die Zeit seiner vorübergehenden Bestrafung als Schließer

Fegefeuer in seinem Gefängnis des Fegefeuers festhalten[65]. Was aber sein Verlangen betrifft, ihn als ewigen Sklaven zu haben, so wird er ihn nach Ablauf dieser Zeitspanne –

---

64 Das System von Analogien im Weltbild der Renaissance, das König und Löwe als die obersten Vertreter ihrer Art gleichsetzte, gibt dieser Stelle eine besondere Bedeutung. More selbst machte häufig von dieser Analogie Gebrauch (z. B. *Roper*, 56–57 und YCW 12, 110/30–111/3 sowie 317/24–318/17), wenn er mit seinen Ausführungen auf *Heinrich VIII.* anspielte. Legte man dieses Bild auch hier zugrunde, so möchte auch dies darauf hindeuten, daß sich More zur Abfassungszeit der *Vier Letzten Dinge* von Heinrich VIII. bedroht fühlte, was nicht zuletzt wegen der Parallelen zum *Dialogue of Comfort* für eine Spätdatierung des Werkes spräche. Vgl. auch S. 367.
65 Vgl. hierzu S. 117.

wie sicher er ihn auch zuvor haben mochte – niemals bekommen, wenn er sich bei seinem Tode von ihm abwendet. Ganz so verlor er plötzlich den Dieb, der zu Christi Rechten hing (Lk 23,40–43). Erwischt er andererseits aber einen Menschen fest bei seinem Tode, dann ist er gewiß, ihn auch auf ewig zu behalten. Denn die Heilige Schrift sagt: »Wo ein Stein hinfällt, da bleibt er liegen.« (Pred 11,3). Und weil er dies mit völliger Gewißheit weiß und aus Bosheit so gehässig und neidisch ist, daß er lieber seine eigene Qual verdoppelt sieht, als uns der Verdammung entgehen zu lassen, unternimmt er – wenn wir uns dem Tode nähern – die äußersten Anstrengungen, uns der Verdammung zuzuführen. Hier hört er mit durchtriebenen und unvorstellbaren Mitteln niemals auf, vor allem unrechte Sehnsucht weiterzuleben und Furcht zu fördern, gerne zu Gott heimzukehren, wenn er ruft[66].

Des Teufels Versuchungen zur Zeit des Todes

Sodann vermittelt er eine falsche Hoffnung, jener Krankheit zu entgehen, und streut dadurch in unseren Geist noch eine Liebe und ein Anklammern an die Welt, an das Behalten unseres Besitzes, eine Abneigung

66 Hier und in der nachfolgenden Beschreibung der Versuchungen des Teufels folgt More wiederum den populären »Sterbebüchern«, die als die wichtigsten teuflischen Bedrohungen Glaubensschwäche, Verzweiflung an der Gnade Gottes, Ungeduld, Selbstgefälligkeit und Anhänglichkeit an weltliche Vergänglichkeiten nennen. Vgl. *Comper*, 9–21. Die Thematik des voraufgegangenen Abschnitts behandelt More auch in seinem *Treatise on the Passion* (YCW 13, 67/20–68/19). Hier findet sich auch ein Gebet, in dem er Gott um Kraft bittet, in seiner Todesstunde nicht zu verzweifeln, sondern ihr frohgemut entgegenzusehen (*Gebete und Meditationen*, 59 und YCW 13, 68/21–25). Vgl. außerdem *Rogers*, 210, 83–132.

gegen die Beichte und eine Trägheit gegenüber guten Werken. Und sind wir erst soweit fortgeschritten, daß wir erkennen, uns nicht mehr erholen zu können, dann wirft er in unseren Geist die Wahrscheinlichkeit, ja Sicherheit der Erlösung als eine durch unsere eigenen Taten wohlverdiente Sache, die er – sofern wir irgendwelche redlich erledigt haben – mit übergroßem Gefallen uns vor Augen stellt und uns dadurch von der Dringlichkeit abhält, weitere zu tun, weil es unnötig sei oder auch von unseren Testamentsvollstreckern noch erledigt werden könne. Anstatt mit Reue über unsere Sünden und mit Sorge um den Himmel beschäftigt er unseren Geist mit Vorkehrungen für ein ehrenvolles Begräbnis – so viele Fackeln, so viele Kerzen, so viele schwarze Gewänder, so viele fröhliche Trauernde, die unter schwarzen Kapuzen lachen, und einen auffälligen Leichenwagen – mit dem Vergnügen an gefälligen und achtbaren Begräbnissen, mit dem sich der törichte kranke Mensch manchmal abgibt, als ob er dächte, er stünde an einem Fenster und schaute zu, wie ehrwürdig man ihn zur Kirche bringt[67].

Begräbnis

Und so verführt er jene, die entweder redlich oder nur ein wenig schlecht sind.

Was aber jene anbetrifft, die er als besondere Schur-

---

[67] Diese bissig-ironische Szene unterstreicht trefflich Mores Eigenart, Scherze ernsthaft, die ernstesten Angelegenheiten hingegen humorvoll vorzutragen, um dadurch an unvernünftigen Verhaltensweisen Kritik zu üben. Die verspottete Üppigkeit steht außerdem in krassem Kontrast zu den einfachen und schmucklosen Bestattungen, die Raphael Hythloday in der *Utopia* beschreibt (YCW 4, 222/30–33 und 530) und könnte durch *Erasmus' Lob der Torheit* beeinflußt sein, in dem sich eine ganz ähnliche Stelle findet. Vgl. *Erasmus,* Ausgewählte Schriften, Bd. 2, 99.

ken gekannt hat, deren gesamtes Leben in der Tat völlig seinem Dienst gewidmet war, die er verleitet hat zu großen und schrecklichen Sünden und wegen deren Schrecklichkeit dann vom Beichten abhielt – mit diesen Leuten verfährt er in anderer Weise. Deren Geist füllt er auf einen Schlag mit ihren schandhaften Sünden und treibt sie durch deren widerwärtigen Anblick zur Verzweiflung. Zur weiteren Erschwernis läßt ihn der Herr – je nach ihrem Verdienst – zu ihrem noch größeren Unbehagen vor ihnen in furchterregender Gestalt oder schrecklichem Aussehen erscheinen, durch dessen Anblick sie manchmal Verzweiflung an der Erlösung ergreift und sie sich ihm als lebendige Opfer unterwerfen, deren Hölle auf dieser Welt beginnt, wie man an den Worten und dem schändlichen Verhalten Vieler erkennt, die nach einem schmachvollen, sündhaften Leben verschieden und eines äußerst verzweifelten Todes gestorben sind. Da der Tod nun so ist, wie ich ihn beschrieben habe – oder eher noch viel schrecklicher als irgendein Mensch ihn beschreiben kann – ist es nicht zu bezweifeln, daß er, wenn wir seinen Schrecken und Schmerz eifrig betrachten, dies zwangsläufig für einen dem Fleische zugewandten Geist so bitter wäre, daß er unfehlbar allen irdischen Eitelkeiten jegliches vergängliche Entzücken raubte. Was uns jedoch hindert, den Tod in seiner Eigenart zu betrachten und den großen Nutzen anzunehmen, der uns aus dieser Betrachtung erwüchse, ist, daß wir aus Hoffnung auf ein langes Leben den Tod aus so großer Entfernung betrachten, daß wir ihn entweder überhaupt nicht mehr sehen oder

Verstockte Sünder

Hindernisse, den Tod zu betrachten

nur sein schwaches und ungenaues Abbild, wie ein Mensch einen Gegenstand aus so großer Entfernung sehen mag, daß er nicht mehr weiß, ob es ein Busch oder eine Bestie ist[68]. Und sicherlich verfahren wir so mit dem Tod, den wir von weitem, aus der Entfernung so vieler Jahre betrachten, wie wir zu leben hoffen; und derer glauben wir viele und betrügen uns dadurch selbst in gefährlicher und törichter Weise. Denn ebenso wie Ehefrauen ihre Gatten durch das Beispiel Saras glauben machen möchten, keine Frau sei zu alt, um ein Kind zu gebären (1 Mose 18,9–15 und 21,1–3), so ist –

Sara
Cicero

wie Cicero sagt – kein alter Mann alt genug, als daß er nicht glaubte, noch ein weiteres Jahr zu leben[69]. Und die jungen Menschen sehen nicht, wieviele zu ihrer Zeit jünger als sie selbst gestorben sind, sondern, wer der älteste geworden sei, und sie stützen ihre Hoffnung darauf. Dabei wäre es der weiseste Entschluß, damit zu rechnen, daß

Ein alter Mensch
kann nicht
lange leben

ein junger Mensch bald sterben mag und ein alter Mensch nicht mehr lange leben kann, sondern jener binnen kurzem sterben kann und dieser es muß[70]. Mit solcher Erwägung würden sie den Tod aus größerer Nähe betrachten

---

68 Ein ähnliches Bild findet sich in Mores *Dialogue of Comfort* (vgl. YCW 12, 109/27–28 und 381) sowie in *Shakespeares* Midsummer Night's Dream, V, i, 21–22.

69 Vgl. Cic. Cato 7,24. Eine fast wörtliche Entsprechung findet sich im *Dialogue of Comfort*. Vgl. YCW 12, 4/17–19 und 333 sowie *Cavanaugh*, 393, Y 13 (Tilley).

70 Die Redensart geht wahrscheinlich auf *Cicero* (Cic. Cato 19,68) zurück und findet sich auch im *Dialogue of Comfort* (vgl. YCW 12, 4/5–17 und 333; in abgewandelter Form auch 86/7–10). Vgl. außerdem *Cavanaugh*, 359, M 354.

und sein wahres Aussehen besser erkennen und dadurch mehr Nutzen aus seiner Erinnerung ziehen und sich besser darauf vorbereiten.

Du würdest dir schon etwas nachdrücklicher den Tod vergegenwärtigen und ihn schon etwas näher betrachten, wenn du dich erkrankt wüßtest, insbeson-

Vergegenwärtigung des Todes durch Krankheit

dere an einer Krankheit, die dir ein Ende setzte, auch wenn du wenig Schmerz fühlst. Denn gemeinhin fangen wir an uns selbst zu erkennen, wenn die Schmerzen uns auf den Boden zurückbringen; dann denken wir, welch heitere Sache es wäre, in Gesundheit zu beten, was wir vor Schmerzen nun nicht können. Dann kümmern wir uns wenig um unsere heiteren Angelegenheiten, dann wünschen wir uns keine köstlichen Näschereien und dann verabscheuen wir es, an die Dame Wollust[71] zu denken. Und dann denken wir bei uns, daß wir – falls wir uns nur jemals körperlich erholten und gesund würden – unsere Seele bessern, alle Laster ablegen und uns für den Rest unseres Lebens tugendhaft verhalten[72]. Und zwar so sehr, daß wir die Worte des Briefes

Plinius Secundus

sehr wahr finden, den der gelehrte Plinius Secundus[73] nach seiner Krankheit seinem Freunde schrieb und den er nach der Beschreibung der menschlichen Phantasien während ihrer Krankheiten folgendermaßen beschließt: »Schau«, sagt er, »all die guten Ratschläge

---

71 Eine der wenigen Stellen, an denen More auf die Hauptsünde der Wollust zu sprechen kommt.
72 Ähnliche Darstellungen finden sich im *Dialogue of Comfort*. Vgl. YCW 12, 307/22–308/19 und *Cavanaugh*, 376, S 432 (Tilley).
73 *Gajus Plinius Caecilius Secundus* der Jüngere (61 n. Chr. – ca. 113).

und Lehren, die all die Philosophen und weisen Männer dieser Welt uns zur Anleitung eines tugendhaften Lebens geben, die kann ich mir selbst und dir kurzgefaßt in diesen wenigen Worten geben. Schau, nicht mehr als: laß uns wenn wir gesund sind so sein, wie wir glauben, daß wir es sein wollen, wenn wir krank sind.«[74]

Wenn du einmal krank wirst und an einer gefährlichen Krankheit leidest, würdest du in einem solchen Zustande den Tod dann nicht gründlicher betrachten, als jetzt? Vielleicht ist es schwer zu glauben, daß du krank bist, wenn du keinen Schmerz fühlst, und doch ist das kein sicheres Wissen um deine Gesundheit. Glaubst du nicht, daß mancher, lange bevor er es erkennt, mit der schweren Krankheit[75] behaftet und sein Körper von innen böse zerstört ist, noch bevor er den Schmerz fühlt? Wieviele Menschen hat es gegeben, die bereits von Gott an ihrem Körper gezeichnet[76] einhergingen, sich aber niemals für krank hielten, sondern für ebenso munter, wie sie es immer in ihrem Leben waren, bis ihnen andere Menschen sagten, wie nahe sie ihrem Tod waren? Wähne dich deshalb niemals gesund, auch wenn du keinen Schmerz fühlst.

Immerzu krank

Aber du wirst vielleicht sagen: »Mag sein, daß ich mich nicht zweifelsfrei für gesund halten kann, doch hast du mir nicht gezeigt, warum ich mich selbst für

---

74 Plin. epist. VII, 26,3-4.
75 Gemeint ist offenbar das Schweißfieber, das zu Mores Zeiten immer wieder in England wütete, und dem viele Menschen zum Opfer fielen. Über Mores Therapie, als seine Tochter *Margaret* davon befallen war, siehe *Roper,* 28 f.
76 Das heißt vom Tode.

krank halten sollte.« Das ist wahr: ich will es dir sogleich zeigen. Sage mir, wenn jemand sein Bein ein- oder zweimal täglich wickeln und mit Pflastern zu versehen hätte und anders sein Leben sonst nicht erhalten könnte, würdest du sein Bein für krank oder gesund halten? Ich glaube du wirst zustimmen, daß es weder dem Bein noch seinem Besitzer gut geht. Wenn du nun deinen Bauch in einem solchen Zustand fühltest, daß du bereit sein mußt, ihn den ganzen Tag mit warmen Umschlägen zu versorgen und anders die Schmerzen nicht ertragen könntest, würdest du deinen Bauch für krank oder gesund halten? Ich glaube, du würdest deinen Bauch nicht für gesund halten. Wenn du jemanden siehst, der seinen Kopf nicht aufrecht halten, nicht auf seinen Füßen stehen kann und genötigt wäre, sich niederzulegen und ein oder zwei Stunden täglich wie ein toter Stock zu ruhen, würdest du nicht meinen, daß er gefährlich krank sei und triftigen Grund hätte, sich den Tod vor Augen zu rufen, wenn er da jeden Tag so liegt, als wenn er schon tot wäre?

Nun, dann bitte ich dich ferner zu bedenken, daß alle unsere Körper von sich aus immerzu in solch schwächlicher Verfassung sind, daß wir – außer wir hüllten sie fortwährend in warme Kleider – nicht fähig wären, auch nur eine Winterwoche zu leben. Bedenke, daß unsere Körper eine so schlimme Krankheit und eine solch andauernde Auszehrung in sich bergen, daß auch der Stärkste nicht in der Lage ist, es zehn Tage nacheinander zu ertragen oder fortzufahren, es sei denn, daß wir ein- oder zweimal am Tag bereit sind, Arzneien einzunehmen, um sie damit zusammenzuflicken und, so lange wir können, zu erhalten. Denn was sind unsere Nahrung und Getränke anderes, als

Speise und Trank sind Arzneien

Arzneien gegen Hunger und Durst, die uns Kenntnis davon geben, was wir täglich durch innere Auszehrung verlieren? Und an dieser Auszehrung werden wir am Ende sterben, ungeachtet aller Arzneien, die wir verwenden, obwohl uns niemals eine andere Krankheit befiel[77].

Bedenke ebenfalls, daß trotz all unseres Einwickelns und Einhüllens in warme Kleidung und trotz täglicher Arzneien unsere Körper sich nicht aufrecht erhalten können, sondern wir genötigt sind, alle vierundzwanzig Stunden beinahe die Hälfe unserer Zeit in eine Ohnmacht zu fallen, die wir Schlaf nennen, und für eine lange Zeit daliegen wie tote Klötze, bevor wir wieder zu uns kommen: dergestalt, daß von jeher unter allen weisen Männern Übereinstimmung herrschte, der Schlaf sei das wahre Abbild des Todes[78].

Schlaf ist eine Ohnmacht und das Bild des Todes

Nun wirst du vielleicht sagen, daß dies nichts als eine Phantasie sei. Denn obgleich wir diesen Hunger eine Krankheit und Nahrung eine Arznei nennen, wissen die Menschen doch gut genug, was wirkliche Krankheit ist und was eigentliche Arzneien sind, und dadurch wissen wir gut genug, daß jene keine sind.

Wenn du dies glaubst, dann möchte ich von dir wissen, was du eine Krankheit nennst. Ist nicht das eine

Krankheit

---

77 Ein im Mittelalter häufig gebrauchtes Bild, das auf *Augustinus* zurückgeht (vgl. S. 57) und sich u. a. in *Hiltons* Scale of Perfection, Kap. LXXII, findet.
78 Ein in der Antike beliebter Topos, der bei *Platon* (Plat. Phaid., 71 c–d) ebenso begegnet wie bei *Cicero* (Cic. Cato, 7,24). Vgl. außerdem *Cavangaugh,* 375, S 376.

Krankheit, was dir ein Ende setzen wird, wenn ihm nicht abgeholfen wird? Wenn dies aber so ist, dann glaube ich, trägst du deine Krankheit immer bei dir – denn du bist sehr gewiß, daß sie dir ein Ende setzt, wenn dir nicht geholfen wird.

Was nennst du dann eine Medizin? Ist es nicht eine solche – entweder äußerlich auf dem Körper angewandte oder innerlich eingenommene – Sache, die dich gegen jene Entzündung oder Krankheit schützt, die sonst dich oder einen Teil von dir in Gefahr brächte? Was kann dann eine richtiggehendere oder wahrhaftere *Arznei* Arznei sein, als es unsere Speise und unser Trank sind, durch die man der Gefahr und dem unzweifelhaften Tode widersteht, der sonst binnen weniger Tage durch die innere Krankheit unserer eigenen, uns fortwährend von innen aufzehrenden Natur folgen würde? Weil du glaubst, wir wüßten, was Krankheit sei, ist es nichts als eine Gewohnheit der Benennung, durch die wir jenes keine Krankheit nennen, sondern nur solche, die zufällig sind und kommen und gehen. Denn das, was alle Menschen gemein haben und niemals einem Menschen fehlt, bezeichnen wir – weil wir es für natürlich halten – nicht mit dem Namen Krankheit, sondern Krankheit nennen wir ein Leiden, das seltener kommt und – wie wir meinen – wider die Natur. Obgleich der Konflikt der verschiedenen zusammengesetzten, in unserem Körper vermischten Elemente, von denen ein jedes unaufhörlich bemüht ist, das andere zu unterwerfen und dadurch das Ganze aufzulösen, gleich schlimm für den Fortbestand unserer Natur ist und gleich schädlich auf die Auflösung unseres gesamten Körpers hinarbeitet, wie es andere Krankheiten tun, nennen wir diesen

Konflikt doch weder Krankheit, noch die Nahrung, die ihm entgegenwirkt, Arznei[79]. Und zwar lediglich deshalb, weil uns dieser Vorgang ständig vertraut ist.

Nun aber bedenke, wenn es so wäre, daß ein gesamtes Volk mit Aussatz geboren würde, welches eine eher abscheuliche und gefährliche, denn schmerzhafte Krankheit ist, oder ein ganzes Volk mit der Epilepsie geboren würde, so daß nicht einer von ihnen in seinem Leben überhaupt gewußt oder gehört hätte, er selbst oder ein anderer sei je von dieser Krankheit frei gewesen, glaubst du dann, daß sie dies jemals für Krankheiten gehalten hätten? Sicherlich nicht, aber sie hätten die Kolik und den Stein und andere ähnliche, die da kommen und gehen, als Krankheiten angesehen. Aber was ihren Aussatz und ihre epileptischen Übel angeht, würden sie sie nie für etwas anderes halten als wir Hunger oder Schlaf. Ebenso wie dein Hunger dir Vergnügen bereitet, wenn er gestillt wird, so auch manchmal das Jucken eines schlimmen Beines, wenn du an den Rändern kratzt.

79 More spielt hier auf die hippokratische Lehre von den Körpersäften und ihrer Zusammensetzung aus den Grundelementen an. Sie ist ein wichtiger Teil des klassischen und mittelalterlichen Weltbildes, nach dem alles Sein aus den Elementen Hitze, Kälte, Feuchtigkeit und Trockenheit als einer Kombination aus den Grundelementen Erde, Luft, Wasser und Feuer besteht. Beim Menschen bilden diese Elemente die vier Körpersäfte oder »humours«, die den Charakter bestimmen. Man unterschied die Bestandteile Blut, Schleim, gelbe und schwarze Galle, deren Ausgewogenheit die menschliche Gesundheit bestimmte und bei unterschiedlich starker Ausprägung typische Charaktere hervorrief (Choleriker, Melancholiker, Sanguiniker, Phlegmatiker). Man nahm an, daß alles aus den Elementen Geschaffene aufgrund ihrer Unterschiedlichkeit von der Auflösung bedroht war. Vgl. YCW 12, 150/2–7 und 395 sowie beispielsweise Plat. Phaid., 78 c und Cic. Tusc. I, xxxix, 71.

Und hieraus kannst du wahrlich sehen, daß unser ganzes Leben nichts als eine unheilbare Krankheit ist und wie eine unheilbare Krebsgeschwulst: mit fortwährendem Wickeln und Pflastern zusammengeflickt, um solange wie möglich zu leben und am Ende dennoch zweifellos an dieser Krankheit zu sterben, und das, obwohl niemals eine andere hinzukam. So daß du, wenn du dies gut bedenkst, den Tod nicht als Fremden, sondern als nahen Nachbarn ansehen magst. Denn wie die Flamme dicht beim Rauche ist, so ist der Tod dicht bei einer unheilbaren Krankheit: genau so ist unser Leben[80].

Unser Leben: eine dauernde Krankheit

Der Tod: Ein naher Nachbar

Und wenn dich dies nur wenig bewegt und du immer noch glaubst, der Tod sei weit von dir, will ich dir etwas näher kommen. Du glaubst jeden Menschen seinem Tode dann nahe, wenn er stirbt. Wenn du selbst aber jetzt bereits stirbst, wie kannst du dich dann noch weit vom Tod entfernt wähnen? Irgendeiner sagt heiter zu seinem Gefährten: »Sei getrost, Mann, du wirst niemals sterben, so lange du lebst.« Und obgleich er wahr zu sprechen scheint, sagt er doch mehr, als der Wahrheit entspricht. Denn wenn das wahr wäre, so könnte ich ihn noch viel fröhlicher machen, denn dann brauchte er niemals zu sterben.

---

80 Das Bild geht vermutlich auf ein antikes Sprichwort zurück, das sich, wie *Erasmus* in seinen Adagia zeigt u. a. bei *Lukian, Platon, Horaz* und *Plutarch* findet. Vgl. *Erasmus,* Ausgewählte Schriften, Band 7, 402–405 (Adag. I, 5,5). Vgl. auch *A. Otto,* Die Sprichwörter und sprichwörtlichen Redensarten der Römer, Leipzig 1890, Nachdr. Hildesheim 1962, 137 S 667 und *Cavanaugh,* 341, F 194.

Du magst dich vielleicht hierüber wundern, aber es ist leicht zu beweisen. Denn ich glaube, du wirst zugeben, daß es keine Zeit nach der gibt, die ein Mensch einmal im Leben hat, sondern er ist entweder tot oder lebendig. Dann wird niemand sagen, daß er sterben könne, bevor er das Leben erhält oder nachdem er es verloren hat, und so hat er keine andere Zeit, um darin zu sterben, außer wenn er lebt. Woraus zwangsläufig folgen muß, daß wir – wenn wir weder vor unserem Leben sterben, noch wenn wir bereits tot sind – niemals sterben, außer während wir leben[81].

Es ist nicht ganz dasselbe, zu sterben und tot zu sein.

Wir sterben unser ganzes Leben

Wahr ist es, daß wir niemals tot sind, so lange wir leben. Und mir scheint es nicht nur ebenso wahr, daß wir sterben während wir leben, sondern auch, daß wir in der ganzen Zeit, in der wir leben, sterben[82]. Was ist das: Sterben? Ist es etwas anderes, als das Vorübergehen und Verlassen dieses gegenwärtigen Lebens?

Nun, dann sage mir, ob du – wenn du aus einem Haus hinausgehst – nur dann hinausgehst, wenn dein Fuß, mit deinem Körper halb aus der Tür, auf dem äußersten Zentimeter der Schwelle steht, oder auch, wenn du anfängst, den ersten Fuß voranzusetzen, gleichgültig an welcher Stelle des Hauses du beim Aufbruch stehst? Ich würde sagen, du gehst aus dem Haus vom ersten Schritt an, den du vorwärtssetzt, um

---

81 Vgl. *Epigramme*, 95–96, Nr. 57 und *Cavanaugh*, 356, L 411. Dieser Abschnitt und die folgende Erörterung (mit Ausnahme des Beispiels auf S. 155 f.) weisen teilweise wörtliche Parallelen zu Aug. civ. XIII, 10–11 auf.
82 Vgl. *Epigramme*, 95–96, Nr. 57.

von dannen zu gehen. Kein Mensch wird, wie ich vermute, anders denken, als daß das dort Weggehen und hier Herkommen nur einen gemeinsamen Vernunftgrund hat. Wenn nun jemand hierher in diese Stadt kommt, dann kommt er nicht nur hierher, während er durch das Tor tritt, sondern auch während des ganzen Weges, den er von dort hierher kam. Noch geht in gleicher Weise ein Mensch, der aus dieser Stadt weggeht, nicht nur aus dieser Stadt weg, während er seinen Körper aus dem Stadttor herausbewegt, sondern auch während er den Fuß aus dem Haus seines Gastgebers setzt, um vorwärtszuschreiten. Und deshalb könnte er, wenn ein Mensch ihn unterwegs – noch weit innerhalb der Stadt – träfe und ihn fragte, wohin er ginge, wahrheitsgemäß antworten, daß er aus der Stadt ginge, auch wenn die Stadt so langgestreckt wäre, daß er zehn Meilen zu gehen hätte, bevor er an das Tor käme.

Und mir scheint fürwahr, in gleicher Weise stirbt (das heißt, er ist auf seinem Wege, aus diesem Leben zu scheiden) ein Mensch zweifellos nicht nur dann, wenn er sterbend daniederliegt, sondern während der gesamten Zeit, in der er seinem Ende entgegengeht. Das ist letztlich die ganze Zeit seines Lebens, vom ersten Augenblick an bis zum letzten beendeten, d. h. vom ersten Moment, in dem er zu leben begann, bis zum letzten Augenblick seines Lebens oder besser dem ersten, in dem er völlig tot ist.

Wenn dies nun so ist, wie es mir die Vernunft zu beweisen scheint, so beginnt ein Mensch schon vor seiner Geburt zu sterben, und jede Stunde unserer Zeit schneidet, während sie vorübergeht, ihre eigene Länge aus unserem Leben heraus und macht es um diese kürzer und läßt unseren Tod um diese näherkommen. Jenes Durchmessen der Zeit und die Verkürzung des Lebens mit dem Näherrücken an den Tod ist von unserem Anfang bis zu unserem Ende nichts anderes als ein fortwährendes Sterben, so daß wir, wenn wir wachen, wenn wir schlafen, wenn wir essen, wenn wir trinken, wenn wir trauern, wenn wir singen, in welcher Weise auch immer leben, wir trotzdem die ganze Zeit sterben. So daß wir den Tod niemals als eine weit entfernte Angelegenheit betrachten, sondern bedenken sollten, daß wir selbst – selbst wenn er sich nicht beeilt, uns zu erreichen – niemals aufhören, ihm entgegenzuhasten[83].

Wenn du nun glaubst, diese Erörterung sei nichts als sophistische Spitzfindigkeit[84] und ferner, daß du, so lange du jung bist, deshalb deinen Tod für weit entfernt halten zu können glaubst, so weit, wie du nach der Wahrscheinlichkeit der Natur zu leben hast, so will ich dir ein lebensnahes, nicht sehr angenehmes, aber nichtsdestoweniger wirklich wahres und für den Sachverhalt sehr geeignetes Beispiel nennen.

Angenommen, es gäbe da Zweie, die beide zum Tode verurteilt sind und beide gleichzeitig auf einem Karren zur Hinrichtung gebracht werden. Der Eine von ihnen sei gewiß, die Richtstatt läge innerhalb einer

---

83 Diese Stelle weist wörtliche Parallelen zu Mores Epigramm Nr. 57 auf (vgl. *Epigramme*, 95-96), das wiederum auf antiken Quellen basiert. Vgl. *Epigramme*, 95, Anmerkung 87.
84 Die verfemte Sophistik erkannten die Humanisten auch in der spätscholastischen Argumentation, der More, ebenso wie Erasmus, wegen ihrer Scheinproblematik kritisch gegenüberstand. Vgl. *Erasmus*, Ausgewählte Schriften, Bd. 2, 132-143 und *U. Baumann*, Dorp, Erasmus, More: Aspekte einer literarischen Kontroverse. In: Jahrbuch der Thomas Morus Gesellschaft, 141 bis 159.

Meile, der Andere, daß sie zwanzig Meilen entfernt sei, ja hundert, wenn du willst. So fände nun doch der, der in dem Karren hundert Meilen gefahren wird, an der Länge des Weges nicht viel mehr Vergnügen als sein Gefährte. Und zwar unbeschadet dessen, daß seiner hundertmal so lang ist wie der seines Gefährten, und daß er dadurch hundertmal so lange zu leben hätte, weil er nämlich sicher wäre und es außer Frage stünde, daß er am Ende doch sterben müßte[85].

Betrache dich nun selbst als jungen Mann in deinen besten Jahren, zwanzig Jahre alt wenn du willst. Dann laß da einen anderen von neunzig sein. Beide müßt ihr sterben, beide seid ihr in dem vorwärtsfahrenden Wagen. Sein Galgen und Tod steht höchstens innerhalb von zehn Meilen und deiner innerhalb von achtzig. Ich sehe nicht, warum du weniger mit deinem Tode rechnen solltest als der, weil du – obwohl dein Weg länger ist – niemals zu fahren aufhörst, bis du ihn erreichst. Und dies ist wahr, obwohl du sicher warst, daß deine Hinrichtungsstätte so weit hinter der seinen stand.

Aber was, wenn es zu deiner Richtstatt zwei Wege gäbe, von denen der eine achtzig Meilen länger wäre als der deines Gefährten und der andere um fünf Meilen kürzer als seiner, und du, wenn du in den Wagen gebracht wirst, Kenntnis von beiden erhieltest, und obwohl dir erklärt würde, es sei wahrscheinlicher, daß du den längeren Weg gefahren würdest, es doch

---

85 Eine ähnliche Argumentationskette mit dem Bild des Menschen als eines zum Tode verurteilten Gefangenen verwendet More in erweiterter Form auch im *Dialogue of Comfort* (YCW 12, 264/ 1–270/12). Auch hier könnte die Parallelität der Darstellung wiederum für die Zugehörigkeit der *Vier Letzten Dinge* zum Spätwerk Mores sprechen. Vgl. auch *Gebete und Meditationen*, 66–69 sowie *Cavanaugh*, 334, D 98.

geschehen könnte, daß du den kürzeren nimmst, aber nicht erfährst, ob du den einen oder den anderen gingst, bevor du die Stätte erreichst – ich glaube, du könntest in diesem Falle nicht viel mehr aus deinem Leben machen, als aus dem deines Gefährten.

Nun, genau in dieser Lage sind wir alle. Denn der Herr hat mit uns nicht über die Zeit verhandelt (Hiob 14,5). Er hat festgelegt, was wir nicht überschreiten dürfen, aber nicht, wie bald, noch an welchem Ort, noch auf welche Weise wir scheiden werden. Wenn du überlegen willst, wie wenig Anlaß du hast, deinen Tod aufgrund deiner Jugend so weit entfernt zu wähnen, so bedenke, wieviele dir Gleichaltrige auf eben denselben Wegen, die du reitest, getötet worden sind, wieviele in denselben Wassern ertrunken sind, auf denen du ruderst. So wirst du wohl sehen, daß du keinen Grund hast, deinen Tod als eine weit entfernte Sache zu betrachten, sondern vielmehr als einen dir unzweifelhaft nahen Begleiter, der immer neben dir geht. Nicht durch eine falsche Vorstellung, sondern durch eigentlich wahre Meditation sollst du ihn betrachten und erkennen, welcher Art er ist und dadurch die eitlen Vergnügen des Fleisches meiden, die die wahren Freuden der Seele aussperren.

Über den Stolz

Nachdem ich dir nun ein wenig die körperlichen Qualen des Todes vor Augen geführt habe, die Leiden und geistlichen Qualen, die durch deinen geistlichen Feind, den Teufel, mit ihm kommen, die rastlose Bürde dieser leiblichen Freunde, deine eigene Unsicherheit, wie bald diese schreckliche Zeit kommen wird, daß du fortwährend an dieser unheilbaren Krankheit leidest, an der du – wenn keine andere kommt – in einigen Jahren unzweifelhaft sterben wirst, ja, daß du bereits dabeibist zu sterben und zwar, seit du zu leben anfingst – deshalb laß uns nun an diesem einen Teil unserer Medizin die Probe machen, wie die Betrachtung des Todes, in dieser Weise in seiner Art genau bedacht, in uns arbeitet, um unsere Seele vor jeder Art von Sünde zu bewahren, und mit der Sünde beginnen, die der eigentliche Kopf und die Wurzel aller Sünden ist, d. h. Stolz, der boshaften Mutter aller Arten des Lasters (Sir 10,14–15)[86].

Stolz ist die Mutter aller Laster

Ich habe viele Laster gesehen, die zuerst weit vom Stolz entfernt schienen. Wenn man jedoch zu Ende denkt, so zeigt sich genau, daß sie eben jener Wurzel entsprangen. Was den Zorn und die Mißgunst anbetrifft, so sind sie die bekannten Kinder des Stolzes, weil sie aus einer hohen Einschätzung un-

Die Kinder des Stolzes

---

[86] Stolz oder Hochmut gilt als die eigentliche Ursünde, durch die die Engel und Menschen gefallen sind. Sie ist geprägt durch anmaßende Selbstüberhebung und führt zu Selbstgefälligkeit, dünkelhafter Eitelkeit, ehrgeizigem Streben nach Macht und Ehre, eitler Prahlerei, verwegener Kühnheit, Vermessenheit und zum Neid auf fremdes Glück, der zweiten Hauptsünde. Der Stolz verachtet die geschuldete Demut als »Sklavengesinnung« und gefährdet dadurch alle Tugenden des Menschen. In der *Geschichte Richards III.* nennt More den Stolz »a pestilent serpent« (YCW 2, 12/13), in der *Utopia* »Haupt und Ursprung jeglicher Verderbnis« (YCW 4, 242/43 und Anm. S. 565), darin Sir 10,15 und *Augustinus* folgend (Civ. Dei, XIV, 3). Vgl. auch Anmerkung 88; *O. Schaffner*, Demut, LThK, Bd. 3, Sp. 225–226 sowie *Cavanaugh*, 369, P 389.

serer selbst erwachsen. Was aber sollte dem Stolz ferner scheinen als trunkene Völlerei? Und doch wirst du mehr finden, die sich sinnlos betrinken aus Stolz, als gute Kumpane zu gelten, als aus Lust am Trinken selbst. So treibt dieser verfluchte Stamm des Stolzes neben seiner eigenständigen Bosheit seine Zweige in alle anderen Arten, nicht nur in die Hochschätzung von Vermögen, Herrschaft und Autorität, Schönheit, Verstand, Stärke, Wissen oder andere Gaben Gottes[87],

Der geistige Stolz der Heuchler

sondern auch den falschen Stolz der Heuchler, die vorgeben, jene Tugenden zu besitzen die ihnen mangeln, und den gefährlichen Stolz derer, die sich wegen ihrer paar vereinzelten Tugenden – nicht ohne die Mischung mit anderen tödlichen Lastern – für lebende Heilige auf Erden halten, die hochmütig das Leben ihrer Mitchristen beurteilen, indem sie die Tugenden anderer geringschätzen, anderen ein Lob mißgönnen und einen unversöhnlichen Zorn hegen, wo sie selbst sich nicht akzeptiert und nach der Würde ihrer eigenen Einschätzung geachtet fühlen. Diese Art geistigen Stolzes mit daraus folgendem Neid und Zorn ist dadurch um soviel schlimmer, als er – ohne Gottes große Gnade – eine unheilbare Blindheit mit sich bringt[88]. Denn der Wollüstige weiß, daß er

---

[87] More verweist hier auf die Sieben Gaben des Heiligen Geistes: Verstand, Wissenschaft, Weisheit, Rat, Frömmigkeit, Furcht des Herrn und Stärke, deren rechter Gebrauch den Menschen empfänglich macht für die Gnadenanregung, mit denen Gott ihn bewegt. Der Stolz auf die von Gott gewährten Gaben ist ein Zeichen der Verblendung. Vgl. *F. Dander,* »Gaben des Heiligen Geistes«, LThK, Bd. 4, Sp. 478–80.

[88] Diese Art des Stolzes verstößt gegen die Tugend der Demut, weil sie nach verkehrter Höhe und Liebe zur eigenen Auszeichnung strebt und in der Nähe der Ursünde steht. Die Verstoßung der

Schlechtes tut und hat deswegen Gewissensbisse; der Völler erkennt seinen Fehler und hält ihn manchmal für abscheulich; dem trägen Körper mißfällt seine Schwerfälligkeit, und er wird dadurch bewegt, sich zu bessern. Diese Art des Stolzes aber, nach der sich jemand selbst für heilig hält, ist am entferntesten von jeder Rettung. Denn wie kann der seinen Fehler ausmerzen, der ihn für keinen hält; der wähnt, alles sei gut, was er selbst tut, hingegen nichts, was ein anderer tut; der sein Tun mit dem Vorwand eines heiligen Vorhabens bemäntelt, das er doch nie in seinem Leben beginnen wird; der seinen Neid für den heiligen Wunsch hält, seinen Nachbarn noch an Tugend zu übertreffen, und der seinen Zorn und Ärger für einen heiligen Eifer nach Gerechtigkeit hält[89]. Und während er so hochmütig seine Laster liebt, ist er weit davon entfernt, sie zu heilen, und zwar in einem Maße, daß ich wahrhaftig glaube, einige hätten guten Glaubens den besten Handel ihres Lebens für die eigene Seele abgeschlossen, hätten sie jene geistigen Laster des Stolzes, des Zorns

    Demut macht eine Nachfolge Christi und die Zugehörigkeit zum Gottesreich unmöglich. Vgl. Mt 23,12; Lk 14,11 und 1,5 ff. Vgl. auch *O. Schaffner,* Demut, LThK, Bd. 3, Sp. 225–226 und *R. Egenter,* Hoffart, LThK, Bd. 4, Sp. 414 sowie *Cavanaugh,* 385, V 44 (Tilley).

89 More verweist hier, wie Erasmus in seinem *Enchiridion Militis Christiani* (Ausgewählte Schriften, Bd. 1, 119), auf einen Mißbrauch des »Heiligen Eifers«, einer positiven Ausprägung der Hauptsünde des Zornes. Als leib-seelische Antriebskraft wird der Zorn für das sittliche Leben nutzbar gemacht, um beispielsweise eine schwache Veranlagung zur Entrüstung oder Empörung nach dem Beispiel Christi in energischen Widerstand gegen geschehenes Unrecht zu verwandeln (vgl. auch S. 178 Anm. 126 und *Erasmus,* Ausgewählte Schriften, Bd. I, 94–97). Vgl. außerdem *J. G. Ziegler,* Zorn, LThK, Bd. 10, Sp. 1405 und YCW 4, 84/2 und 347.

und des Neides gegen die abscheulichen fleischlichen Sünden der Völlerei, der Trägheit und der Wollust eingetauscht[90]. Nicht, daß diese drei gut wären, die unzweifelhaft verdammungswürdig sind, sondern darum, daß – wie Gott in der Geheimen Offenbarung zur Gemeinde von Laodicea sprach: »Ihr seid weder heiß noch kalt, sondern lauwarm. Ich wünschte, ihr wäret kalt, damit ihr heiß werden könntet«, (Offb 3,14–16) – und damit kundtut, daß er mehr Gelegenheit hätte, inbrünstig um Gnade und Hilfe zu rufen, wenn er sich in offener und handfester Sünde befände, und diese Leute dann nicht unwissend über ihre eigenen Fehler wären, hätten sie diese fleischlichen Sünden. Denn, wie der heilige Paulus sagt, die fleischlichen Sünden sind leicht zu erkennen (Gal 5,19–21)[91]. Deshalb hätten sie Gelegenheit, um Gnade zu rufen und sich zu bessern. Nun aber, da sie sich durch ihren Stolz selbst für gut halten – wo sie doch nichts sind – sind sie von jeder Gelegenheit der Rettung weit entfernt, sieht man einmal ab vom Anklopfen unseres Herrn, der immerzu an der Pforte zum Herzen des Menschen steht und pocht, den wir – so bitte ich Gott – erhören und einlassen mögen (Offb 3,20). Und Teil seines gütigen und gnädigen Pochens ist es, uns den Tod ins Gedächtnis zu rufen. Die Erinnerung daran läßt uns, wie ich gesagt habe, erkennen, was uns gegen diese verfluchte Sünde des Stolzes sehr hilft. Gegen diesen letzten Zweig des Stolzes derer, die sich

Gott klopft immerzu an

---

90 Mores Darstellung der stolzen Heuchler erinnert an seine Beschreibung *Richards III.*, der vorgibt, ehrbare Ziele zu verfolgen, tatsächlich aber rücksichtslos seine Machtgelüste befriedigt. Vgl. YCW 2, 54/24–26 und 229.

91 Vgl. auch YCW 9, 170/6–7 und 393 sowie YCW 8 757/4–26.

selbst für heilig halten, in Verachtung anderer und einem heimlichen Gefallen an ihren geistigen Lastern, die sich selbst unter dem Deckmantel und Schatten irgendeiner Art von Tugend empfehlen, ist es gewiß am schwersten, im Betrachten des Todes ein Heilmittel zu gewinnen, weil sie sich dadurch vorbereitet wähnen, geradewegs in den Himmel aufzusteigen[92]. Aber doch, wenn sie die Anstrengungen und Versuchungen unseres geistlichen Feindes, des Teufels, bedächten, der in der Zeit ihres Todes begierig sein wird, die Verdienste und guten Werke ihres ganzen voraufgegangenen Lebens zu zerstören, und daß seine schlimmste List und sein giftigster Pfeil, dem sie unbedingt ausweichen sollten, sich unter dem Mantel einer gläubigen Hoffnung auf den Himmel als einer Sache, die sie durch ihre eigene Heiligkeit mehr als verdient haben, verbirgt, um sie dann boshaft wegen ihrer sündhaften und mutwillig blinden Hoffart ins Höllenfeuer zu stoßen, dann, so glaube ich, wäre das Betrachten und Bedenken dieser großen Gefahr und furchtbaren Gefährdung, die sie wahrscheinlich in ihrer Todesstunde befällt[93], eine wahrhaft wirksame Arznei, um den Grauschleier[94] zu zerreißen, der die Augen ihrer Seelen so bedeckt, daß sie ihr eigenes Gewissen nicht mehr mit sicherem Blick zu erkennen vermögen.

Was alle anderen Arten des Stolzes betrifft, die aus Schönheit, Stärke, Verstand oder Geschicklichkeit erwachsen[95], so scheint mir, daß die Vergegenwärti-

---

92 Vgl. hierzu S. 161 und YCW 6, 295/31–296/9.
93 Wiederum eine Anspielung auf die Versuchungen des Teufels in der Todesstunde. Vgl. S. 74 Anm. 213 und S. 144 Anm. 66.
94 Möglicherweise ein Bild für den grauen Star *(cataract)*.
95 Vgl. S. 161 Anm. 87.

gung des Todes sie recht einfach heilen kann. Sind es doch Eigenschaften der Art, die binnen kurzem durch den Tod – die Besitzer wissen niemals wie bald schon – all ihren Glanz verlieren[96].

Ebenso einfach läßt sich, durch dieselbe Vergegenwärtigung, der Stolz dieser törichten stolzen Heuchler kurieren, die noch größere Toren sind als jene, die schlichtweg den Pfaden der Welt und des Vergnügens ihres Körpers folgen. Denn *Heuchler* gehen sie dafür schon zum Teufel, so tragen sie doch noch etwas davon. Diese wahnsinnigen Heuchler aber sind so töricht, daß sie sich – obgleich sie ebenso tief in die Hölle sinken wie die anderen – als Belohnung für all ihre in dieser Welt erlittene Qual mit dem eitlen Lob der Menschen begnügen, einem Windstoß ihrer Münder, der sie *Prahlerei* vielleicht nicht einmal lobt, sondern sie so nennt, wie sie sind[97]. Wenn sie es aber tun, hören sie es selber doch nicht oft. Und sie können zudem überzeugt sein, daß der Tod innerhalb kurzer Zeit ihre Ohren verstopft, und Erdschollen die Münder derer bedecken, die sie preisen. Wenn sie dies gut und gründlich überlegten, würden sie, glaube ich, ihr Verlangen nach dem Lob schlichter sterblicher Menschen aufgeben und wünschen, allein Gottes Dank und Anerkennung zu verdienen, dessen Lobpreisung niemals sterben kann.

Was für eine Nichtigkeit wäre dann, bei Gott! die

---

96 Vgl. *Epigramme*, 62, Nr. 7.
97 Die Eitelkeit des Menschenlobes hebt More in seinen Werken immer wieder hervor. Vgl. YCW 12, 212/4–5 und 415/6; YCW 9, 77; YCW 6, 293/20–27; *Epigramme*, 107, Nr. 87 und 117, Nr. 114 sowie *Gebete und Meditationen*, 64.

Hochschätzung von Macht und Autorität der stolzen Fortuna für den, der sich oft und innig den Tod vergegenwärtigt, der doch in Kürze all diese Großartigkeit hinwegnimmt, und der bedächte, daß sein Ruhm ihn niemals – wie die Schrift sagt (Ps 48 [49],18; Pred 5,14) – in sein Grab begleitet. Der aber, der auf alle Menschen herabschaut, dem kein Mensch gut genug ist, ihm nahezukommen, der meint, er täte schon viel für diejenigen, denen die Hand zu geben oder ihnen zuzunicken er sich herabläßt, den so viele Menschen fürchten, dem so viele aufwarten – der wird in wenigen Jahren (und Gott allein weiß, ob nicht schon in wenigen Tagen) wenn der Tod ihn ereilt, seinen verwöhnten Körper in stinkendes Aas verwandelt sehen. Er wird aus seinem fürstlichen Palast getragen, in die Erde gelegt und dort allein gelassen werden, wo jeder grobe Bursche so kühn sein wird, ihm auf den Kopf zu treten[98]. Glaubst du nicht, daß das gründliche Betrachten dieses plötzlichen, so gewiß, so bald kommenden Wechsels, den Wind abflauen ließe, der uns aus Stolz über den feierlichen Anblick weltlicher Ehrerbietung aufbläst? Wenn du erkennst, daß jemand ernsthaft stolz auf das Tragen des strahlend goldenen Kostüms

Ehrgeiz

Ein Bühnenstück wäre, in dem er in einem Bühnenstück den Herrn spielt, würdest du nicht über seine Torheit lachen, wenn du bedenkst, daß du weißt, er geht nach der Vorstellung

---

98 Mit dieser Darstellung verweist More drastisch auf die auch in den mittelalterlichen Totentänzen hervorgehobene gleichmachende Funktion des Todes, durch die alle Standesunterschiede aufgehoben werden. Vgl. hierzu S. 74 f. und *Epigramme*, 83, Nr. 22; 85, Nr. 27; 110, Nr. 94 und 115, Nr. 108 sowie *Gebete und Meditationen*, 83–84.

als Knecht in seinem alten Rock heim? Heute hältst du dich selbst für sehr weise, bist hochmütig in deinem Schauspielerkostüm und vergißt, daß du nach deinem Auftritt genauso arm heimgehst wie er. Noch bedenkst du, daß dein Auftritt vielleicht ebenso bald vorüber ist wie seiner[99].

Wir wollen dieses Exempel der Schauspiele und Schauspieler, als für unsere Sache zu heiter, verlassen. Ich will dir ein ernsteres Abbild unseres Zustandes vorstellen, und zwar kein erfundenes Gleichnis, sondern eine wirklich wahre Abbildung und Darstellung unseres ehrwürdigen Standes. Merke es dir gut, denn wir sind völlig sicher, daß Alt und Jung, Männer und Frauen, Reich und Arm, Prinz und Page die ganze Zeit,

Alles Gefangene die wir in dieser Welt leben, nichts als Gefangene sind und uns in einem sicheren Gefängnis befinden, aus dem kein Mensch entfliehen kann[100]. Und wir sind in noch

---

99 In der »Welt als Bühne« verwendet More, wie schon in *Richard III.* (Vgl. YCW 2, 81/6–10 und 258) und in der *Utopia* (vgl. YCW 4, 98/10–14) einen der bekanntesten Topoi der klassischen Literatur, der sich u. a. in *Lukians* Mennipus findet, mit dem er durch seine Lukianübersetzung gut vertraut war (vgl. YCW 3, 37/21f. und 144–145). Zur literarischen Tradition in der Antike und im Mittelalter vgl. insbesondere *E. R. Curtius,* Europäische Literatur und Lateinisches Mittelalter, Bern und München ⁸1973, 148 bis 154; *M. Kokolakis,* The Dramatic Simile of Life, Athen 1960 und *A. Demandt,* Metaphern für Geschichte, München 1978, 332ff. *Erasmus* verwendet den Topos in seinen *Colloquia familiaria* in dem Gespräch über den Abt und die gelehrte Frau. Ausgewählte Schriften, Bd. 6, 265.

100 More unterstreicht durch sein Bild des Weltgefängnisses hier in Anlehnung an die mittelalterlichen Totentänze das gemeinsame Schicksal aller Stände und Menschen. Der in der Antike weitverbreitete Topos des Weltgefängnisses findet sich u. a. bei *Seneca* (Ad Marciam de Consolatione XX,2. Vgl. *Epigramme,* 112, Anmerkung 116) und *Boethius'* (De Consolatione Philosophiae.

einer schlimmeren Lage als die, die wegen Raubes ergriffen und eingekerkert werden. Denn die haben, obgleich ihr Herz der Gerichtsverhandlung heftig entgegenschlägt, doch etwas Hoffnung, aus dem Gefängnis auszubrechen oder durch Begünstigung von dort zu fliehen oder nach der Verurteilung ein wenig Hoffnung auf Begnadigung. Wir hingegen befinden uns alle in einer anderen Lage: wir wissen genau, daß wir bereits zum Tode verurteilt sind, der eine zu diesem, der andere zu jenem. Niemand von uns kann sagen, zu welchem Tode wir verurteilt sind, aber wir alle können mit Sicherheit sagen, sterben werden wir. Und wir wissen genau: von diesem Tod erhalten wir keine Begnadigung. Denn der König, durch dessen höchsten Richterspruch wir zu sterben verurteilt sind, wollte von diesem Tod seinen eigenen Sohn nicht freisprechen (Röm 8,32 und Joh 3,16). Auch nach einer Flucht kann niemand Ausschau halten. Das Gefängnis ist groß und viele Gefangene darin, aber der Schließer kann niemanden verlieren; er ist überall so gegenwärtig, daß wir in keine Ecke außerhalb seiner Sicht kriechen können[101]. Denn wie der heilige David diesen Schließer fragt, »Wohin soll ich gehen vor deinem Geist und wohin soll ich fliehen vor deinem Angesicht?«, so antwortet dieser, »Nirgendwohin«. (Ps 138 [139],7). Dagegen gibt es keine Revision. Als rechtskräftig Verurteilte sitzen wir für eine Weile in diesem

Alle zum Tode verurteilt

Vgl. YCW 12, 428) und geht auf *Platons* Höhlengleichnis (Rep. 514a–518b6) zurück. More verwendet das Bild auch im *Dialogue of Comfort* ((YCW 12, 258/13–16) und in den *Epigrammen* (vgl. 112, Nr. 101). *Shakespeare* nimmt es in Richard II. (V,v, 239–50) wieder auf.

101 Vgl. auch YCW 12, 271/21–22 und 429.

Gefängnis der Erde. Einige sind an Pfosten gekettet, einige wandern umher, einige sitzen im tiefen Verließ, einige in einer oberen Gefängnisabteilung, einige bauen sich Lauben und errichten im Gefängnis Paläste, einige weinen, einige lachen, einige arbeiten, einige singen, einige spielen, einige betrügen, einige kämpfen miteinander[102]. Kaum einer erinnert sich, in welcher Lage er sich befindet, bis plötzlich, nichts weniger erwartend, Junge, Alte, Arme und Reiche, Heitere und Traurige, Prinz, Page, Papst und Armer-Seelen-Priester, jetzt der eine, dann ein anderer, manchmal ein großer Haufen auf einmal, ohne Ordnung, ohne Ansehen des Alters und des Besitzes, alle gänzlich entblößt und in einem Leinentuch herausgetragen, auf verschiedene Weise in irgendeinem Gefängniswinkel zu Tode gebracht[103] und gleich dort in ein Loch geworfen werden. Und entweder fressen sie die Würmer unter oder die Krähen über der Erde (Sir 10,13). Nun tritt vor, du stolzer Gefangener, denn ich weiß, dir ergeht es nicht besser, schaust du auch noch so hochmütig drein. Wenn du im Gefängnis einen Palast für deine Familie

Bauherren baust, ist das nicht ein großes Königreich, wenn man es recht bedenkt? Du erbaust den Turm von Babel[104] in

---

102 Vgl. *Epigramme*, 112, Nr. 101.
103 In der Reihung der Stände ist die Beeinflussung dieser Stelle durch die Totentänze unverkennbar. Vgl. auch 2. Mose 11,5–7.
104 More spricht im Gegensatz zur Vulgata (Gen 11) nicht von »Babel« sondern von »Babylon« und folgt damit einer mittelalterlichen Gewohnheit. Während der Turm von Babylon hier und in der *Responsio ad Lutherum* (YCW 5, 6/16) ein Symbol für Vermessenheit und Stolz ist, verwendet More in seiner *Apology* die »babylonische Verwirrung« zur Charakterisierung der Uneinigkeit der häretischen Lehren. Vgl. YCW 9, 41/10–11 und die Sacherläuterungen dazu auf S. 329.

einer Gefängnisecke und bist sehr stolz darauf; und irgendwann schlägt der Wächter ihn schmählich wieder zusammen (1 Mose 11,4). Du hinterläßt deine Wohnung für deine eigene Familie, und der Wächter setzt, wenn du tot bist, einen fremden Gefangenen in dein Bauwerk und verlegt deine Familie in irgendeine andere Zelle. Du bist stolz auf das im Gefängnis aufgestellte Wappen deiner Vorfahren; und du bist voller Stolz, allein weil du vergißt, es ist ein Gefängnis. Schätztest du die Sache aber richtig ein, den Ort als Gefängnis, dich selbst als Gefangenen, verurteilt zum Tode, dem du nicht entfliehen kannst, hieltest du diesen Krempel für ebenso ehrwürdig, wie wenn ein vornehmer Dieb sein Familienwappen, zur Erinnerung auf einen Pfosten gemalt, in Newgate[105] hinterließe, wenn er nach Tyburn[106] gehen muß. Fürwahr, ich meine, wenn wir das wahre Bild nicht für Phantasie hielten, sondern für das ansähen, was es in Wirklichkeit ist, nämlich das wahre Abbild und Wesen unseres

Das Wappen der Vorfahren

---

105 Newgate, ursprünglich das westliche Stadttor Londons, beherbergte seit dem 12. Jahrhundert ein Gefängnis (vgl. *Stow,* 33 ff.), in dem zu der Zeit, als More im Tower inhaftiert war, acht oder neun Kartäusermönche aufgrund katastrophaler Kerkerbedingungen zu Tode kamen (vgl. *Harpsfield,* 179), obwohl Mores Adoptivtochter *Margaret Gigs* sich verzweifelt bemüht hatte, sie mit Nahrung zu versorgen und ihnen ihr Schicksal zu erleichtern (vgl. *Chambers,* 331).

106 Tyburn war bis 1783 die Haupthinrichtungsstätte Londons, die sich in der Nähe des heutigen »Marble Arch« befand (vgl. *Stow,* 341 und 393). Zu den dort Exekutierten gehörten u. a. der Prior der Londoner Kartause, *John Houghton,* sowie *Richard Reynolds* und die Kartäusermönche, deren Gang nach Tyburn More durch das Fenser seiner Towerzelle beobachtete (vgl. *Harpsfield,* 178–179 und *Chambers,* 322–326).

eigenen Standes[107] – dann erhöhten sich die Menschen in ihren Herzen nicht selbst wegen irgendeiner Herrschaft oder Autorität hier auf Erden (Mt 23,12; 1 Petr 5,6; Jak 4,10). Und sie erkennten auch, daß sie in Wirklichkeit nicht besser ist, als die Macht, die ein Gefangener unter seinen Genossen hat, etwa der Schankkellner im Marshallseagefängnis[108], oder im äußersten Fall ein Gefangener, der so sehr das Vertrauen des Kerkermeisters gewonnen hat, daß er beinahe eine Art Unterkerkermeister über seine Genossen ist – bis der Sheriff und der Karren ihn holen[109].

Über den Neid

Laß uns sehen, welche Hilfe nun diese Medizin gegen die Krankheit des Neides uns bieten kann, der zweifellos eine ebenso schlimme Qual wie wirkliche Aufzehrung ist[110]. Der Neid ist sicherlich eine solche Qual, wie

107 More spielt wie an anderen Stellen (vgl. S. 117 und S. 199) auch hier wieder auf die »Blindheit« der Menschen an, die sie gegen die Vernunft handeln und die eigentlichen Werte nicht erkennen läßt.
108 Ein Gefängnis in Southwark, im Süden Londons, einem Gebiet, in dem die großen Theater der Shakespearezeit lagen (vgl. *Stow*, 360, 366–367). Das 1849 zerstörte Gefängnis wird in *Ch. Dickens'* Roman *Little Dorrit* u. a. in den Kapiteln VI und VII detailliert beschrieben.
109 Üblicherweise holte der Sheriff den Gefangenen auf einer Karre zum Richtplatz. Eine erweiterte Parallelstelle findet sich wiederum im *Dialogue of Comfort* (YCW 12, 270f.).
110 Der Neid wird seit dem 4. Jahrhundert als eine der Sieben Hauptsünden aufgezählt und umgreift die Fehlhaltungen Mißgunst, Unwilligkeit und Trauer wegen sachlicher und persönlicher Vorzüge des Nächsten. Er steht in Gegensatz zur Klugheit

alle Tyrannen von Sizilien niemals eine schlimmere ersannen¹¹¹. Und er saugt so die Feuchtigkeit des Körpers auf und verzehrt das wertvolle Blut, entfärbt so das Antlitz, entstellt so die Schönheit, verunstaltet das Gesicht so, daß er es ganz knochig, hager, blaß und kränklich hinterläßt, und eine Person, die völlig vom Neid erfaßt ist, kein anderes Abbild des Todes braucht, als ihr eigenes Gesicht in einem Spiegel. Dieses Laster ist nicht nur teuflisch, sondern auch äußerst töricht¹¹². Obgleich der Neid, wo er herrscht, soviel Leid anrichtet, wie er nur kann, geschieht es doch meist – weil in aller Regel der Schlechtere den Besseren und der Schwächere den Stärkeren beneidet –, daß, so wie das Feuer des Vulkans Ätna sich allein selbst verbrennt, sich der Neidische in seinem Herzen selbst zernagt; er raucht und brennt,

Das Abbild des Todes

---

und verstößt gegen die Liebe und Demut, so daß eine Nachfolge Christi erschwert wird. Theologisch besonders wichtig ist der auch von More ausgesprochene Gedanke (S. 142 f.), daß durch den Neid des Teufels der Tod in die Welt gekommen ist (Gen 3,4 und Weisheit 2,24). Vgl. *H. Schuster*, Neid, LThK, Bd. 7, Sp. 869–870.

111 Vielleicht eine Anspielung auf den sizilianischen Tyrannen *Phalaris* (etwa 570–554), dessen sprichwörtliche Gewaltherrschaft die der übrigen Tyrannen an Grausamkeit noch übertraf. Er galt als der gesetzloseste und grausamste Gewalthaber, dem man immer neue Schandtaten zusprach. So habe er einen ehernen Stier besessen, in dessen glühend gemachten Bauch er seine Feinde werfen ließ. Ihr Stöhnen und Schreien soll geklungen haben, als wenn der Stier brüllte. Vgl. *H. Berve*, Die Tyrannis bei den Griechen, 2 Bde. Darmstadt 1967, 129–131.

112 More vertritt hier eine Auffassung, nach der sich das sündhafte Verhalten des Menschen so in seinem Äußeren spiegele, daß seine »Krankheit« sichtbar wird. Außerdem betont er in diesem Zusammenhang die Unvereinbarkeit von Neid und wahrer Weisheit. Vgl. Weish 6,23 und 7,13 sowie *Epigramme*, 63, Nr. 11.

ohne Möglichkeit oder Macht, dem anderen zu schaden. Kein Wunder, ist doch der Neid ein widerlicher Sproß, der einer widerlichen Wurzel entspringt. Er ist der Erstgeborene, ein vom Teufel – dem Vater beider – in Unehelichkeit und Inzest gezeugtes Kind des Stolzes. Denn sobald der Teufel seine Tochter, Stolz, ohne Eheweib aus seinem eigenen Körper hervorgebracht hatte – wie eine giftige Spinne ihr Netz hervorbringt – und dieser giftige Sproß seiner selbst ihm aus dem Himmel verholfen hatte, nahm er beim ersten Anblick von Adam und Eva, die im Paradies zu solcher Verherrlichung bestimmt waren, alsbald seine eigene unglückliche Tochter zum Weibe und zeugte aus Stolz den Neid[113]. Durch dessen Verlockungen bedrängte er unsere Stammeltern im Paradies stark. Durch Stolz vertrieb er sie und bereitete ihnen dort durch ihre eigene Torheit einen so tiefen Fall, daß von diesem Tage an all ihre Nachkommen verdorben einhergehen (1 Mose 3,1 ff.)[114]. Deshalb geht der Neid seither über jedermanns Wohlstand klagend dahin – betrübter über den Reichtum eines anderen Menschen, als glücklich über seinen eigenen, an dem er keine Freude hat, wenn es anderen Menschen so gut geht wie ihm. So sehr, daß Publius, ein Römer, als er einen Publius Mutius, den er als neidische Person kannte, traurig und bedrückt sah, sagte: Zweifellos hat entweder er selbst eine schlechte oder jemand anderes eine

Neid ist ein Kind des Stolzes

---

113 Auf den teuflischen Ursprung des Neides verweist More auch im *Dialogue Concerning Heresies*. Vgl. YCW 6, 48/11–12 und 611.
114 Vgl. 1. Mose 3,1 f. und 1. Mose 1. More unterstreicht die Lehre, daß erst durch den Neid des Teufels die Sünde und der Tod in die Welt gekommen sind. Vgl. auch Weish 2,24.

gute Nachricht[115]. Er hatte beobachtet, daß dessen neidische Natur über das Wohl eines anderen Menschen ebenso unglücklich war wie über eigenes Leid.

Ich kann hier nicht umhin, obgleich ich nichts weniger beabsichtige, als mich in diesem Zusammenhang viel mit weltlichen Autoren zu befassen, nun doch eine bestimmte Fabel Aesops in Erinnerung zu rufen[116]. Sie beschreibt so genau das Wesen, den Einfluß und den Lohn zweier Hauptlaster, des Neides und der Habsucht.

Eine Fabel Äsops über den Neid

Aesop gibt deshalb vor, wie du, glaube ich, gehört hast, daß einer der heidnischen Götter auf die Erde herabkam und sich, als er zwei Menschen an einer Stelle beisammen fand – der eine neidisch, der andere habsüchtig –, bereit zeigte, jedem von ihnen ein Geschenk zu geben, aber nur einer von ihnen sollte für beide fragen. Aber schau, was auch immer der Fragende für sich erbäte, solle der andere doppelt erhalten. Als diese Bedingung vorgeschlagen war, begannen der Mißgünstige und der Habsüchtige einige Höflichkeiten auszutauschen, wer von ihnen fragen solle. Denn der Habsüchtige wollte um nichts in

---

115 Die Quelle dieser Textstelle ist nach *Cavanaugh* (vgl. 440, *Publius*) in *Erasmus'* Apophthegmatum libri sexto, Opera, IV, 288c zu suchen.

116 Fabeln, die dem – wahrscheinlich fiktiven – griechischen Fabeldichter *Aesop* zugesprochen und unter seinem Namen überliefert wurden, waren zur Zeit Mores weit verbreitet. Vielfach wurden auch Fabeln anderer Dichter mit Aesops Namen belegt, so daß vornehmlich die Gattung und nicht so sehr der Autor gemeint ist. Vgl. *D. G. Hale*, Aesop in Renaissance England, The Library, 27 (1972), 116–125 und *A. Schirokauer*, Die Stellung Aesops in der Literatur des Mittelalters, Festschrift für *W. Stammler* zu seinem 65. Geburtstag. Berlin und Bielefeld 1953, 178–191.

der Welt dazu gebracht werden, weil er dann selbst die Bitte seines Gefährten verdoppelt hätte. Und als der Neidische dies sah, wollte er dafür sorgen, daß sein Gefährte wenig Gutes aus der Verdoppelung seines Wunsches erhielte. Unverzüglich forderte er für sich, ihm eines seiner Augen zu entfernen. Aufgrund dieser Forderung verlor der Neidische ein Auge und der Habsüchtige beide[117]. Sieh, solcher Art ist das elende Verlangen des verfluchten Neides: er ist bereit, ins Feuer zu laufen, wenn er seinen Nachbarn mitreißen kann[118]. Diese Mißgunst ist, wie ich gesagt habe und auch der heilige Augustinus meint, so sehr ein Kind des Stolzes, daß dieser Kirchenvater feststellt: Erwürge die Mutter und du beseitigst auch die Tochter[119].

Und deshalb sieh nach, welche Art von Überlegungen bei der Betrachtung des Todes heilsam sein wird gegen das scheußlich angeschwollene Übel des Stolzes. Dieselben Erwägungen sind dann auch die greifbarsten Arzneien gegen das gefräßige Laster des Neides. Denn wer immer einen anderen beneidet, der tut dies um etwas, auf das er stolz wäre, besäße er es selbst. Wenn solche Erwägungen des Todes, wie wir sie zuvor bei

---

117 More spielt auf diese Fabel auch in einer *Confutation of Tyndale's Answer* an (vgl. YCW 8, 182/33–34 und 1532). Sie findet sich jedoch nicht bei *Aesop*, sondern bei dem römischen Fabeldichter *Avian* (um 400 n. Chr.) vgl. Aviani Fabulae, XXII und *Cavanaugh*, 427, s.v. Aesop.
118 Eine erneute Betonung des unvernünftigen Handels und des Verstoßes gegen die oberste Kardinaltugend der Klugheit.
119 Vgl. YCW 13, 14/3 und 246. *Schmidt* (a.a.O., 178) nennt als mögliche Quellen dieser Figur *Augustinus'* Enarratio in Psalmum C (Patrologiae Cursus Completus: Series Latina, ed. *P. Migne*, 221 Bde., Paris 1844–1903, Bd. 37, Sp. 1290; weiterhin zitiert als PL mit Bandnr. und Spalte), De virginitate, 31 (PL 40, 413), Epistolae, 140 (Pl 33, 561) und Sermo 354 (Pl 39, 1565).

der Unterdrückung des Stolzes besprochen haben, dich dazu brächten, weder solche Dinge sehr hoch zu schätzen, noch dich selbst viel mehr, wenn du selbst sie besäßest, so muß daraus zwangsläufig folgen, daß die gleichen Erwägungen dir wenig Grund geben, die gleichen Dinge irgendeinem anderen zu mißgönnen. Du schämtest dich, wenn die Menschen dich für so töricht hielten, eine arme Seele zu beneiden, nur weil sie an einem Theaterabend den Herrn in einem Interludium spielt[120]. Und ebenso: könntest du einen fortwährend Kranken beneiden, einen Menschen, der seine Todeswunden mit sich herumträgt, einen Menschen, der nichts als ein zum Tode verurteilter Gefangener ist, der schon im vorwärtsfahrenden Karren sitzt? All diese Dinge sind dir, glaube ich, bereits zuvor einsichtig gemacht worden[121]. Es muß ferner auch bedacht werden, daß, weil die Menschen ihnen Bessergestellte beneiden, die Betrachtung des Todes schon der Vernunft nach eine wertvolle Arznei dagegen ist. Denn ich meine, wenn jemand recht hoch über dir stünde, so beneidetest du ihn doch nicht sehr um seinen Stand, wenn du meinst, ihm schon in der nächsten Woche ebenbürtig zu sein. Und warum solltest du ihn dann jetzt beneiden, wenn du siehst, daß der Tod euch in der nächsten Nacht gleich machen kann und ohne Zweifel innerhalb einiger Jahre machen wird? Stell dir vor, du

Ein Gleichnis   kenntest einen großen Herzog[122], der in seinem Hause

---

120 Eine Wiederaufnahme der Bühnenmetapher. Vgl. S. 167 Anm. 99.
121 Vgl. S. 148–159 und *Cavanaugh,* 334, D 99.
122 Wahrscheinlich eine Anspielung auf *Edward,* den dritten Herzog von Buckingham, der 1521 hingerichtet wurde. Vgl. *Campbell* und *Reed,* 21–22 und 216, P. 86, B 6.

eine hohe Stellung und fürstliche Lebensweise hielte, und du wärst ein richtig schlechter Mensch und wärst in deinem Herzen sehr neidisch auf ihn, vor allem an einem besonderen Tage, an dem er wegen der Hochzeit seines Kindes einen noch größeren und ehrenvolleren Hof hält als zu anderen Zeiten[123]. Du wärst anwesend und sähst die ihm aus dem ganzen umliegenden Land erwiesenen königlichen Ehren, wie sie knien und zu ihm kriechen und ihn barhäuptig bei jedem Wort mit ›Euer Gnaden‹ anreden. Plötzlich erhieltest du sichere Kenntnis, daß er wegen geheimen – dem König kürzlich enthüllten – Verrats mit Sicherheit am nächsten Morgen ergriffen, sein Hof völlig aufgelöst, seine Güter eingezogen, seine Frau hinausgeworfen, seine Kinder enterbt, er selbst ins Gefängnis geworfen, vor Gericht gestellt und angeklagt und, seine Sache außer Zweifel stehend, verurteilt, sein Wappen umgekehrt, seine goldenen Sporen von seinen Fersen gehauen, gehängt, geschleift und geviertelt werde[124] – was meinst du, bei deinem Glauben, kehrte sich da nicht dein Neid plötzlich um in Mitleid[125]?

Wenn wir nun alle diese Dinge recht bedenken und nach ihrem wahren Wesen einschätzen, nicht nach der

---

123 *George Neville,* der dritte Baron von Bergavenny, heiratete etwa im Juni 1519 *Maria,* die dritte Tochter des Herzogs von Buckingham. Vgl. *Campbell* und *Reed,* 216, P. 86, B 12.
124 Die seit alters in England übliche Hinrichtungart für Hochverräter, die More selbst allerdings durch einen Gnadenerweis des Königs, der das Urteil in das weniger entehrende Enthaupten abwandelte, erspart blieb. Vgl. *Stapleton/Hallett,* 195 und *Chambers,* 340 und 343–344.
125 Nach Meinung *Reeds* spiegelt diese Stelle Eindrücke aus Mores eigener Zeit im Dienste *Heinrichs VIII.,* die ihn stark beschäftigt und möglicherweise die Abfassung des Traktates mitbewirkt hätten. Vgl. *Campbell* und *Reed,* 216, P. 86, C 11.

Menschen falscher Auffassung, weil wir sicher sein können, daß der Tod alles hinwegrafft, worum wir einen Menschen beneiden, und nur unsicher sind wie bald, sicher aber, daß es nicht lange hin sein wird, dann ist es zweifellos so, daß wir niemals Grund haben, einen Menschen zu beneiden, sondern viel eher jeden zu bemitleiden, insbesondere jene, die am meisten haben, um das sie beneidet werden, weil sie jene sind, die in Kürze am meisten verlieren.

Über den Zorn

Laß uns nun zusehen, wie dieser Teil unserer Medizin, die Besinnung auf den Tod, uns vom heftig tobenden Fieber des Zornes[126], heilen kann. Zorn ist zweifellos ein weiteres Kind des Stolzes. Wenngleich Zorn manchmal über ein uns geschehenes Unrecht aufkommt, wie persönlicher Schaden oder Verlust unserer Güter, welches ein uns treffender und oft plötzlicher Anlaß ist (weswegen die Sünde ein wenig weniger gewichtig ist, wird doch die Richtschnur des Verstandes in diesem Moment durch den plötzlichen, nicht

---

126 Der Zorn gehört zu den Gefühlsregungen des Menschen, in denen er durch die Begegnung mit seiner Umwelt eine Minderung oder Steigerung seines Wertgehaltes erfährt. Das spontane Überwältigtwerden und die daraus folgende Reaktion des Verlangens nach Vergeltung oder Wiedergutmachung bilden die beiden Elemente des Zorns. Er ist zu unterscheiden vom Haß mit seinem unersättlichen Vernichtungswillen und der blinden, ohnmächtigen Wut. Seit dem Stoizismus wird der Zorn als eine der Hauptsünden gewertet. Dies gilt jedoch nicht für den sogenannten »Heiligen Zorn« (vgl. hierzu S. 181 f.). Vgl. *J. G. Ziegler*, Zorn des Menschen, moraltheologisch LThK, Bd. 10 Sp. 1404 bis 1405.

vorherbedachten, sondern uns unvorbereitetet treffenden Anprall der Schädigung behindert) so wirst du doch finden, daß bei denen, die eine schlechte Gewohnheit so zur eigenen Natur gemacht haben, daß sie nun wie von Natur zum Zorn und zur Widerspenstigkeit veranlagt scheinen, die eigentliche Wurzel jenes Lasters aber der Stolz ist, wenn auch ihr Auftreten und Verhalten sonst so ist, daß die Leute das kaum vermuten. Denn, gehen sie auch noch so unauffällig, schauen sie auch noch so demütig, du wirst sie bei jedem unbedeutenden Anlaß gereizt sehen. Sie können kein Scherzwort ertragen, das sie berührt; sie können es nicht ausstehen, beim Argumentieren widerlegt zu werden, sondern schäumen gleich vor Wut, wenn ihre Meinung nicht akzeptiert, ihr Einfall nicht gepriesen wird.

Stolz ist die Wurzel des Zornes

Woher erwächst diese Launenhaftigkeit, wenn nicht aus der geheimen Wurzel, sich selbst hoch zu achten, wodurch es ihnen zu Herzen geht, wenn sie einen Menschen sehen, der sie weniger achtet, als sie sich selbst Wert beimessen[127].

Willst du wohl auch erkennen, daß unsere Selbsteinschätzung mehr als das halbe Gewicht unseres Zornes ist? Wir werden es durch die beweisen, die vielleicht nein sagen. Bring mir einen, der sich selbst für ehrenwert hält, und siehe, ob er nicht viel erzürnter sein wird

---

127 Mores Beispiel erläutert das genaue Gegenteil des »Heiligen Zorns«, da die hier beschriebene Wutreaktion nicht aus Protest gegen die Verletzung einer gerechten Sache, sondern aus der Nichterfüllung eines eigenen Machtanspruches und der Ablehnung der eigenen Vermessenheit resultiert. Eine solche Haltung kann als Verstoß gegen die Liebe nicht vor Gott bestehen. Vgl. Lk 15,28; 1 Kor 13,5; Mt 5,25 und Röm 12,19.

über ein schmähendes und tadelndes Wort, wie etwa
»Knecht« oder »Bettler« (in denen keine große Schmähung steckt), das ihm von jemandem ins Gesicht gesagt
wird, den er nur für ebenbürtig oder weit unter ihm stehend hält, als über dasselbe Wort von einem, den er als
erheblich über ihm stehend kennt und anerkennt.

Wir sehen dies durch alle von Menschen geschaffenen Gesetze bestätigt, da sie wegen Rechtsverletzungen Schadensersatzklagen zulassen, nicht nur für das Menschen an Leib und Gütern zugefügte Unrecht, sondern auch für die Schmähungen,
Schmerzen und Beleidigungen, durch die sie in ihrem
Herzen getroffen werden, damit sie nicht – in Ermanglung von Gesetzen, die dies für sie tun – ihren zornigen
Gemütsaufwallungen folgend, sich selbst unverhältnismäßig mit eigener Hand rächen. Das Gesetz, sage ich,
bedenkt, erwägt und bestraft die jedermann zugefügten
Verletzungen nicht nur nach zugefügtem Leid oder
erlittenem Verlust, sondern – falls es so ist, daß die
gekränkte Partei obendrein recht erzürnt ist – erhöht
oder vermindert es die Strafe, macht sie kleiner oder
größer, je nach dem Unterschied im Grad der Achtung
und des Ansehens zwischen den Parteien[128]. Und so

Schadensersatzklagen

---

128 Berücksichtigt man Mores Tätigkeit als Richter, dann lassen sich diese Ausführungen auch als ironischer Kommentar auf die Rechtsprechung seiner Zeit verstehen (ähnlich äußert er sich im *Dialogue of Comfort*, YCW 12, 225/6–12). Zeitgenossen bestätigen wiederholt Mores eigene richterliche Gerechtigkeit ohne Ansehen der Person. Vgl. hierzu *Roper*, 61–63; *Harpsfield*, 153 bis 155; das elisabethanische Dramenfragment, The Book of Sir Thomas More, in dem er als Freund der Armen und gerechter Richter dargestellt wird und *H. Schulte Herbrüggen*, The Process against Sir Thomas More, Law Quarterly Review, Jan. 1983, 119.

sind die Bestimmungen des Gesetzes in beinahe jedem Land und waren es bereits vor Christi Geburt. Durch sie scheint allgemein Übereinstimmung zu herrschen, daß die eigene Einschätzung eines Menschen, sein Widerwille, von jemandem, der schlechter ist als er selbst, einen Tadel einzustecken, seinen Zorn nur um so schlimmer macht.

Für dessen Milderung stellt ihn das Gesetz mit verschärfter Bestrafung des Missetäters zufrieden.

Und dies sogar so weitgehend, daß es in Spanien[129] schlimmer bewertet und härter bestraft wird, wenn jemand einem anderen einen ›trockenen‹ Schlag mit der Faust versetzt, als wenn er ihn

›Ein trockener Schlag‹ in Spanien

mit dem Schwert zum Bluten brächte. Der Grund ist kein anderer als die Beschwichtigung des Gemüts eines davon Betroffenen. Denn sie halten sich allgemein für so mannhafte Menschen, daß drei Streiche mit einem Schwert sie nicht so erzürnen, wie ein mit der bloßen Hand versetzter Schlag, weil nämlich jedermann den für einen Buben hielte, gegen den er sich nicht herabließe, eine Waffe zu ziehen[130].

So daß, wie ich sagte, durch die allgemeine Anerkennung der Welt, in ihren Gesetzen dargelegt und erklärt, wirklich offenbar wird, daß Anlaß und Bereitschaft der Menschen zornig zu werden, aus heimlichem Stolz erwächst, durch den wir uns selbst überschätzen. Und

---

129 Spanische Gebräuche und Mentalität waren durch die Verbindung Englands und Spaniens nach der Heirat *Heinrichs VIII.* und *Katharinas von Aragon* offenbar recht gut bekannt.
130 Ein ironischer Hinweis auf eine verkehrte Welt, in der eine blutige Verletzung geringer bewertet wird, als ein harmloser Faustschlag. Ein Verhalten, das gegen die Kardinaltugenden der Mäßigung und der Klugheit verstößt.

Guter Zorn   ähnlich wie die Art des guten Zornes, die wir einen gesunden Eifer nennen, daraus erwächst, daß wir – wie wir es tun sollten – unseren Herrgott so hoch achten und nicht anders können als denen zu zürnen, die wir ihn so gering achten sehen, daß sie nicht ablassen, seine höchsten Gebote zu brechen[131], so erwächst durch Hochschätzung unserer selbst jene Gemütsbewegung des Zornes, durch die wir gegen jene mit Zorn und Verachtung eingestellt sind, die uns mißfallen und durch ihr Verhalten zeigen, daß sie uns geringer achten als unser stolzes Herz es erwartet. Wodurch wir uns – ohne es zu merken – mehr der Ehrerbietung für wert halten, als wir sie Gott selbst erweisen.

Ich bezweifle nicht, daß die Menschen hierzu »nein« sagen, und ich glaube auch fürwahr, daß sie »nein« meinen. Der Grund dafür ist, daß wir nicht erkennen, aus welcher Wurzel die Sprosse unserer Sünde erwachsen. Aber möchtest du bewiesen sehen, daß es so ist? Dann schau zu, ob wir nicht zorniger mit unseren Dienern sind wegen der Verletzung eines unserer Gebote, als wegen der Verletzung aller zehn Gebote Gottes. Schau zu, ob wir nicht zorniger sind wegen eines unverschämten oder höhnenden Wortes gegen uns selbst, als wegen vieler gotteslästerlicher, ehrfurchtslos über Gott gesprochene Worte. Dürften wir, frage dich, stärker betroffen sein durch die Minderung unserer eigenen Ehre als der Gottes, oder danach trachten, unsere Gebote besser befolgt zu sehen als die Gottes, wenn wir uns nicht tatsächlich höher achteten als ihn?

131 Vgl. hierzu S. 162 Anm. 89.

Aus dieser tödlichen Wunde des Zornes erwächst soviel Schaden; sie macht die Menschen sich selbst unähnlich, gleicht uns wilden Wölfen oder Furien der Hölle an, sie treibt uns kopfüber auf Schwertspitzen, läßt uns blindlings mit unserem eigenen Ruin in die Zerstörung anderer Menschen laufen. Sie ist daher nichts als ein verfluchter Sproß, der aus der versteckten Wurzel des Stolzes ersprießt und wächst.

Die Schäden des Zornes

Ähnlich ist es in der Medizin besonders notwendig zu wissen, wo und an welcher Stelle des Körpers der Anfang und gewissermaßen die Quelle einer Wunde liegt, von wo aus der Eiter unaufhörlich zu der Stelle befördert wird, an der er zu Tage tritt. Denn ist die Quelle erst einmal verschlossen, wird das Geschwür bald von selbst abheilen, weil der Eiter ausbleibt, der es versorgte. Da der Eiter unaufhörlich von der Quelle an diese Stelle strömt, können die Menschen das Geschwür wohl täglich säubern und auswaschen, werden es aber kaum heilen. In ähnlicher Weise, sage ich, geschieht es bei einer Wunde der Seele: wenn wir erst einmal die Wurzel erkennen und diese ausgraben, können wir ganz sicher sein, daß die Zweige absterben müssen. Bleibt aber die Wurzel erhalten, während wir die Zweige abschneiden, behindern wir zwar das Wachstum und halten es unterdrückt, verhindern aber nicht ihr immer neues Austreiben[132].

Weil nun dieser unfruchtbare Sproß des Zornes aus

---

[132] In diesem Zusammenhang mag man darauf verweisen, daß More diese Grundsätze gänzlich verinnerlicht hatte, berichtet uns doch Roper, daß er ihn in den sechzehn Jahren, die er in seinem Haushalt lebte, niemals zornig gesehen habe. *Roper*, 36.

der verfluchten Wurzel des Stolzes und der Hochschätzung unserer selbst entspringt und so heimlich in unserem Herzen lauert, daß wir ihn kaum selbst erkennen können, laß uns deshalb die Wurzel gründlich ausreißen, und der Zweig des Zornes wird gewiß bald absterben. Ist die Hochschätzung unserer selbst erst einmal weggenommen – dann werden wir nicht mehr viel für das schwärmen, das wir für gering achten.

Durch eine solche Demut[133], durch Geringschätzung und Unterwerfung unseres eigenen Ichs, werden alsbald in uns Hochachtung, Verehrung und Liebe Gottes entstehen und um seinetwillen auch jeder anderen Kreatur, so wie sie ihm mehr oder minder lieb sind.

Und weil durch die Zerstörung des Stolzes, wie ich gesagt habe, die Zerstörung des Zornes folgt, werden wir zur Unterdrückung des Zornes die gleichen Überlegungen zur Erwägung des Todes anwenden, die wir zuvor als zur Unterdrückung des Stolzes nützlich aufgezeigt haben. Denn wer könnte über den Verlust von Gütern zornig sein, wenn er recht bedächte, für welch kurze Zeit nur er sie behalten, wie bald der Tod sie von ihm nehmen mag? Wer könnte sich selbst so hochschätzen, daß er sich ein ihm ins Gesicht gesagtes böses vorwurfsvolles Wort zu Herzen nähme, wäre er sich bewußt, das zu sein, was er ist: ein zum Tode verurteilter Gefangener. Oder wer könnte über ein uns an einem Teil des Leibes zugefügtes körperliches Leid so erzürnt sein, wie wir es nun sind, vergegenwärtigten

---

133 Demut ist die Grundvoraussetzung für die Nachfolge Christi und erfordert das Bekenntnis und die Anerkenntnis der eigenen Sündhaftigkeit und Unzulänglichkeit. Sie steht in krassem Gegensatz zu den Hauptsünden, Stolz, Zorn und Neid. Vgl. S. 160 und *D. Schaffner*, Demut, LThK, Bd. 4, Sp. 225–226.

wir uns zutiefst, daß wir – wie wir es tatsächlich sind – bereits in den Karren gelegt sind, der zur Hinrichtung fährt[134].

Wenn uns schon die Armseligkeit unseres eigenen Zustandes nicht erschüttert, die uns, so wie sie ist – würde sie nur wohl erwogen – die Gründe unseres Zornes geringschätzen lassen müßte, indem wir bedächten, daß in der ganzen Zeit, in der wir leben, wir dabei sind zu sterben, so sollte doch der Zustand dessen, über den wir so zornig sind, uns beschämen überhaupt zornig zu sein. Denn wer schämte sich nicht, über einen armseligen Gefangenen zornig zu sein, über den, der im Karren sitzt und auf dem Wege zum Hängen ist, über den, der schon stirbt? Und darüber wäre ein Mensch um so beschämter, wenn er bedenkt, in welchem Risiko und in welcher Gefahr sein eigenes Leben und seine eigene Seele steht, während er da streitet, zankt und mit einem anderen kämpft, und dies oftmals um nichts als Lappalien. Einmal wäre es schon eine Schande für Männer wegen Phantastereien und Nichtigkeiten so zornig zu sein wie Frauen, auch wenn es nichts schlimmeres daran gäbe. Und doch wirst du Männer wegen des Friedenskusses[135], wegen des Vortrittes bei der Prozession oder wegen des Platzes der Bänke ihrer Weiber in der Kirche in Streit geraten sehen. Zweifelst du etwa, daß dieser Zorn Stolz ist? Ich jedenfalls zweifle nicht, weise Menschen wer-

---

134 Vgl. zu diesem Bild auch S. 157f.
135 Der wechselseitige Friedenskuß im Gottesdienst, die *pax*, war eine frühchristliche Sitte, um die Bruderschaft der Gläubigen darzustellen (Röm 16,16; 1 Kor 16,20). In England wurde er im 13. Jahrhundert eingeführt und gab oft Anlaß zu Streitereien über die Reihenfolge. Vgl. *Campbell* und *Reed*, 217, P. 88, C. 9.

den zustimmen, daß es entweder törichter Stolz oder stolze Torheit ist.

Wieviel törichter ist es dann, wenn wir bedenken, daß wir uns lediglich auf Pilgerschaft befinden und hier keine Bleibe haben[136], wegen solcher Torheiten unterwegs zu zanken und zu streiten. Wieviel größer sind Schmach und Torheit erst, wenn wir gemeinsam zu unserem Tode gehen, so wie wir es in der Tat tun.

Sähen wir zwei Männer auch wegen höchst gewichtiger Dinge miteinander kämpfen, so hielten wir sie doch dann für verrückt, sofern sie nicht voneinander ablassen, wenn sie einen zum Angriff bereiten Löwen sich nähern sehen, bereit, sie beide zu verschlingen. Wenn wir nun ohne Zweifel sehen, daß der Tod zu uns allen kommt und uns alle in kurzer Zeit mit Sicherheit verschlingen wird – und wir wissen alle nicht, wie bald schon – wäre es da nicht mehr als Torheit, miteinander zornig zu sein und gegeneinander Groll zu hegen, zumeist noch um wirkliche Lappalien, wie Kinder, die über Kirschkerne streiten[137], wenn der Tod zu uns kommt, wie ich sage, um uns alle zu verschlingen?

Bedächten wir nur alle diese Dinge und andere Grundwahrheiten wohl und gründlich, so zweifelte ich wenig, daß sie sowohl den krummen Zweig des Zornes beseitigten als auch die bösartige Wurzel des Stolzes aus dem Boden des Herzens rissen.

---

136 Ein traditionelles Bild (Hebr 13,14), das More gerne zur Betonung der Vergänglichkeit des Menschen benutzt. Vgl. YCW 13, 3/16–18; 99/23–25 und 30; *Epigramme*, 193, Nr. 7. Vgl. außerdem *Erasmus* Adagia, IV, 10, 74 und *Cavanaugh*, 367, P 201.

137 Eine Anspielung auf ein altes Kinderspiel, in dem Kirschkerne in ein Loch geworfen werden. Vgl. Oxford English Dictionary, ed. by *A. H. James Murray et al.*, Oxford 1933, s.v. »cherry-pits« und YCW 12, 433.

Über die Habsucht

Laß uns nun ein wenig sehen, was dieser Teil unserer Medizin zur Heilung der Habsucht[138] beitragen kann; sie ist eine Krankheit, in der sich die Menschen sehr schlimm täuschen. Läßt sie doch die Menschen von einer ganz anderen Art scheinen, als sie tatsächlich sind. Denn habsüchtige Menschen scheinen demütig und sind doch sehr hochmütig; sie scheinen weise und sind doch eigentlich töricht: sie scheinen Christen und haben doch kein Vertrauen auf Christus; und was von allem das Erstaunlichste ist, sie scheinen reich und sind doch eigentlich Bettler und haben nichts zu eigen[139].

Was den Stolz auf den Besitz ihrer Güter angeht, so wird der, der mit ihnen bekannt ist, wohl erkennen, wie sie sich von Herzen freuen, wenn sie es einmal wagen, ihnen Bessergestellte Bettler zu nennen, wenn diese nicht derart geldversessen sind, weil sie es geringer achten und freizügiger ausgeben.

Die Menschen halten sie auch für weise, und so tun sie es selbst, sind sie doch scheinbar sparsame und vorausschauende Menschen, die nicht nur die Gegenwart betrachten, sondern auch Vorkehrungen für die

---

138 Die Hauptsünde der Habsucht fördert die Anhänglichkeit an weltlichen Besitz und lenkt daher von Gott ab (Mt 6,21). Sie läuft der Tugend der Freigebigkeit zuwider, die schon von Aristoteles als eine wahrhaft aristokratische Tugend erkannt wurde und über ihn Eingang in die christliche Moraltheologie fand. Nach *Thomas von Aquin* ist Freigebigkeit der Gerechtigkeit verwandt, so daß die Habsucht als ihr Gegenteil gegen eine der Kardinaltugenden verstößt. Vgl. *J. Schmidt*, Geiz und Habsucht, LThK, Bd. 4, Sp. 628–629 und *A. Auer*, Freigebigkeit, ebd. Sp. 324–325.

139 Vgl. *Epigramme*, 84, Nr. 23 und 96, Nr. 58; YCW 4, 240/29 und 563 sowie oben S. 177f. und *Cavanaugh*, 332, C 494.

Zukunft treffen. Aber dann erweisen sie sich doch gegenüber jenen, die von der Hand in den Mund leben, als die größeren Toren. Diese gönnen sich wenigstens manchmal ein Vergnügen mit ihrem Eigentum, ergeht es ihnen auch zu anderen Zeiten schlecht. Jene habsüchtigen Geizhälse aber treiben kläglich dahin. Sie verbringen die Gegenwart unter dauernden Schmerzen und heben immerzu alles für die Zukunft auf: solange, bis all ihre Zeit aufgebraucht ist und keine mehr kommt[140]. Und dann, wenn sie es am wenigsten erwarten, hinterlassen sie alles, was sie angehäuft haben, Fremden, die ihnen dafür niemals danken können.

Wenn du sagst, solche Narren gibt es nicht, dann könnte ich antworten, daß ich einige davon in meiner Zeit gesehen habe. Und wenn du mir nicht glaubst, könnte ich dir Beweise liefern. Damit du aber nicht leugnen kannst, daß es nicht von jeher solche Narren gegeben hat, sollst du hören, was Salomon[141] sieben Jahre bevor ich geboren wurde[142] sagte: »Ich habe noch eine Geißel unter der Sonne gesehen, und sie ist verbreitet unter den Menschen: Einen Mann, dem Gott Reichtümer, Vermögen und Ehre gegeben hat, so daß

140 Vgl. hierzu auch *Epigramme*, 105, Nr. 81 und *Cavanaugh*, 348, H 54 und 363, M 1044 (Tilley). Vgl. außerdem S. 159 und S. 164f.
141 Die Formulierung deutet daraufhin, daß More Salomo für den Verfasser des Weisheitsbuches Jesus Sirach hielt (vgl. S. 112 Anm. 7). Neuere Funde bestätigen jedoch Jesus Sirach als Verfasser. Vgl. E. Jenni, »Jesus Sirach«, RGG, Bd. 3, Sp. 653 bis 655.
142 *Headley* weist in seiner Edition der *Responsio Ad Lutherum* in ähnlichem Zusammenhang daraufhin, daß More Formulierungen wie *plus septem* (mehr als sieben) oft benutzte, um eine unbestimmte Zahl oder einen großen Zeitabschnitt zu kennzeichnen (YCW 5, 941). Dies dürfte auch hier und in einem späteren Fall (S. 199) zutreffen.

ihm nichts mangelt, was sein Herz begehren kann, doch hat Gott ihm nicht die Erlaubnis gegeben, davon zu essen oder es zu genießen, sondern ein Fremder verzehrt es.« (Koh 6,1-2). Von solcher Art Narren spricht auch der Psalmist wie folgt: »Ein Mensch beunruhigt sich vergeblich und häuft Reichtümer an und kann doch nicht sagen, für wen er sie sammelt.« (Ps 38 [39],7). Und im achtundvierzigsten Psalm drückt der Prophet deutlich die Fehler dieser Narren aus: »Denn beide, die Reichen und die Armen, werden sterben und ihre Reichtümer Fremden hinterlassen.« (Ps 48 [49],3 und 11). Zweifellos haben sie, auch wo sie Christen scheinen, nicht das geringste Vertrauen auf Erden zu Christus. Da sie stets fürchten, künftig Mangel zu leiden, haben sie schon jetzt nie genug. Andererseits scheint mir: wenngleich jeder Mann, der Kinder hat, durch das Gebot Gottes und der Natur gehalten ist, für sie zu sorgen, bis sie wenigens in der Lage sind, durch

Väter sorgen für die Kinder

ihrer Hände Arbeit ihre Mägen zu versorgen (denn Gott und die Natur blicken – wie mir scheint – nicht viel weiter; noch verstieß uns der Herr aus dem Paradies der Seligkeit, damit wir trachteten und uns danach sehnten, Herren in dieser elenden Welt zu sein) (1 Mose 3,23), dennoch glaube ich fürwahr, wenn wir nicht im Geiste mit dem zufrieden sind, was wir haben, sei es auch noch so wenig, sondern aus Furcht und Schrecken, mit der Zeit Mangel zu leiden, zu unserem eigenen Unbehagen und derer, die um uns sind, winselnd und jammernd mit Schwermut im Herzen leben, so ist es offenkundig, meine ich, daß wir – sprächen wir auch noch so viel vom Glauben und Vertrauen auf Christus – in unseren Herzen weder mehr Glauben an seine heiligen Worte, noch Vertrauen auf sein zuverlässiges Versprechen haben, als ein Jude oder Türke[143].

Sagt nicht die Heilige Schrift: »Wirf dein Trachten auf Gott, und er wird dich nähren?« (Ps 54 [55],23). Warum nimmst du die Sorge nun auf dich und fürchtest Mangel an Nahrung?

Sagt nicht unser Erlöser selbst, »Sorget nicht für morgen« (Mt 6,33), und versieht und verstärkt sein Gebot dann mit einem Beispiel, indem er spricht: »Siehe die Vögel des Himmels, sie säen nicht, sie ernten nicht, sie sammeln nicht in Scheunen und doch ernährt sie dein himmlischer Vater. Bist du nicht viel mehr als sie? Dein Vater im Himmel weiß, daß du all dessen bedarfst. Trachte zuerst nach dem Reiche des Himmels und seiner Gerechtigkeit, und all diese Dinge werden dir außerdem zufallen.« (Mt 6,26 und 32–33; Lk 12,24 und 31–32). Wer auch immer der sei, der dies hört und dennoch winselt und jammert aus Ungewißheit und Furcht vor Mangel in künftiger Zeit, der glaubt entweder nicht, daß Christus diese Worte sprach (und dann glaubt er auch nicht an das Evangelium), oder, wenn er glaubt, daß Christus sie sprach, und dennoch im geringsten fürchtet, daß er sie nicht einlösen wird, wie glaubt er dann Christus oder vertraut seine Verspre-

---

143 Mores Vertrauen auf Gott und seine christliche Lebensführung bestätigt u. a. der Brief an seine Frau Alice nach dem Verlust seiner gefüllten Scheunen, die durch die Unachtsamkeit seines Nachbarn in Brand geraten waren. Er tröstet sie und fordert sie auf, dem Herrn für das zu danken, was er gegeben, aber auch für das, was er genommen hat und vor allem keinen Groll gegen den Nachbarn zu hegen, sondern ihn in geeigneter Weise bis zu seiner [Mores] Rückkehr zu unterstützen. *Rogers*, 174, 3. Sept. 1529.

chen? Du wirst vielleicht einwenden, Christus wollte nicht, daß du wegen des Vertrauens auf ihn nicht für morgen sorgen, sondern danach trachten sollst, durch ein Wunder gespeist zu werden. Du hast recht. Und deshalb sagte er auch nicht, ›Sorge nicht für morgen‹, oder ›arbeite nicht für morgen‹. Zum Zeichen dessen sandte er den Juden einmal wöchentlich, am Tage vor dem Sabbat, doppeltes Manna, damit sie im voraus versorgt wären[144]. Statt dessen sagte er zu uns: »Habe keine Furcht, noch sorge deinen Geist für morgen.« Denn den Geist wollte Christus völlig entlasten von aller irdischen Sorge, damit wir uns im Herzen allein sehnen und nach dem Himmel verlangen. Und deshalb sagte er, »Verlange zuerst und hauptsächlich nach dem Himmel, und all diese irdischen Dinge wird uns Gott außerdem zufallen lassen«; dadurch zeigt er, daß wir durch das herzliche Verlangen nach dem Himmelreich alles beides haben werden[145].

Und tatsächlich erfordern die Dinge, die für die notwendige Nahrung des Menschen aus der Erde kommen, eher die Arbeit des Körpers als die Achtsamkeit des Geistes. Das Erreichen des Himmels hingegen erfordert viel stärker Achtsamkeit, Vorsorge und innigen Wunsch des Geistes als die Arbeit des Körpers, außer, daß der eifrige Wunsch des Geistes dem Körper nie gestatten kann, müßig zu sein.

Du wirst vielleicht einwenden, was wird sein, wenn ich nicht arbeiten kann, oder mehr kleine Kinder zu versorgen habe, als durch die Arbeit dreier Tage einen

---

144 Vgl. zur Speisung der Juden 2 Mose 16,4–5, Neh 9,15, Ps 78,24 bis 25 und zur »Wunderspeisung« Mt 15,32–39.
145 Vgl. *Gebete und Meditationen*, 85–86, »Heimweh nach Gott« und 86, »Zuflucht und Kraft«.

Tag ernährt werden können? Soll ich mich dann nicht sorgen und überlegen, wie sie morgen leben sollen, oder sehen, welch anderen Ausweg ich finde? Zuerst will ich dir sagen, was du in solchem Fall zu tun hast. Danach werde ich dir zeigen, daß du, wenn alles dies nichts hilft, du jedoch festen Glauben hast, dich nicht bekümmern sollst[146]. Ich sage, wenn es dir mangelt, sollst du nach Kräften durch gerechte und ehrliche Tätigkeit arbeiten, um das zu verdienen, was für dich und die Deinen erforderlich ist. Falls deine Arbeit nicht ausreicht, solltest du deine Lage – nämlich, daß du wenig Geld und viele Verpflichtungen hast – solchen Menschen darlegen, die viel Geld und wenige Verpflichtungen haben. Sie sind dann durch ihre Pflicht gehalten, von dem Ihren beizusteuern, was dem Deinen mangelt[147]. Was, wenn sie nicht wollen? Dann sage ich, daß du dennoch nicht grübeln oder dich im Herzen

---

146 Eine Parallele findet sich in der Gelassenheit Mores nach dem Rücktritt vom Kanzleramt, obwohl dieser Schritt ihm und seiner Familie erhebliche wirtschaftliche Nachteile brachte. Seine »Sorglosigkeit« und Zuversicht entsetzten seine Frau Alice, die die Gründe seines Schrittes nicht einsehen konnte. Vgl. *Roper*, 52–55. Auch diese Stelle scheint für eine Spätdatierung des Werkes zu sprechen, da sie Mores eigene Situation kurz vor und während der Towerhaft widerspiegeln möchte.

147 Das Problem der Verarmung, das More hier anspricht, war zu seiner Zeit durch die Einhegung weiter Gebiete für die Schafzucht durch Großgrundbesitzer, mit der daraus resultierenden Arbeitslosigkeit weiter Teile der Landbevölkerung und dem Anstieg der Kriminalität, besonders brisant. Er diskutierte die hieraus erwachsenden Probleme ausführlich im ersten Buch seiner *Utopia*, wo er keinen Zweifel daran ließ, daß die Armen nicht ausreichend versorgt seien und eine verschärfte Rechtsprechung die Problematik nicht lösen könne (YCW 4, 61/7–83/35; 103/24–107/39). Die Verpflichtung der Wohlhabenden, den Armen zu helfen, ergibt sich aus Jes 58,7, Hes 18,7 und Mt 25,35–36.

sorgen oder an Gottes Versprechen, für deinen Lebensunterhalt zu sorgen, zweifeln solltest. Du solltest wirklich völlig sicher sein, daß entweder Gott dich und die Deinen mit Nahrung versorgen wird, indem er anderen Menschen eingibt, dich zu unterstützen, oder dir durch ein Wunder Nahrung sendet (wie er einigen Menschen in der öden Wildnis ihre Nahrung durch eine Krähe schickte) (1 Kön 17,2–6), oder es sonst sein Gefallen ist, daß du und die Deinen nicht länger leben, sondern durch Hungersnot dahinscheidet, wie es sein Wille ist, daß andere durch Krankheit sterben. In solchem Falle mußt du dich bereitwillig und ohne Widerwillen oder Sorge (welche dir, sorgtest du dich auch noch so sehr, nicht einen zusätzlichen Pfennig einbringen kann) seinem Befehl unterwerfen. Denn obwohl er versprochen hat, uns mit Nahrung zu versorgen, hat er es doch nicht für einen längeren Zeitraum versprochen, als es ihm gefällt – dessen Schuldiger des Todes wir alle sind – uns leben zu lassen. Obwohl er dem Daniel zwischen den Löwen in der Grube durch Habakuk, den Propheten, genügend Nahrung sandte (Dan 14,33), sandte er dem Lazarus überhaupt keine, sondern ließ ihn vielmehr an der Pforte des reichen Prassers Hungers sterben (Lk 16,20–22). Dort starb er ohne Widerwillen, ohne Angst, mit gutem Willen und glücklicher Hoffnung, wodurch er in Abrahams Schoß einging. Tust du nun gleiches, so wirst du in einen besseren Schoß eingehen, in den Himmel, in den Schoß unseres Erlösers Christus[148].

148 Mores Unterscheidung verweist darauf, daß die gottgefälligen Menschen durch den Erlösertod Christi nicht nur an einen Ort des Friedens, Abrahams Schoß (vgl. YCW 12, 354), sondern in den Himmel, den Ort ewiger Seligkeit in der Anschauung Gottes gelangen können. Vgl. auch *Cavanaugh*, 345, G 237 (Tilley) und 322, A 15.

Läßt nun der arme Mann, der nichts hat, erkennen, daß es ihm am Glauben mangelt und er kein Vertrauen auf Christi Worte hat, weil er Mangel fürchtet, etwas zu finden, welchen Glauben hat dann der habgierige Lump, der genug hat für diesen Tag, für morgen, für diese Woche, für die nächste, für diesen Monat, für den nächsten, für dieses Jahr, für das nächste – ja und vielleicht für viele Jahre, weil es jährlich einkommt durch Ländereien, Ämter, oder Handel, oder auf anderen Wegen, der aber dennoch immerzu winselt, sich beklagt, trauert aus Sorge und Furcht vor Mangel für sich oder seine Kinder in viel späteren Jahren, als wäre Gott entweder nicht willens oder nicht fähig, sein uns gegebenes Versprechen einzulösen. Eine noch größere Torheit ist, daß seine Sorge ganz seinem und seiner Kinder Lebensunterhalt gilt, für eine Zeit, die vielleicht weder er selbst noch seine Kinder erleben. Und so verliert er den Vorteil seines ganzen Lebens aus Furcht vor Mangel an Lebensunterhalt, wenn er schon tot ist.

Falls er nun zufällig einen großen Verlust erlitte, in welche Schwermut sänke er dann? Hätte er zehntausend Pfund und würden ihm achttausend davon genommen, so weinte er und wähnte, er sei ruiniert. Doch hätte er niemals mehr als eintausend gehabt, so hätte er sich selbst für einen großen reichen Mann gehalten, wohingegen ihm nun – angesichts des Verlustes von achten – zweitausend keine Freude mehr bereiten können.

Woraus erwächst diese große Torheit, wenn nicht aus blinder habsüchtiger Zuneigung zu dem, was er verlor? Besäße er es immer noch, dann hätte er es vielleicht nie benutzt, denn das, was noch übrig ist, ist mehr, als er ausgeben will oder vielleicht ausgeben muß.

Hättest du es gut ausgegeben, so hast du keinen Grund, über den Verlust betrübt zu sein, denn Gott akzeptiert deinen guten Willen. Hättest du es habsüchtig behalten oder es unnütz ausgegeben, so hast du nun Grund glücklich zu sein und zu erkennen, daß du vielmehr durch den Verlust gewonnen hast, weil Gegenstand und Gelegenheit deiner Sünde durch Gottes Güte gnädig von dir genommen wurden[149].

Aber du wirst sagen, daß du nun an Ansehen verloren hast und nicht mehr so hoch geachtet wirst, wie damals, als du noch als reich galtest. Ah nun, sage ich, nun kommst du zur Sache! Mir schien schon längst, daß ihr habsüchtigen Geizhälse, wie bescheiden ihr auch immer dreinschaut, euch als stolz und hochmütig entpuppt, wenn man euch richtig durchsucht. Denn, machen sie eine auch noch so leutselige und demütige Miene, so haben sie doch viel Stolz im Sinn und setzen ihr Vertrauen auf ihre Güter, indem sie ihr Gut zu ihrem Gott machen. Das ist auch der Grund dafür, daß unser Erlöser Christus sagte, es wäre genauso schwer für einen reichen Mann in den Himmel zu kommen, wie für ein dickes Tau oder ein Kamel durch ein Nadelöhr zu gehen (Mt 19,24; Mk 10,25; Lk 18,25)[150]. Denn es ist keine Sünde, Reichtümer zu haben, sondern Reichtümer zu lieben.

Habsüchtige Menschen sind stolz

---

149 Vgl. S. 187 Anm. 138.
150 Die Herausgeber der *Dialogue of Comfort* verweisen in diesem Zusammenhang auf die Unentschiedenheit Mores in der bei einigen Kirchenvätern und auch *Erasmus* diskutierten Frage, ob Κάμιλος oder Κάμηλος die richtige Lesart der griechischen Bibel und deshalb entweder mit Tau oder Kamel zu übersetzen sei. Vgl. YCW 12, 170/29–171/3 und 401; *Campbell* und *Reed*,

»Wenn Reichtümer auf dich kommen, verliere nicht dein Herz daran«, sagt die Heilige Schrift (Ps 61 [62],11). Der, der sein Herz nicht daran verliert, noch seine Liebe darauf wirft, glaubt tatsächlich sich selbst nicht reicher durch sie. Noch hält er diese Güter für sein eigen, sondern ihm durch Gott übertragen, um gewissenhaft an sich und andere verteilt zu werden. Und er erkennt, daß er über diese Verteilung Rechenschaft ablegen muß. Und weil er sich deshalb selbst nie für reich hält, ist er auch nie stolz.

Aber der, der vergißt, daß seine Güter von Gott sind, und der sich selbst als Austeiler und als Eigentümer einer Leihgabe wähnt, der hält sich für reich. Und weil er diese Reichtümer sein eigen glaubt, wirft er seine Liebe darauf, und dementsprechend ist seine Liebe so viel weniger auf Gott gerichtet. Denn, wie die Heilige Schrift sagt: »Wo dein Schatz ist, da ist dein Herz« (Mt 6,21). Siehst du hingegen den Schatz nicht als den deinen, sondern als Schatz Gottes an, der dir zur Vergabe und zur Verfügung übertragen ist, so ist dein Schatz auf Erden und dein Herz im Himmel. Diese Habsüchtigen aber, die ihre Herzen auf ihre Horte legen und stolz sind, wenn sie ihre Mengen betrachten, sie wähnen sich selbst reich und sind in Wirklichkeit ganz armselige Bettler[151]. Jene meine ich, die gänzlich auf Geiz getauft sind, die alle Güter in Besitz halten, das heißt, die ebenso abgeneigt sind, etwas auszugeben, wie sie bemüht sind, alles zu bekommen. Denn sie teilen nicht nur freiwillig nichts

---

217, P. 92, F. 3; *Rogers*, 190, Z. 458–459 und *Cavanaugh*, 329, C 13.

[151] Vgl. *Epigramme* 61, Nr. 2 und 84, Nr. 23. Hier nimmt More einen Gedanken von S. 187 wieder auf.

mit anderen Leuten, sondern leben sogar armselig, indem sie sich selbst alles absparen. Sie wähnen sich selbst Eigentümer und sind in Wahrheit doch nichts als bloße Hüter der Güter anderer. Weil sie nämlich in ihren Herzen nichts für sich zu verwenden finden, sondern alles für ihre Testamentsvollstrecker verwahren, machen sie es nicht einmal jetzt zu ihrem Eigentum, da sie es nicht benutzen, sondern zu dem anderer, für deren Nutzen und Vorteil sie es aufsparen[152].

Aber laß uns nun sehen, wie ich zuvor sagte, wie die Betrachtung des Todes die Augen der Menschen kräftigen kann gegen diese blinde Torheit der Habsucht. Zweifelsohne ist sie ein schwer zu heilendes Übel: so heftig, daß es viel Arbeit kostet, irgendeinen guten Vorsatz ins Herz sinken zu lassen. Möchtest du es bewiesen sehen? Siehe auf den jungen Mann, dem Christus selbst riet, das zu verkaufen, was er hatte und es den Armen zu geben und dann zu kommen und ihm nachzufolgen (Mt 19,21; Mk 10,21; Lk 17,22). Er kratzte sich am Kopf und ging bedrückt seines Weges, weil er reich war (Mt 19,22; Mk 10,22; Lk 17,23). Sankt Petrus und andere heilige Apostel hingegen ließen beim ersten Anruf ihre Netze im Stich, die in der Tat alles waren, was sie besaßen, und folgten ihm nach (Mt 4,18–22; Mk 1,16–20; Lk 5,9–11). Sie hatten keine großen Dinge, an die sie ihr Herz gehängt hätten, um sie zurückzuhalten. Aber selbst wenn ihre Herzen durch ganz kleine Dinge sehr gefesselt gewesen wären, so hätte dies ein großes Hindernis bedeutet.

Kein Wunder freilich, denn Habsucht ist schwer zu heilen. Denn es ist nicht einfach, eine günstige Zeit zu

---

152 Vgl. *Epigramme*, 61, Nr. 2 und 96, Nr. 58.

finden, um ihnen Rat zu erteilen. Denn der Völler ist bereit, von der Mäßigung zu hören, sogar selbst über das Fasten zu predigen, wenn sein Bauch gut gefüllt ist. Der Wollüstige, nachdem sein verwerfliches Vergnügen vorüber ist, erträgt es, von Enthaltsamkeit zu hören und verabscheut das andere nahezu von selbst. Der Geizige aber hört niemals auf, in seine Güter vernarrt zu sein und ist stets gleich gierig nach ihnen. Daher scheint der, der auch immer ihm den Rat gibt, doch freigebig zu sein, wie einer, der einem Völler über das Fasten predigt, wenn sein Bauch noch leer ist und nach guter Speise verlangt, oder einem Lüsternen [Enthaltsamkeit], wenn seine Mätresse gerade leichtfertig auf seinem Schoß sitzt[153]. Kaum könnte der Tod ihn heilen, wenn er dann kommt.

Ich erinnere mich eines einst in Newgate[154] gefangengehaltenen Diebes, der im Gerichtshof eine Geldbörse stahl, obwohl er am nächsten Morgen gehängt werden sollte. Und als er gefragt wurde, warum er dies tat, wohlwissend, daß er binnen so kurzem hängen sollte, antwortete der verzweifelte Kerl, daß es seinem Herzen gutgetan hätte, selbst für eine Nacht Herr dieser Geldbörse zu sein[155]. Und auf Treu und Glauben, mir scheint, so sehr wir uns auch über ihn wundern, so sehen wir doch viele, die ganz Ähnliches tun, ohne daß wir uns überhaupt über sie wunderten. Ich lasse alte Priester hingehen, die auf die Besetzungs-

---

153 Mores Formulierung »Is (...) in his lap« ist ein in der Renaissance weit verbreiteter Euphemismus für geschlechtliche Vereinigung. Vgl. auch YCW 12, 29/18 und 347 sowie *Shakespeares Hamlet*, III, ii, 108.
154 Vgl. S. 170 Anm. 105.
155 Eine ähnliche Episode schildert Stapleton; *Stapleton/Hallett*, 137f.

rechte der Pfründen jüngerer Priester klagen. Ich lasse alte Menschen hingehen, die sich anstrengen und danach lechzen[156], Testamentsvollstrecker bei jemandem zu sein, der jünger ist als sie selbst; sie meinen, es täte ihnen gut, dessen Güter, wenn sie anfallen, noch ein Jahr in ihrer Obhut zu haben, bevor sie sterben.

Aber schau, ob du nicht irgendeinen armen Kerl siehst, wie er vor Alter kaum noch kriechen kann, mit auf der Brust hängendem Kopf und gekrümmten Körper auf Holzschuhen mit dem Stock in der einen und dem Rosenkranz in der anderen Hand klapp, klapp dahertappt, den einen Fuß schon beinahe im Grab und dennoch keineswegs in Hast, von irgendwas Abschied zu nehmen oder etwas zurückzuerstatten, was er böse erworben hat, sondern genauso begierig, durch Betrug seines Nächsten einen Groschen zu erhalten, als hätte er mit Sicherheit noch sieben mal zwanzig Jahre zu leben[157].

Der Mensch, der kurzsichtig ist, kann weit weg von sich nichts sehen. Beim Betrachten des Todes sind wir meist alle miteinander kurzsichtig, denn wir können ihn nicht sehen, bis er uns sehr nahe kommt. Diese Leute aber sind nicht kurzsichtig, sondern völlig blind,

---

156 Mores Formulierung »hove and gape« deutet auf das tierische, menschenunwürdige Schnappen nach Beute, wie es sich beispielsweise in der Fabel vom Fuchs und Raben oder der Tiererzählung Reinecke Fuchs findet. Vgl. *M. South*, Animal Imagery in »Volpone«, Tennessee Studies in Literature, 10 (1965), 143 und 149.

157 Zu dieser Charakterisierung Mores finden sich deutliche Parallelen im greisen Erbschleicher Corbaccio aus *Jonsons* Drama *Volpone*, der trotz seines hohen Alters hofft, den wesentlich jüngeren Volpone beerben zu können. Vgl. besonders I. iii. Vgl. zur Formulierung »sieben mal zwanzig« S. 118 Anm. 21 und S. 188 Anm. 142.

denn sie können ihn nicht einmal sehen, wenn er so nahe kommt, daß er beinahe seinen Finger in ihre Augen steckt[158].

Der Grund dafür ist sicherlich, daß sie freiwillig die Augen zukneifen und ihn nicht anzusehen wünschen. Sie sind nicht willens, den Tod zu betrachten, nicht willens, diese Salbe auf ihre Augen zu streichen. Diese Tinktur ist etwas stechend und ließe ihre Augen tränen; deshalb verweigern sie sie. Aber wenn sie sie benutzten, wenn sie des Todes ebenso klugerweise gedächten, wie sie ihn törichterweise vergessen, so erkennten sie alsbald ihre Torheit und schüttelten ihre Habsucht ab. Bedächten sie ernsthaft, wie bald sie all das verlieren können, ja, wie bald sie all das verlieren *müssen*, für das sie arbeiten, so ließen sie zweifellos schnell von ihrem Gewerbe und wären niemals so töricht, das gierig zu sammeln, was andere Menschen wenig später freudig verstreuen.

Bedächten sie, wie bald schon sie in solch schmerzhafter Todesqual liegen, während ihre Testamentsvollstrecker vor ihren Augen ihre Säcke durchstöbern, so leerten sie – so glaube ich – ihre Säcke sogleich lieber selbst. Und wenn sie zweifeln, wie weit dieser Tod von ihnen entfernt ist, dann laß sie hören, was Christus im Evangelium zu dem reichen geizigen Sammler sagt, der daran dachte, seine Scheunen und Warenhäuser zu vergrößern, um noch mehr einzulagern, weil er bei sich glaubte, noch viele heitere Jahre zu leben[159]; und es wurde ihm gesagt: »Du Tor! Diese Nacht noch wird man deine Seele von dir nehmen: Und wessen sollen

---

158 Vgl. zu diesem Bild S. 146f. und *Cavanaugh*, 342, F 474.
159 Vgl. auch YCW 12, 168/16–23 und *Gebete und Meditationen*, 66–67.

dann diese Dinge sein, die du gesammelt hast?« (Lk 12,16–20). Und der heilige Bernhard erklärt, daß man ihm außerdem sagen kann: »Du, der du sie gesammelt hast, wessen wirst du sein?«[160]

Wenn wir uns dieser Sache wohl besännen und uns die peinvolle Gefahr des Todes vor Augen hielten – in die wir so bald kommen werden – und daß wir von allem, das wir sammeln, nichts mit uns nehmen können, so brächte uns das dazu, zu bedenken, daß dies habgierige Sammeln und geizige Bewahren mit all dem Entzücken, daß wir bei der Betrachtung unseres Vermögens empfinden, in unserem ganzen Leben nicht mehr als ein sehr heiterer goldener Traum ist, in dem uns träumt, wir besäßen große Reichtümer. Im Schlaf dieses Lebens sind wir glücklich und stolz darauf. Wenn aber der Tod uns einst wecken wird, ist unser goldener Traum dahin[161]. Und von all den Schätzen, von denen wir so heiter träumten, werden wir keinen einzigen Pfennig (wie der heilige Prophet sagt) in unseren Händen übrig finden (Ps 48 [49],18; Pred 5,14). Wenn wir dies nicht vergäßen,

Ein goldener Traum

---

160 More bezieht sich auf den Kirchenlehrer und Zisterziensermönch *Bernhard von Clairvaux* (1091–1153), der die Abtei Clairvaux gründete, die sich zu einem Zentrum des klösterlichen Geisteslebens des Mittelalters entwickelte. Eine genaue Entsprechung für das Zitat konnten wir in seinen Schriften nicht nachweisen. Möglicherweise irrte More hier – wie in anderen Fällen, in denen er aus dem Gedächtnis zitierte (vgl. S. 125, Anm. 37 u. S. 175, Anm. 117) – bei der Angabe seiner Quelle. Vgl. auch *Cavanaugh*, 364, N 167.
161 Ähnlich äußerte sich More schon in einem Epigramm über den Tod. Vgl. *Epigramme*, 97, Nr. 61 und zur Fortführung des Gedankens, *Epigramme*, 62, Nr. 7 sowie *Cavanaugh*, 355, L 241.

sondern gut und ausreichend betrachteten, dann würfen wir beizeiten die Habsucht aus unseren Köpfen und hinterließen nach unserem Tode wenig Arbeit für unsere Testamentsvollstrecker und versäumten nicht, unser Vermögen mit eigenen Händen auszugeben und zu verteilen.

Wüßtest du mit Bestimmtheit, daß, nachdem alle deine Güter zusammengetragen sind, dir plötzlich alles auf ein Mal geraubt werden sollte, dann hättest du, glaube ich, wenig Freude daran, viel zu arbeiten und dich so zu plagen. Du gäbst es lieber, so wie es dir gefällt, dort aus, wo Mangel ist und wo du Dank dafür findest und insbesondere bei jenen, die dir wahrscheinlich mit dem Ihren helfen würden, wenn Deines einmal ganz aufgebraucht ist (Lk 16,9 und 14,14; Mt 6,19–20). Ist es doch so, daß du über nichts so gewiß sein kannst, als daß der Tod dich all dessen beraubt, was du jemals angehäuft hast und dir kaum ein Leintuch lassen wird. Wenn wir dies ebenso gut bedächten, wie wir es sicher wissen, so versäumten wir nicht, weniger für das zu arbeiten, das wir auf diese Weise verlieren werden, und wir gäben unser Geld zum Unterhalt in die Geldbörsen armer Menschen, damit der Tod, der grausame Dieb, es nicht bei uns findet, sondern sie uns damit entlasten, wenn man uns des kläglichen Restes beraubt.

Über die Völlerei

Nun haben wir zu bedenken, wie dieser Teil unserer Medizin, das Bedenken des Todes, zur Heilung und Abhilfe der Völlerei angewendet werden mag, die eine scheußliche Krankheit und ein altes Übel ist[162]. Sie war am Anfang in unserer Stammutter Eva mit dem Hochmut vereint, die neben dem stolzen Appetit, den sie hatte, durch Wissen zu einer Art Göttin zu werden, außerdem noch solchen Gefallen an der Betrachtung des Apfels fand, daß sie sich danach sehnte, seinen Geschmack zu kosten. Und so trat der Tod durch die Fenster unserer eigenen Augen in das Haus unseres Herzens und brannte dort das ganze wertvolle Gebäude nieder, das Gott errichtet hatte (1 Mose 6,6–19). Und so geschieht es zweifellos täglich, daß das Auge nicht nur der Koch und der Schankkellner ist, der das gefräßige Verlangen nach köstlichen Speisen und Getränken in den Bauch bringt (in solchem Maße, daß Menschen oft sagen, es sei besser, seinen Bauch zu füllen als sein Auge; und viele Menschen beachten es überhaupt nicht, bis sie die Speise auf dem Tisch sehen), sondern das Auge ist auch der Kuppler, der das Herz zum Wunsch nach dem schmutzigen tierischen Vergnügen unterhalb des Bauches führt (Phil 3,19)[163]. Denn wenn das Auge sich

Die Sündhaftigkeit des Auges

---

162 Die Völlerei als ungezügelter Drang nach Speise und Trank steht der Kardinaltugend der Mäßigkeit diametral gegenüber. Durch sie ist die innere Ordnung der auf Selbstbewahrung zielenden Kräfte der menschlichen Natur bedroht. Aus der Überbetonung des Leiblichen resultieren leicht andere Sünden, insbesondere Trägheit, die More unten (S. 217) als eine der schlimmsten Sünden bezeichnet, und Wollust. Vgl. *J. Pieper,* Maß, Mäßigkeit, LThK, Bd. 7. Sp. 154–155; *ders.* Zucht und Maß, Leipzig 1935 u. ö.

163 Vgl. *Cavanaugh,* 325, B 238 und B 243 und *Erasmus'* Enchiridion Militis Christiani, in dem er, Origines folgend (vgl. PG 14, 850 und 856), die drei Teile des Menschen (Geist, Seele und Fleisch) erläutert. Seine Auffassung, der Körper oder das Fleisch

unmäßig an langem Betrachten des hübschen Antlitzes mit dem weißen Hals und dem runden Busen und so fort entzückt, wie es kein Hindernis findet, dann hilft der Teufel dem Herzen, durch schmutzige Vorstellungen in der Phantasie das zu verfertigen und zu formen, was immer die Kleider bedecken. Und das in solch ausgezeichneter Weise, daß der Geist von der eingebildeten Figur seiner eigenen Erfindungsgabe mehr entflammt ist, als er es vielleicht wäre, wenn das Auge den Körperschoß so nackt sähe, wie er in Wirklichkeit ist[164]. Und deshalb sagt der heilige Prophet: »Wende ab deine Augen von der Betrachtung der Nichtigkeiten.« (Ps 118 [119],37). Weil es nun so ist – wie ich zu sagen begann –, daß dieses alte Übel der Völlerei das Laster und die Sünde war, durch die unsere Vorfahren, die von der verbotenen Frucht aßen, von der Glückseligkeit des Paradieses und ihrer Unsterblichkeit dem Tod und der Trübsal dieser elenden Welt anheimfielen, sollten wir es wohl hassen und verabscheuen, auch wenn nun kein neues Leid mehr daraus erwüchse. Nun ist es aber so, daß täglich soviel neues Leid, nicht nur für die Seele, sondern auch für den Körper daraus

seien der sündhafte unterste Teil, der dem Geist zuwider handele, entspricht Mores Darstellung (vgl. Ausgewählte Schriften, Bd. 1, 141). In der negativen Deutung geschlechtlicher Lust, die aus Mores Worten spricht, folgt er seit *Augustinus* durch das ganze Mittelalter fortwirkenden Sichtweisen, die zwar nie vorherrschend offizielle Lehrmeinung der Kirche waren, aber nur allmählich und sehr langsam einer sachlichen Wertung wichen. Eine ähnliche Sicht von »beneath our belly« vertritt er in seinem *Dialogue Concerning Heresies* (YCW 6, 73/13 und 621).

164 Der diesen Beobachtungen zugrundeliegende Rückgriff auf die scholastische Psychologie findet eine Entsprechung in Mores *Dialogue of Comfort* ((YCW 12, 432 f.), worin man ein weiteres Argument für die Spätdatierung sehen mag. Vgl. *Cavanaugh*, 325, B 246.

erwächst, daß wir, wenn wir auch nur eines von beiden lieben, allen Anlaß haben, die Völlerei zu hassen und zu verabscheuen, obgleich sie uns zuvor niemals Schmerz zugefügt hat. Denn es ist schwer zu sagen, ob dieses Laster verderblicher für den Körper oder die Seele ist, zweifelsohne sehr schädlich für beide. Und was die Seele anbetrifft, so zweifelt kein Mensch daran, wie tödlich es ist. Weil sich nun der Körper immer gegen den Geist auflehnt (Gal 5,17), was kann da giftiger und verderblicher für die Seele sein, als dickbäuchige Völlerei.

Dickbäuchige Völlerei

Sie übersättigt den Körper so, daß die Seele keine Herrschaft darüber mehr haben kann, sondern er sie fortträgt wie ein halsstarriges Pferd seinen Herrn, bis es ihn in den Sumpf geworfen hat[165]. Und wenn der verführbare Körper (wie der weise Mann sagt) beschwerlich für die Seele ist (Weisheit 9,15), mit welch einer Last belädt der seine Seele, der seinen Wanst so übersättigt, daß er kaum noch in der Lage ist, die Last seines eigenen Bauches zu tragen, selbst wenn sie von ihrem Platz genommen und auf seinen Rücken gebürdet würde.

Der Körper: Ein Gefängnis für die Seele

Wenn der Körper ein Gefängnis für die Seele ist[166], zu einem wie engen Gefängnis macht der seinen Körper, der ihn so vollstopft mit Abfall, daß die Seele keinen Raum mehr

---

165 Auch hier findet sich eine metaphorische Parallele in Mores *Dialogue of Comfort* (YCW 12, 282/22–25 und 433). Das Bild des halsstarrigen, kaum lenkbaren Pferdes geht auf *Platon* (Phaidr., 264a und b sowie 253c8–254e) zurück. Vgl. auch *Cavanaugh*, 361, M 573.

166 Ein alter Topos, der auf Platon zurückgeht (Phaid. 66b–67b), von den Kirchenvätern aufgenommen wird (so von *Augustinus*,

hat, sich zu rühren. Ebenso wie jemand, der an Hand und Fuß in einem harten Gefangenenblock so gefesselt ist, daß er weder aufstehen noch sich niederlegen kann, so ist die Seele derart unterdrückt in einem vollgestopften Körper, daß sie ihn in keiner Weise leiten kann und selbst nichts an ihm heilsamen geistlichen Dingen tun kann, sondern gleichsam eingeschlossen ist, nicht in einem Gefängnis, sondern in einem Grabe, eigentlich schon tot und unfähig zu irgendeiner guten Handlung, die der plumpe Körper ihr erlauben könnte.

Und doch ist Völlerei für die Seele nicht so schädlich und verderblich wegen des Unheils, das sie selbst anrichtet, als wegen des Schadens und der Zerstörung, die durch andere gewöhnlich darauf folgende Laster geschehen. Denn niemand zweifelt, daß Trägheit und

Trägheit und Wollust sind die Töchter der Völlerei

Wollust die wahren Töchter der Völlerei sind. Zwangsläufig muß dann der ein Todfeind der Seele sein, der zwei solche

Töchter hervorbringt, von denen eine jede die Seele auf ewig tötet. Ich meine nicht die Substanz der Seele, sondern das Wohlbefinden und die Glückseligkeit der Seele, ohne die es besser wäre, niemals geboren worden zu sein. Was Gutes kann der große Zecher mit seinem wie eine Trommel abstehenden Bauch und seinem vom Trinken betäubten Kopf tun, als seine Brühe mitten in seinen Angelegenheiten zu erbrechen oder sich niederzulegen und wie ein Schwein zu schlafen[167]. Und wer bezweifelt, daß nicht der üppig gefüllte Körper, wie

civ. XII, 27) und dadurch schließlich zum Gemeingut wird (vgl. *Cavanaugh*, 327, B 497, Tilley). *Erasmus* verwendet ihn auch in seinen Carmina Selecta, 11, 29.

167 Vgl. *Cavanaugh*, 380, S. 970.

das Gerede sagt, ein unzüchtiges Bett hervorbringt. Menschen pflegen ein kleines Rätsel, »D. C. hat kein P.«, auf die Wand zu schreiben. Löst du dieses Rätsel[168]? Ich kann es nicht: Aber ich habe sagen hören, daß es die Bereitschaft berührt, die die Frau zu fleischlicher Gemeinheit hat, wenn sie trunken ist. Und falls du jemanden findest, der es erklären kann, auch wenn es keine große Autorität ist, habe ich doch sagen hören, daß es sehr wahr sei.

Aus unseren Völlerfesten folgen nicht nur Trägheit und Wollust, sondern oftmals liederliches und gefährliches Gerede, Tollkühnheit, Verleumdung, Wortstreit, Uneinigkeit, Zank, Zorn und Schlägerei mit der Bereitwilligkeit zu aller Art von Unheil, das wegen des Mangels an Umsicht – die niemals ohne Selbstbeherrschung existieren kann – zum Ruin führt. Die Heilige Schrift berichtet, daß die Kinder Israels in der Wüste, nachdem sie sich niedergelassen und gut gegessen und getrunken hatten, aufstanden und sich als Götzenanbeter aufführten, wodurch – aus Anlaß der Völlerei – der Zorn Gottes auf sie niederfiel (2 Mose 12,6 und 10). Als seine Kinder zum Festefeiern verfielen, fürchtete der heilige Hiob so sehr, der Anlaß der Völlerei könnte sie bei ihren Festen in törichtes

Beschwerlichkeit folgt Völlerfesten

---

168 Vgl. zum voraufgegangenen Satz *Cavanaugh*, 327, B 426 und zum Rätsel ebd., 332, C 619. *Reed* (*Campbell* und *Reed*, 218) und *Headley* (YCW 5, 863) lösen beide das Rätsel nicht auf; Headley verweist in diesem Zusammenhang auf ein weiteres enthaltenes Sprichwort, »Weiße Wände der Narren Papier« (Oxford Dictionary of English Proverbs, 3rd ed., Revided by F. P. Wilson, Oxford 1970, 885). *Tholen* übergeht die ganze Passage. Sinngemäß ließe sich das Rätsel laut More etwa als »Trunkene Frauen sind zu allem bereit« ansetzen.

Gerede und Gotteslästerung verfallen lassen, daß er sich – während sie ihre Feste feierten – zu Gebet und Opfer niederließ, damit ihnen Gott auf sein Gebet hin die Gnade sende, so fröhlich zu sein, daß sie nicht den gewöhnlich aus der Völlerei entstehenden Lastern verfielen (Hiob 1,4–5).

Nun zum Körper, welche Sünde ist so schmerzhaft, welche Sünde so beschämend? Ist es etwa nicht abscheulich, einen Menschen, der Verstand hat, sich selbst so aufführen zu sehen, daß seine Füße ihn nicht mehr tragen und er beim Heraustreten wähnt, der Himmel falle ihm auf den Kopf? Dort schlenkert und schwankt er, bis er in die Gosse fällt und dort liegenbleibt, bis er aufgehoben und zu Bett getragen wird wie ein Leichnam auf der Bahre. Und auf Treu und Glauben, meiner Meinung nach geschieht ihm dabei viel Unrecht, da sich irgend jemand erlaubt, ihn aufzuheben und ihm nicht gestattet wird, es sich die ganze Nacht zu seinem Vergnügen auf des Königs Straße bequem zu machen, die für jedermann da ist[169].

Es ist ein Wunder, daß die Welt so töricht ist, lieber Sünde mit Schmerz, als Tugend mit Vergnügen anzunehmen[170]. Denn wie ich zu Anfang gesagt habe und noch oft sagen werde, Tugend bringt Freude, und Laster ist nicht ohne Schmerz. Und doch spreche ich nicht von der künftigen Welt, sondern vom gegenwärtigen

Tugend ist angenehm, Sünde ist schmerzhaft

---

169 Wiederum ein gutes Beispiel für Mores Eigenart, durch ironische Darstellung Kritik zu üben. Vgl. auch S. 145.
170 Auch hierzu findet sich ein vergleichbares Bild im *Dialogue of Comfort* ((YCW 12, 169/9–12 und 401). Vgl. auch *Cavanaugh*, 386, V 81.

Leben. Wenn Tugend voller Schmerzen wäre und Laster vollends angenehm, wäre es doch – weil der Tod binnen kurzem beides beendet, den Schmerz des einen und die Annehmlichkeiten des anderen – eine große Torheit, nähmen wir nicht lieber einen kurzen Schmerz in Kauf, um immerwährende Freuden zu gewinnen, anstatt für den Gewinn des immerwährenden Schmerzes, ein kurzes Vergnügen. Ist es aber wahr – wie es tatsächlich der Fall ist –, daß unsere Sünde schmerzhaft und unsere Tugend angenehm ist, eine wieviel größere Torheit ist es dann, lieber sündhaften Schmerz in dieser Welt auf sich zu nehmen, der uns zugleich ewige Verdammung in der Hölle einbringt, als angenehme Tugend in dieser Welt, die uns ewige Seligkeit im Himmel einträgt[171].

Glaubst du, daß ich dich Falsches lehre, wenn ich sage, in der Tugend ist Vergnügen und in der Sünde Schmerz, so kann ich es mit vielen einleuchtenden Texten der Heiligen Schrift beweisen. So mit den Worten des Psalmisten, wenn er sagt: »Über den Weg deiner Zeugnisse freue ich mich mehr als an allen Reichtümern« (Ps 118 [119],14). Und Salomon sagt über die Tugend folgendes: »Ihre Wege sind voller Wonne und ihre Pfade friedfertig« (Spr 3,17). Und weiter spricht er: »Der Weg der Gottlosen ist, als wäre er umgeben mit Dornen; der Weg der Aufrechten aber ist ohne Fehltritte« (Spr 15,19). »Und wir sind ermüdet«, werden die Elenden sagen, »auf dem Weg der Gottlosigkeit. Wir sind auf schwierigen und mühseligen Wegen gegangen« (Weisheit 5,7). Der Weise sagt: »Der Weg der Sünder ist mit Steinen gepflastert oder

---

171 Ein ähnlicher Gedankengang findet sich wiederum im *Dialogue of Comfort* ((YCW 12, 15/8–20). Vgl. *Cavanaugh*, 366, P 12.

ausgelegt, am Ende aber sind Hölle, Dunkelheit und Verdammung« (Sir 21,11). Uns weltlichen Sündern die Worte der Heiligen Schrift zu verkünden, ist indessen nur ein kraftloser Beweis. Denn unser schändlicher Geschmack bevorzugt nicht die Süße der himmlischen Dinge. Und aus unserer Erfahrung vermögen wir keine von jenem Teil zu erwerben: der Wonne nämlich, die in der Tugend liegt. Den anderen Teil können wir nicht als bitter erkennen wegen der Verderbtheit unserer Gewohnheit, durch die uns Saures süß erscheint[172]. Wollten wir aber unsere Sünden samt ihren Vasallen recht betrachten, so könnten wir nicht umhin, die schmerzhafte Bitterkeit unserer fadsüßen Sünde zu erkennen (1 Kor 2,14)[173]. Denn kein Mensch ist so töricht, daß er etwas für angenehm hält, was mit wenig Vergnügen viel Schmerz verbindet. Denn dann könnten wir ebenso auch einen Inder seiner weißen Zähne wegen weiß nennen[174]. Wenn du dich wegen eines leichten Juckreizes plötzlich tief ins Fleisch kratztest, dann würdest du dieses Kratzen auch nicht angenehm nennen, obwohl es dir zu Anfang etwas gefiel. Aber so ist es, daß wir uns des kleinen kribbelnden Vergnügens der Sünde wegen plötzlich bis auf die harten Knochen zerfleischen und dabei nicht einen leichten Schmerz, sondern eine unerträgliche Qual davontragen. Dies könnte ich, wäre nicht die Abschweifung überlang, für jede Art von Sünde beweisen, beim Stolz beginnend. Zur Abkürzung laß uns dies nur für diejenige Sünde bedenken, mit der wir uns hier beschäftigen.

172 Vgl. *Cavanaugh*, 333, C 651 und 338, E 153.
173 Vgl. ebd., 357, S. 362.
174 Derselbe Inder-Vergleich begegnet in der *Confutation of Tyndale's Answer* von 1532/33 (YCW 8, 907/31–35 und 1690).

Das Vernügen, das der Völler an seinen Delikatessen findet, kann dann nicht länger wirkliches Vergnügen sein, wenn es mit Hunger verbunden ist, das heißt mit Schmerz. Denn das eigentlich Angenehme des Essens ist nichts als das Nachlassen der Qual des Hungers[175]. Nun ist alles, was man danach ißt – womit die Völlerei beginnt – in Wahrheit lauter Schmerz. Und dann schmerzt der Kopf, der Magen stöhnt, und die nächste Mahlzeit ißt man ohne Appetit, mit Widerwillen auf Widerwillen und Schmerz auf Schmerz, bis der Dickwanst gezwungen ist, alles zu erbrechen und sich darauf zu einem letzten Nachtmahl niederzulassen.

Völlerei ist schmerzhaft

Wenn Gott Völlerei niemals bestrafte, so brächte sie doch selbst genügend Bestrafung mit sich: sie verunstaltet das Gesicht, entfärbt die Haut, entstellt den Körper; sie macht die Haut braungelb, den Körper fett und schlaff, das Antlitz träge, läßt die Nase laufen, den Mund speien, die Augen triefen, die Zähne verfaulen, den Atem stinken, die Hände zittern, den Kopf herunterhängen, die Füße wanken und schließlich keinen Teil mehr in rechter Ordnung und Gestalt. Und neben dem täglichen Stumpfsinn und Kummer, den der schwerfällige Körper durch das Vollstopfen seines Wanstes fühlt, bringt sie durch Müßiggang, Wassersucht, Koliken, Harndrang, Gicht, Krampf, Schlagfluß, Pocken, Pest und Schlaganfall – Leiden und

Völlerei entstellt den Körper

Krankheiten, die durch Völlerei entstehen

175 Vgl. hierzu Mores ähnliche Ausführungen in der *Utopia* (YCW 4, 176/15 und 461).

Krankheiten einer Art, die uns entweder binnen kurzem zerstören oder, was noch schlimmer ist, uns in solcher Pein und Qual halten, daß, je länger wir leben, wir uns um so elender fühlen (Sir 37,33)¹⁷⁶.

Wie es auch sei, mit der Übersättigung der Völlerei währt kein Mensch sehr lange. Zweifellos wird die Natur, die mit recht wenig ernährt ist (wie es ganz offenbar wird durch die alten Väter, die so viele Jahre in der Wüste allein von Kräutern und Wurzeln lebten), durch die Wucht des vielen und verschiedenartigen Proviants sehr schlimm unterdrückt und in ihrer Eigenart übermannt; sie müht sich so schwer ab, die Nahrung zu bewältigen und sie in verschiedenen Richtungen in alle Teile des Körpers zu verteilen, und dort artgemäß zu verwandeln und zu bewahren, daß sie durch die Gewalt und den zähen Widerstand der vielen Nahrung, die sie verarbeiten muß (von der jeder Teil bemüht ist, seine eigene Natur und Beschaffenheit so zu bewahren und zu erhalten wie sie ist) erschöpft und überwältigt ist und aufgibt, wenn ihr nicht ein äußeres Hilfsmittel zuteil wird.

Völlerei unterdrückt die Natur

Und dies bringt uns zwangsläufig dazu, soviel Zuflucht zu Arzneien, Pillen, Heiltränken, Pflastern, Klistieren und Zäpfchen zu nehmen. Und doch sind alle zu schwach – unsere Völlerei ist so groß und damit

---

176 Die Textstelle unterstreicht Mores gute Beobachtungsgabe für menschliche Schwächen und seine Technik, Lebenserfahrungen (möglicherweise aus seiner Zeit am Hofe) als Belege in seine Argumentation einzubauen. Wie schon bei der Darstellung des Neides betont er auch hier durch die drastische Beschreibung des Völlers den Zusammenhang zwischen der geistlichen Haltung (Krankheit der Sünde) und dem äußeren Erscheinungsbild (Krankheit des Körpers). Vgl. S. 172.

so vielfältig, daß während die eine Speise verdaut wird, die andere liegt und verfault. Und immer wünschen wir, etwas Hilfe zu haben, um den Körper gesund zu erhalten. Aber wenn uns geraten wird, maßvoll zu leben und unsere Delikatessen und unsere Völlerei zu meiden, dann wollen wir davon nichts hören. Gerne aber nehmen wir einige Arzneien, wie Abführ- und Brechmittel, um das herauszubringen und auszuleeren, was wir zuviel hineinstopfen. Und darin verhalten wir uns (wie der große Moralphilosoph Plutarch[177] sagt) wie ein liederlicher Schiffskapitän, der sich nicht daranmacht, dafür zu sorgen, daß sein Schiff dicht und sicher ist, sondern es durch seine Nachlässigkeit leckschlagen läßt und sich dann noch nicht darum kümmert, die Risse zu stopfen, sondern lieber mehr Leute an die Pumpen stellt, um es mit viel Arbeit und großer Gefahr trocken zu pumpen, als es mit wenig Arbeit und großer Sicherheit trocken zu halten. »So verhalten wir uns«, sagt Plutarch, »daß wir uns selbst durch maßlose Lebensweise in Krankheit treiben und uns mit Heilmitteln zusammenflicken, von denen wir weniger nötig hätten und uns gesund erhalten könnten bei vernünftiger Ernährung und Mäßigung.«[178]

Plutarch

Wenn wir in Zeiten der Teuerung Menschen Hungers sterben sehen, machen wir daraus eine große Sache. Wir beginnen, Prozessionen abzuhalten, wir

---

177 Der griechische Schriftsteller und Philosoph (um 45–ca. 125 n. Chr.) war vor allem durch seine Parallelbiographien und seine philosophischen Schriften (Moralia) bekannt.

178 More orientiert sich hier an einem Abschnitt (127 C und D) aus *Plutarchs* »Ratschlägen für die Erhaltung der Gesundheit«, Plut. mor., 122 B–137 E. Das Zitat dürfte eine freie Übersetzung der griechischen Vorlage sein.

beten für Überfluß und wähnen die Welt am Ende. Aber während jährlich in guten Jahren viele Menschen an Völlerei sterben, schenken wir dem überhaupt keine Beachtung, sondern schreiben die Schuld eher der Krankheit zu, an der sie sterben, als der Völlerei, von der diese Krankheit kommt.

Wird ein Mensch durch einen Hieb niedergestreckt, dann gibt es begründeterweise viel Gerede darüber: der Geschworenengerichtshof tagt, die Geschworenen werden belehrt, ihr Verdikt verkündet, das Verbrechen festgestellt, der Täter angeklagt, der Prozeß angestrengt, der Verbrecher verurteilt und für seine Tat hingerichtet. Und doch, wenn Menschen untersuchen würden, wie viele mit der Waffe getötet werden und wie viele sich selbst zu Tode essen und trinken, dann fände man (wie Salomon sagt) mehr Tote durch den Becher und die Küche, als durch den Hieb des Schwertes (Sir 37,34)[179]. Und darüber verliert man überhaupt keine Worte.

Wenn sich nun ein Mensch mutwillig mit dem Messer tötet, wundert sich die Welt darüber und, weil es wohlangemessen ist, wird er seines eigenen Todes angeklagt, seine Güter verfallen dem Einziehen und sein Leichnam wird auf einen Misthaufen geworfen, sein Körper niemals mit einem christlichen Begräbnis bestattet[180]. Diese Völler töten sich täglich mit ihren

179 Vgl. Anmerkung 141 und *Cavanaugh*, 345, G 167.
180 Im Unterschied zum griech.-röm. Altertum verwarf die christliche Ethik den Selbstmord in jedem Fall, weil sie ihn als Widerspruch zur wesentlichen Aufgabe des Menschen sieht, sich nach Gottes Bild zu vervollkommnen und seinem Schöpfer zu dienen, der als alleiniger Herr über Leben und Tod gebietet. Die Kirche verweigert deshalb dem voll verantwortlichen Selbstmörder das kirchliche Begräbnis. More verurteilt hier den

eigenen Händen, und niemand findet Falsch darin, sondern man trägt ihre aasige Leiche ins Chor und bestattet den Körper mit feierlichem Amt kühn am Hochaltar, obwohl sie doch all ihr Leben (wie der Apostel sagt) ihren Bauch zu ihrem Gott gemacht haben und keinen anderen kennen wollten (Phil 3,19)[181]. Indem sie ihre leiblichen Freuden allen Freuden des Himmels vorziehen, schänden sie nicht nur den Namen eines Christen, sondern verhöhnen auch Aufgabe und Pflicht jedes natürlichen Menschen und einer vernünftigen Kreatur. Denn obwohl Natur und Verstand uns zeigen, daß wir nur essen sollten um zu leben, sind diese Völler so verschlungen in dem tierischen Vergnügen ihres Genusses, daß sie nicht zu leben wünschten, es sei denn, um zu essen[182].

Völler töten sich selbst

Essen, um zu leben

Aber gewiß wäre es für diese Völler Weisheit, wirklich und mit Nachdruck zu bedenken, was der heilige Paulus sagt: »Die Nahrung dem Bauch und der Bauch der Nahrung: Aber Gott wird beide zerstören, die Nahrung und den Bauch.« (1 Kor 6,13).

Völler leben, um zu essen

Sie sollten sich nun besinnen und nachdenken über die schmerzhafte Zeit des Sterbens, wenn die Hände nicht in der Lage sein werden, den Mund zu füttern;

»Selbstmord« durch Völlerei ebenso wie im *Dialogue of Comfort* den durch die Waffe (YCW 12, 130/15–28). Vgl. *K. Hörmann*, Selbstmord, LThK, Bd. 9, Sp. 627–628.
181 Vgl. *Cavanaugh*, 325, [Mauch, XB 9].
182 Vgl. ebd., 337, E 37.

und der Mund, der daran gewöhnt war, halbe Gallonen hineinfließen zu lassen und das Fleisch mit vollen Händen einzufahren, wird kaum fähig sein, drei Tropfen von einem Löffel einzunehmen, die er dann doch wieder ausspeit.

Oft hatten sie einen volltrunkenen Kopf und haben sich nüchtern geschlafen; dann aber werden sie einen Schwindel und Schmerz in ihrem trunkenen Kopf fühlen, wenn die Benommenheit des Todes allen süßen Schlaf aus ihren wässrigen Augen fernhält. Oft sind sie in den Dreck gefallen und von dort zu Bett getragen worden; nun aber werden sie in das Bett fallen und von dort in den Dreck gelegt und liegen bleiben, bis Gabriels Posaune sie hochreißt.

Wenn auch diese Überlegungen jeden Menschen sehr bewegen müßten, so insbesondere aber diese Völler, weil sie wohl wissen, daß ihre Art des Lebens zwangsläufig diesen schrecklichen Tag beschleunigen muß und ihn bald schon an sie heranführt[183], obgleich er nach dem Gang der Natur noch viele Jahre entfernt scheint.

Übermäßige Nahrung

Wenn diese Unmäßigen dies wohl und überlegt bedächten – möchte ich wahrhaft glauben – so würde dies nicht verfehlen, sie bescheidener in ihrem Lebenswandel zu machen und sie dazu bringen, solch frevelhafte Ausschweifung und verderbliche Unmäßigkeit gänzlich zu meiden[184].

---

183 Vgl. *Epigramme*, 62, Nr. 8.
184 Wie *Erasmus* und die frühen Biographen Mores bestätigen, suchte More selbst Unmäßigkeit und Weltzugewandtheit zu meiden. Vgl. *Erasmus* an *Hutten*, 1519 (Allen, IV, 999); *Roper*, 25/9–28/2 und 48/15–49/13; *Harpsfield*, 64/15–67/13 und 75/5–76/23.

Über die Trägheit

Um die Todsünde der Trägheit machen die Menschen wenig Aufhebens[185]. Trägheit ist eine weit verbreitete Sünde, und es gibt darin keinen erwähnenswerten Akt, der nach Einschätzung der Welt für hassenswert und abscheulich angesehen wird, wie etwa Diebstahl, Totschlag, Meineid oder Verrat – Verbrechen, deren kein Mensch wegen der darauf stehenden irdischen Strafen angeklagt sein möchte. Über die Trägheit ist daher niemand beschämt, wir halten sie vielmehr für eine belächelnswerte Sache und für einen Spaß.

Aber sicherlich ist sie in Wahrheit eine schwere Hauptsünde. Je weniger wir ihr beimessen, desto gefährlicher ist sie, weil wir uns um so weniger bemühen, Abhilfe zu schaffen. Damit wir uns nicht selbst tödlich täuschen, ist es für uns notwendig, ihr Gewicht gut zu bedenken. Wenn wir dies tun, so finden wir es weit größer, als wir zuvor glaubten.

Es gibt, wie du wohl weißt, zwei für die Erlösung unerläßliche Voraussetzungen: Böses abzulehnen oder zu meiden und Gutes zu tun (Ps 33 [34],15; 1 Petr 3,11)[186].

Zwei für die Erlösung notwendige Voraussetzungen

Während nun im ersten dieser beiden Teile all die anderen sechs, also Stolz, Neid, Zorn, Völlerei, Hab-

---

185 Geistliche Trägheit wird gekennzeichnet durch Überdruß am asketisch-geistlichen Leben, am Gebet, durch Bescheidung auf innerirdische Erfüllung, durch geistliche Lustlosigkeit, religiösen Widerwillen und die Lähmung des Aufschwungs aus der Dumpfheit oder Sattheit des Alltags zum Göttlichen. Vgl. *F. Wulf*, Trägheit, LThK, Bd. 10, Sp. 302–303. Vgl. außerdem S. 205 f.
186 Vgl. *Cavanaugh*, 346, G 314 (Tilley).

sucht und Wollust zu unterlassen sind, ist die Trägheit sogar in der Lage, den zweiten Teil (Gutes zu tun), das heißt somit, die eine Hälfte unseres Weges zum Himmel alleine zu zerstören[187].

> *Sir Thomas More*
> *schrieb nicht mehr*
> *von diesem Werk*

---

187 More verweist hier darauf, daß aus der geistlichen Trägheit die Abwendung von Gott resultiert, die ein Erlangen der göttlichen Gnade und des ewigen Lebens unmöglich macht.

Lebenstafel Sir Thomas Mores

1477/78 6./7. Februar	Thomas More als zweites Kind und ältester Sohn des Juristen John More (ca. 1451–1530) und seiner Frau Agnes, geb. Granger († 1510) in London geboren.
bis ca. 1490	Besuch der St. Anthony-Schule in London unter Nicholas Holt.
ca. 1490	Vater John gibt den jungen Thomas als Pagen an den Hof des Lordkanzlers, Erzbischof John Morton von Canterbury, nach Lambeth.
ca. 1492	Erzbischof Morton schickt More auf die Universität Oxford (Canterbury College, heute Christ Church).
ca. 1492	Auf Wunsch des Vaters Rückkehr nach London zum Studium an den dortigen Rechtsschulen (Inns of Court).
ca. 1497	More verfaßt lateinische Verse für Holts Grammatik, *Lac puerorum*.
1499	In London erste Begegnung mit Erasmus von Rotterdam.
ca. 1499–1503	Anwaltstätigkeit in London; lebt in der Londoner Kartause ohne Gelübde.
1501	Hält Vorlesung in der Pfarrkirche St. Lawrence Jewry über Augustinus' *Gottesstaat*; Griechischstudien bei William Grocyn und Thomas Linacre; vollendet seine juristischen Examen; lehrt an Furnivall's Inn.
ca. 1503	Verfaßt englische Gedichte: »A Merry

	Jest«, »Nine Pageants«, »Verses to the Book of Fortune«, »A Rueful Lamentation«.
1504	Member of Parliament (Wahlkreis unbekannt); widerspricht im Unterhaus Steuerforderungen Heinrichs VII. zur Mitgift für Prinzessin Margaret.
vor 1505	Heiratet Jane Colt; wohnt in der ›Old Barge‹, Bucklersbury.
1505 Oktober	Geburt des ersten Kindes, *Margaret* (∞ William Roper); More überträgt das Leben Pico della Mirandolas ins Englische.
1505/06	Zweite Begegnung mit Erasmus in England, gemeinsame Übersetzung der Dialoge Lukians.
1506	Geburt der zweiten Tochter, *Elizabeth* (∞ William Dauncey).
1507	Geburt der dritten Tochter, *Cecily* (∞ Giles Heron).
1508?	Besuch der Städte und Universitäten von Paris und Löwen.
1509	Geburt des Sohnes, *John* (∞ Anne Cresacre); More verfaßt lateinische Epigramme zur Krönung Heinrichs VIII.; Erasmus, aus Italien zurück, schreibt im Hause Mores sein *Encomium Moriae* (Lob der Torheit).
1510	Member of Parliament für London; (bis 1518) Untersheriff in London; lehrt an Lincoln's Inn; John Rastell druckt Mores Pico-Übersetzung.
1511 Sommer	Tod seiner Frau Jane (23); zweite Ehe mit Alice, der Witwe John Middletons; Andreas Ammonius als Gast bei ihm.
1512 August	Seeschlacht zwischen England und Frankreich.

1513	Nachdem Germain de Brie (Brixius) hierüber sein »Chordigera« veröffentlicht hat, antwortet More darauf mit patriotischen lateinischen *Epigrammen*, die später zur Kontroverse mit Germain de Brie führen.
1514	Lehrt erneut an Lincoln's Inn; Zulassung zu Doctors' Commons.
1514–1518	Schreibt englische und lateinische Fassungen der *Geschichte König Richards III*.
1515 Mai–Oktober	In diplomatischer Mission in Flandern; trifft Erasmus in Brügge, Gilles in Antwerpen, Busleiden in Mecheln; schreibt Teil II der *Utopia*; (Oktober) Kontroverse mit Martin van Dorp in Verteidigung des Erasmus.
1516	Verfaßt in London Teil I der *Utopia*; (Dezember) Erstdruck der *Utopia* bei Dirk Martens in Löwen; häufige Besuche am Hofe Heinrichs VIII.; gewinnt Gerichtsstreit gegen den König über ein in England aufgebrachtes päpstliches Schiff; wird zum Hofdienst gedrängt.
1517 1. Mai	Vermittelt bei den Londoner Mai-Unruhen; tätig im ›Sternkammer‹-Gericht; Mitglied des Kronrats: (August–Dezember) Gesandtschaftsreise nach Calais; *Utopia* bei Gourmont in Paris nachgedruckt.
1518	Amtiert als Sekretär Heinrichs VIII.; *Utopia* und *Epigramme* erscheinen bei Froben in Basel; schreibt im Auftrag des Königs einen Brief an die Universität Oxford über Griechischstudien; erhält

	auf Lebenszeit eine Pension als Mitglied des Kronrats; Mitunterzeichner des Friedensvertrags mit Frankreich.
1519	Brief an einen Mönch in Verteidigung des Erasmus.
1520	Verteidigt erneut Erasmus in einem Brief an Edward Lee; Kontroverse mit Germain de Brie nach Erscheinen von dessen *Antimorus;* Erasmus vermittelt zwischen beiden; More im königlichen Gefolge beim Empfang Kaiser Karls V. in Canterbury und in London sowie (im Sommer) beim Fürstentreffen vom ›Güldenen Feld‹ in Flandern, wo er Budaeus und Cranevelt begegnet; bei Verhandlungen mit der Deutschen Hanse in Brügge trifft More Erasmus, Hutten, Peutinger und Vives im Gefolge des Kaisers.
1521	Unterschatzkanzler von England; Erhebung in den Ritterstand (»Sir«); Mitwirken an Heinrichs *Assertio septem Sacramentorum* als Antwort auf Luthers *Babylonische Gefangenschaft;* erneut zu Verhandlungen mit der Hanse in Brügge, wo er wiederum Erasmus und Vives trifft.
1522	Traktatfragment über die *Vier letzten Dinge.*
1523	Verfaßt unter dem Pseudonym Guilielmus Rosseus eine *Responsio ad Lutherum* auf dessen *Contra Henricum regem Angliae* (1522); Sprecher des Unterhauses.
1525	Kanzler des ›Herzogtums Lancaster‹.
1526	Auf Empfehlung des Erasmus Gastgeber

	und Auftraggeber Hans Holbeins bei dessen erstem Englandaufenthalt; Holbein malt Bildnisse der Familie Mores; More vermittelt ihm weitere Aufträge in führenden Kreisen; Kontroverse mit Johannes Bugenhagen (Pomeranus) über die Reformation.
ca. 1527	Heinrich VIII. konsultiert More wegen seiner Ehescheidung von Katharina von Aragonien (»des Königs große Sache«); in der Begleitung Lordkanzlers Kardinal Wolsey in Amiens.
1529	Mitunterzeichner des »Damenfriedens« von Cambrai; (Oktober) als Nachfolger Kardinal Wolseys zum Lordkanzler von England ernannt; (November) als Lordkanzler eröffnet More das sog. ›Reformations-Parlament‹ (bis 1532).
1529–1532	Kontroversschriften gegen englische Reformatoren (Tyndale, Fish, Frith, St. German, Joye).
1532 16. Mai	Am Tage nach der ›Unterwerfung des Klerus‹ unter die ›Suprematie‹ des Königs (die ihn zum geistlichen Oberhaupt der Kirche von England erklärt) tritt More vom Amt des Lordkanzlers zurück; er läßt in seiner Pfarrkirche zu Chelsea sein Grabmal errichten und verfaßt seine lateinische Grabinschrift (Epitaphium).
1533 1. Juni	Nimmt, obwohl geladen, nicht an der Krönung Anna Boleyns (Heinrichs zweiter Frau) teil.
1534 Januar–April	Kesseltreiben durch falsche Anschuldigungen gegen More;
14. April	verweigert, vor den Kronrat geladen,

	den geforderten Suprematseid und wird im Tower eingekerkert.
November	Parlament verhängt die Acht über ihn (Attainder) und verfügt Vermögenseinzug (Forfeiture) zugunsten der Krone: die Familie verarmt.
1534–1535	More schreibt den *Traktat über das Leiden Christi*, im Tower den *Traktat über den Leib des Herrn*, *Das Trostgespräch im Leide*, über *Die Traurigkeit Christi* und *Gebete und Meditationen*.
1535 1. Juli	Hochverratsprozeß gegen More in der Westminster Hall; das Sondergericht verurteilt ihn auf Grund meineidigen Zeugnisses zum Tode (Schleifen zur Richtstatt, Erhängen, noch bei lebendigem Leibe Herausschneiden der Eingeweide und deren Verbrennen, Vierteilen des Körpers und Enthaupten).
6. Juli	Vom König zu einfacher Hinrichtung begnadigt, wird More auf dem Tower-Hügel enthauptet; seine Tochter Margaret beerdigt seinen Leichnam an der St. Peter Vincula-Kapelle im Tower; sein Haupt wird zur Abschreckung über dem Stadttor auf der Londoner Brücke aufgepflanzt. Es kommt später nach Canterbury in die Grabstätte seiner Tochter Margaret Ropers in der Pfarrkirche St. Dunstan vor dem Westtor.
1886 29. Dezember	Papst Leo XIII. spricht Bischof John Fisher und Sir Thomas More selig.
1935 19. Mai	Heiligsprechung beider Märtyrer durch Papst Pius XI.

Register

Enthalten sind Personen- und Ortsnamen, Titel anonym erschienener Werke und ausgewählte Sachbegriffe aus den Bereichen Moraltheologie und Eschatologie. Die Kennzeichnung »A« bei den angegebenen Seitenzahlen bezieht sich auf Erwähnung(en) in den Anmerkungen.

Abraham 193, 193A
Adam und Eva 58, 90, 116A, 173, 203
Aesop 174, 174A, 175A
Allen, H. E. 70A, 71A
Allen, P. S. u. H. M. 25, 54A, 79A, 216A
Althaus, P. 115A
Apokryphen, s. Bibel
Apostel 66, 127, 129, 197
Appel, H. 67A, 103
Arbesmann, R. 58A, 103
Aries, Philip 11A, 12A, 103, 134A
Aristoteles 187A
Artes moriendi 13, 68, 73, 74, 74A, 89A, 92A, 103, 107, 137A
Auer, A. 187A
Augustinus, Aurelius von Hippo 58, 58A, 87, 87A, 97, 103, 108, 113A, 125, 125A, 126A, 151A, 160A, 175, 175A, 204A, 205A
Avian 87, 175A

Ba., Ro. (unbekannter Biograph Mores) 32, 33, 107
Babel (Babylon) 169, 169A
Baumann, Uwe 14A, 85, 86A, 88A, 102, 103, 107, 131A, 157A
Beaty, Nancy L. 73A, 103
Belke, Horst 59, 59A, 60A, 61A
Bender, W. 56A
Bernhard von Clairvaux, St. 87, 126A, 201, 201A
Berve, H. 172A
Bibel 66, 70, 78, 79, 80, 82, 82A, 83, 86, 101A, 111, 112, 113, 127, 128, 130, 131, 133, 134, 144, 165, 190, 196, 207, 209, 210
– Altes Testament 81, 82, 84A, 86
  Genesis 147, 169A, 170, 172A, 173, 189, 191A, 203, 207
  Könige 193
  Hiob 81, 86, 159, 207, 208
  Psalmen 86, 143, 166,

225

168, 189, 190, 191A, 196,
201, 204, 209, 217
Sprüche 131, 132, 209
Kohelet 81, 189
Prediger 132, 144, 166,
201
Weisheit 81, 84A, 172A,
173A, 205, 209
Ecclesiasticus 41A, 58,
58A, 65, 71, 81, 81A,
82A, 83A, 84A, 88,
111A, 112A, 114A,
115A, 134, 134A, 160,
169, 188A, 210, 212, 214
Hesekiel 192A
Daniel 193
Isaias 122, 192A
– Neues Testament 58, 80,
86
Matthäus 124A, 126,
126A, 128A, 140, 162A,
171, 179A, 190, 191A,
192A, 195, 197, 202
Markus 58A, 140, 195,
197
Lukas 126, 127, 140,
144, 162A, 179A, 190,
193, 195, 197, 201, 202
Johannes 168
Römer 168, 179A, 185A
Korinther 128, 179A,
185A, 210, 215
Galater 97A, 163, 205
Philipper 203, 215
Paulus 163, 215
Petrus 127, 143, 171,
217
Hebräer 186A
Jakobus 171
Offenbarung 163

– Apokryphen 82, 82A, 83
– Authorized Version 83
– Lutherbibel 83
– Septuaginta 79, 81, 82,
195A
– Vetus Latina 81, 82
– Vulgata 82, 169A
Bloomfield, M. W. 66A,
103
Boethius 167A
Boleyn, Anna 18A
Bonaventura, St. 68
Bonnard, G. A. 12A, 105
Botterwek, G. J. 82A
Boventer, H. 103, 105,
135A
Breitinger, J. J. 56, 56A
Bridgett, T. E. 24, 33A,
51, 51A, 103
Brinkmann, H. 89A
Brunne, Robert von 70,
71A
Buckingham, Herzog von
50, 156A
Bullogh, G. 17A
Butsch, A. F. 74A, 142A

Calvin 83
Campbell, A. Montgome-
ry 76A, 103
Campbell, W. E. 16A,
18A, 19A, 20A, 21A, 25,
25A, 26, 26A, 45A, 49A,
54A, 101, 101A, 106,
124A, 142A, 176A,
177A, 185A, 195A, 297A
Cassianus, Johannes 46A
Cavanaugh, J. R. 88, 103,
114A, 120A, 124A,
127A, 131A, 133A,

147A, 148A, 151A,
154A, 155A, 158A,
160A, 162A, 174A,
175A, 176A, 186A,
187A, 188A, 193A,
195A, 201A, 203A,
204A, 205A, 206A,
207A, 208A, 209A,
210A, 214A, 215A, 217A
Caxton, William 13A, 105
Chambers, R. W. 19A,
20A, 30, 30A, 33A, 34A,
35A, 51, 51A, 52A, 53,
53A, 57A, 104, 111A,
142A, 170A, 177A
Christus 21, 43, 61A, 72,
74, 80, 90, 112, 115A,
119A, 126, 127, 140, 143,
144, 162A, 181, 187, 189,
190, 191, 193, 193A, 194,
195, 197, 200
– Christus medicus 58,
58A, 103, 114A, 115A
Chrysostomos, Johannes
(Goldmund) 87, 126A,
127, 127A, 128A
Cicero 49, 62, 87, 112A,
147, 147A, 151A, 153A
Clark, J. M. 75A, 104
Clement, John 30, 49, 62,
63A
Cloud of Unknowing 69
Colet, John 72, 78
Comper, F. M. 73A, 74A,
89A, 104, 144A
Contemptus mundi 13, 57
Cordiale 12A, 68, 71, 72,
84A, 104, 107, 111A
Corpus Christi College,
Valencia 17A

Cromwell, Thomas 37,
37A
Crysipp 131A
Curtius, E. R. 121A, 167A
Cutte, Sir John 111A
Cyprian 81

Dander, F. 161A
David 168
Delcourt, Joseph 52A, 54A
Demant, A. 167A
Demut 58, 70, 160A,
161A, 162A, 172A, 184A
Devotio moderna 72, 85
Dickens, Charles 171A
Dithmar, R. 55A
Dionysius, der Kartäuser
72, 72A
Döring-Hirsch, E. 67A,
104
Donne, John 138A
Donner, H. W. 47, 53A,
104
Dorp, Martin van 103,
157A
Douai 31
Doyle-Davidson, W. A. G.
18A, 25, 25A, 52A, 104
Dusch, M. 12A, 13A, 73A,
84A, 104

Edward VI. 19
Egenter, R. 162A
Eis, G. 63A, 64A, 65A,
75A, 76A, 77A, 104, 105
Engelen, U. 119A
Erasmus von Rotterdam
25A, 62, 72, 79, 79A,
103, 105, 121A, 122A,

145A, 154A, 157A,
162A, 167A, 174A,
186A, 195A, 206A, 216A
Eschatologie 61, 115A
Ewiges Leben 35, 43,
136A, 218A

Falk, F. 13A, 73A
Falstaff, Sir John 138A
Fegefeuer 70, 72, 117,
117A, 128, 143
Fisher, John, Kardinal, St. 36
Flandern 31
Fleckenstein, H. 118A
Fortuna 166
Fox, Alistair 37, 105
Fulham, Sister M. 52A
Furnivall, F. J. 71A

Gabriel 216
Galling, K. 81A
Garrod, H. W. 79A
Gee, John Archer 53, 53A, 54A
Gerson, Jean 68, 68A
Gibson, R. W. 24A, 31A
Giggs, Margaret 49, 63, 170A
Görlach, Manfred 54A
Gregor der Große 46A
Groote, Geert 72
Grünzinger, Max 52, 53A
Gryphius, Andreas 11, 11A
Guy, John A. 42A

Habsucht 25, 46, 55, 87, 88, 97, 98, 111A, 174, 175, 187, 187A, 195, 196, 197, 200, 202, 217, 218
Hale, David G. 174A

Hallett, P. E. 31A, 32A, 33A, 40A, 51A, 79A, 107, 108, 177A, 198A
Hamp, V. 84A
Harer, Peter 64A
Harpsfield, Nicholas (Biograph Mores) 29A, 42A, 52A, 105, 125A, 127A, 170A, 180A, 216A
Hauptsünden, sieben 41, 45, 46, 46A, 51, 65, 66A, 69, 72, 73, 76, 97, 103, 111A, 118A, 132A, 148A, 160A, 162A, 171A, 178A, 184A, 187A, 217
Headley, John M. 188A, 207A
Heilige Schrift, s. Bibel
Heiliger Geist 161A
Heiliger Zorn 178, 178A, 179A
Heinrich V. 138A
Heinrich VIII. 18, 18A, 28, 34, 35, 37, 37A, 42, 111, 111A, 143A, 181A
Heinrich, Hans Peter 23A, 102, 105, 107, 135A
Henschen, H. H. 11A
Hermann, P. 124A
Heywood, John 19A, 107, 133A
Hilton, Walter 53, 67A, 68, 69, 69A, 70, 93A, 151A
Himmel 111A, 123A, 126, 129, 130, 133, 134, 136A, 145, 190, 191, 193A, 196, 215, 218 (s. auch Seligkeit)

Hitchcock, Elsie Vaughan
    29A, 32A, 105, 107
Hölle 35, 41, 84, 84A,
    111A, 117, 121, 134, 140,
    164, 165, 183, 209
Hörmann, K. 215A
Hofer, Josef 46A
Hoffnung 50, 99, 123A,
    124, 126, 129, 144, 146,
    168
Hogrefe, P. 18A
Hoheslied 81
Holmstedt, G. 71A
Horaz 154A
Hortulus animae (Seelengarten) 114A
Houghton, John 170A
Huber, P. 43A, 105
Huizinga, J. 13A, 67A,
    85A, 105
Hunter, J. 20A
Hutten, Ulrich von 216A
Hythlodaeus, Raphael (Erzähler der Utopia) 137A,
    145A

Jackson, W. T. H. 13A
Janelle, Pierre 105
Jedin, H. 81A
Jones, D. 69A
Jones, J. Winter 13A, 105
Jonson, Ben 141A, 199A
Jüngstes Gericht 13A, 41,
    43, 43A, 65, 67, 70, 72,
    84, 84A, 111A, 115,
    115A, 116, 117, 134

Kanon, biblischer 82, 83,
    83A
¬ jüdischer 82, 83
– rabbinischer 83

Kanzog, K. 59A
Kardinaltugenden 120A,
    175A, 181A, 187A, 203A
    (s. auch Tugend)
Kartäusermönch 36, 78,
    170A
Katharina von Aragon 18,
    18A, 181A
Keil, G. 64A, 105
Kingsford, C. L. 137A
Kirchenväter 46, 49, 58,
    66, 67, 70, 71, 79, 79A,
    80, 80A, 86, 87, 106,
    125, 126, 175, 195A,
    205A
Kitasato, Shibasaburo 77A
Klugheit 120A, 175A,
    181A
Knowles, David 53A, 69A,
    106
Körper 43, 93, 112A, 113,
    115A, 118, 119, 119A,
    120A, 122, 122A, 128,
    131, 133, 136, 137, 139,
    140, 141, 149–152, 155,
    156, 162, 165, 166, 183,
    191, 203A, 204, 205, 206,
    211–215
Köster, K. 13A, 105
Kokolakis, M. 167A
Krapp, G. Ph. 52A
Krebs, K. 139A
Kriton 48
Kruse, J. A. 59A, 60A

Laodicea 163
Lazarus 193
Leib 90, 118A, 180, 184 (s.
    auch Körper)
Letzte Dinge, Vier 13, 13A,

229

14, 14A, 32, 33, 39, 41,
43, 45, 57, 58, 61, 65, 71,
72, 94, 94A, 104, 111A,
113A, 114, 115A, 118,
130, 133, 134, 135
Linacre, Thomas 79
Link, F. H. 103
Löwen 19
London 170A, 171A
  Bedlam (St. Mary of Bethlehem) 121A
  Beinhaus 138, 138A
  Bishopsgate 121A
  Chelsea 50
  Lincoln's Inn 19
  Marble Arch 170A
  Marshallseagefängnis 171
  Newgate 170, 170A, 198
  Pardon Church Yard 74, 137A
  St. Paul's Kathedrale 74, 75A, 137, 137A, 138A
  Southwark 171A
  Tower 36, 129A, 130A, 170A
  Tyburn 170, 170A
Lüsternheit, s. Wollust
Lukian 62, 154A, 167A
Lupset, Thomas 53A
Luther, Martin 56A, 80, 83
Lydgate, John 75A, 137A

Mackintosh, Sir James 52
Maria, die Katholische (Tochter Heinrichs VIII.) 18, 18A, 21
Maria, Tochter des Herzogs von Buckingham 177A
Marius, Richard C. 80A, 87A, 106

Marc'hadour, Germain 43A, 48A, 50A, 78A, 79A, 86, 86A, 99, 99A, 104, 106, 112A
Martz, Louis L. 106, 114A
Masser, A. 59A
Medwall, Henry 19A, 107
Meier, Christel 106, 119A
Meißner, Paul 47, 106
Memento mori 13, 14
Merill, E. 62A
Metz, J. B. 118A
Migne, Jacques Paul 128A, 175A
Mißgunst, s. Neid
Moos, P. von 67A, 106
More, Cresacre (Biograph Mores) 20, 20A, 32, 32A, 33, 39, 42, 42A, 106
More, Lady Alice (Mores zweite Frau) 190A, 192A
More, Margaret 20, 20A, 30, 32, 33, 33A, 35, 42, 48, 49, 63, 149A
More, Sir Thomas, St.
– Leben
  Lebenstabelle Mores 219–224
  Kartause 69, 69A, 78
  Erziehung am Hofe Mortons 78
  Griechisch-Studien 79
  Jurist, Anwalt, Richter 19, 69, 84, 184A
  am Hofe Heinrichs VIII. 33, 34, 42, 177A, 212A
  Mitglied des Kronrates

27A, 28, 29, 32, 111, 111A
Unterschatzmeister von England 28, 29, 32, 111, 111A
geadelt (Sir) 21, 28, 29, 32, 111, 111A
Lordkanzler 19, 21, 27A
Rücktritt vom Kanzleramt 34, 36, 39, 50, 192A
Suprematseid und Eidesverweigerung 34, 35
Gefangenschaft im Tower 19, 36, 50, 129A, 170A, 192A
Hinrichtung 16, 39, 177A
Heiligsprechung 25, 26
Familie und Haushalt 18, 20A, 29, 33A, 34, 49A, 50, 142A, 192A
Freundeskreis 18, 18A, 19A, 20, 22, 29, 31, 49, 49A
Humanist und Gelehrter 13, 79, 84
– Werke
Complete Works (Yale University Press, 1964–) 26, 17A, 26A, 102, 102A, 106
English Works (ed. Rastell, London 1557) 16A, 18, 20, 20A, 21–24, 24A, 25, 26A, 28, 29, 44, 102A, 106
English Works (ed. Campbell und Reed, London 1931) 25, 25A, 101, 106

Briefe 20, 31, 35, 48, 63, 86, 107, 144A
Answer to a Poisoned Book 113A
Apology (YCW 9) 17A, 163A, 165A, 169A
Confutation of Tyndale's Answer (YCW 8) 17A, 62A, 69, 69A, 81A, 116A, 126A, 163A, 175A, 210A
De Tristitia Christi (YCW 14) 16A, 17, 17A, 43, 44, 44A, 61, 113A
Dialogue concerning Heresies (YCW 6) 17A, 28, 29, 44A, 47A, 48, 48A, 55, 55A, 61, 62A, 79A, 80A, 113A, 136A, 164A, 165A, 172A, 204A
Dialogue of Comfort (YCW 12) 16A, 17, 23A, 24A, 36, 36A, 37, 37A, 48, 48A, 49, 49A, 52A, 55A, 97A, 112A–116A, 120A, 122A, 123A, 126A, 136A, 139A, 140A, 143A, 147A, 148A, 153A, 168A, 171A, 180A, 195A, 198A, 200A, 204A, 205A, 208A, 209A, 214A, 215A
Englische Gedichte 24A, 29A
Epigramme (Kösel) 14, 14A, 94, 94A, 95A, 106, 114A, 125A, 130A, 155A, 157A, 165A–169A, 172A, 186A–

188A, 196A, 197A,
201A, 216A
Gebete und Meditationen
(Kösel) 35, 35A, 36A,
39A, 42A, 65A, 66, 78A,
80A, 84A, 85A, 89A,
91A, 95A, 107, 130A,
144A, 158A, 166A,
191A, 200A
Geschichte Richards III.
(Kösel) 23A, 28A, 29A,
30A, 55A, 107, 138A,
160A, 167A
History of Richard III.
(YCW 2) 17A, 22A, 23,
24A, 28, 29, 30, 30A, 38,
119A, 138A, 160A,
163A, 167A
Life of John Picus 29A,
31
Responsio ad Lutherum
(YCW 5) 17A, 79A,
80A, 169A, 188A, 207A
Supplication of Souls
61, 61A
Treatise on the Blessed
Body (YCW 13) 17A,
18A, 61, 80A, 85A, 97A,
175A, 186A
Treatise on the Passion
(YCW 13) 17A, 18A,
22A, 30, 30A, 61, 61A,
69A, 80A, 85A, 97A,
123A, 144A, 175A, 186A
Translations of Lucian
(YCW 3) 17A, 167A
Utopia (YCW 4) 17A,
55A, 97A, 116A, 119A,
135A, 137A, 145A,
160A, 162A, 192A, 211A

humanistische Schriften
38, 38A
kontroverstheologische
Schriften 19, 29, 30, 38,
42, 62, 78, 80, 85, 87
religiös-erbauliche Schriften 24, 38, 53, 87
Frühwerk 17A, 30
Spätwerk 38, 61, 158A
Towerwerke 20A, 36,
37, 51, 69, 80, 85
– Verschiedenes
Dramenfragment Booke
of Sir Thomas More
180A
Morus-Bild 11, 22, 24,
27, 27A, 33, 39
Morton, John, Erzbischof
von Canterbury 78
Morus, Thomas, s. More,
Sir Thomas
Mulders, J. A. 71A, 72A,
73A, 107
Murray, A. H. James
186A

Nachfolge Christi 58, 74,
80, 98, 172A, 184A
Nassyington, William von
70
Neid 15, 25, 55, 56, 87,
88, 93A, 97, 98, 111A,
142, 161, 162, 171, 171A,
172, 172A, 173, 173A,
174, 175, 177, 178, 184A,
212A, 217
Neville, George, Baron von
Bergavenny 177A
Norwich, Julian von 53

O'Connor, Daniel 24, 25, 25A, 26, 26A, 106, 138A
O'Connor, Sister, M. C. 73A, 74A, 107
Oehler, K. 89A
Ohly, Fr. 119A
Olson, G. 63A, 107
Otto, A. 154A
Owst, G. R. 68A

Pankok, O. 11A
Pfau, U. 11A
Phaidon 47, 136A, 151A, 153A
Phalaris 172A
Pico della Mirandola, Giovanni 31
Pieper, Josef 115A, 120A, 203A
Pineas, Rainer 85
Pirckheimer, Willibald 63, 63A
Platon 49, 62, 87, 112A, 119A, 136A, 151A, 153A, 154A, 168A, 205A
Plinius Secundus 49, 87, 148, 148A
Plutarch 49, 76, 87, 112A, 154A, 213, 213A
Prick of Conscience 70
Publius Mutius (Figur aus den Vier Letzten Dingen) 173, 174A

Quatuor novissima, s. Letzte Dinge

Rahner, Karl 46A, 115A, 117A
Rastell, William 16A, 18, 18A, 19, 19A, 20, 21, 22, 22A, 23, 24, 24A, 25, 26, 26A, 27, 28, 29, 29A, 30, 30A, 31, 32, 33, 38, 39, 40, 44, 45, 61, 62, 62A, 106, 107
Reed, A. W. 16, 18A, 19A, 20A, 21A, 22A, 25, 25A, 26, 26A, 29A, 45A, 49, 49A, 54, 54A, 62, 69A, 101, 101A, 106, 107, 123A, 124A, 142A, 176A, 177A, 185A, 195A, 207A
Regimina sanitatis 63, 64, 75, 75A, 76
Remedia 64
Reynolds, E. E. 33, 78A
Reynolds, Richard 123A, 170A
Rich, Richard 34
Ro. Ba. siehe Ba., Ro.
Rogers, Elizabeth Frances 35A, 48A, 107, 123A, 190A, 196A
Rohner, Ludwig 47A
Rolle, Richard 53, 69, 70
Roper, Margaret siehe More, Margaret
Roper, William (Mores Schwiegersohn und Biograph) 19A, 25A, 37A, 42A, 49A, 50A, 63A, 100A, 107, 123A, 125A, 127A, 143A, 149A, 180A, 183A, 192A, 216A
Routh, E. M. G. 33A, 57A, 107
Rüttenauer, Wolfgang 19A, 104

Salomon 81, 112A, 188A, 209, 214
Sara 147
Schaffner, O. 160A, 162A, 184A
Scherer, G. 15A
Schildenberger, J. 83A
Schirokauer, A. 174A
Schmaus, Michael 14A, 28A
Schmidt, J. 187A
Schmidt, Sister M. Th. 87A, 108, 175A
Scholz, F. 46A
Schulte, A. 11A
Schulte Herbrüggen, Hubertus 14A, 23A, 29A, 34A, 35A, 102, 103, 107, 108, 180A
Schuster, H. 172A
Seele 35, 45, 50, 65, 70, 74–75, 89–93, 96, 112–114, 115A, 117A, 118, 118A, 119, 119A, 120A, 121, 124, 126–129, 135–141, 148, 159–160, 162, 164, 176, 183, 185, 204–206
Seligkeit 13A, 38, 39, 41, 65, 67, 73, 84, 89, 89A, 90, 115, 115A, 116, 189, 193A, 209
Seneca 49, 62, 112A, 167A
Shakespeare, William 138A, 147A, 168A, 198A
Sigerist, H. E. 64A
Sirach, Jesus, s. Ecclesiasticus
Smith, L. P. 138A
Sokrates 47, 48

South, M. 199A
Speculum Christiani 70, 71A
Speculum Vitae 71, 71A
Spencer, Theodore 67A
Stammler, W. 12A, 13A, 63A, 104, 108, 174A
Stapleton, Thomas (Biograph Mores) 31, 31A, 32, 32A, 33, 33A, 39, 40A, 50, 50A, 51, 51A, 79A, 108, 177A, 198A
Steinberg, W. 56A
Stow, John 137A, 138A, 170A, 171A
Stolz 15, 34, 45, 74, 97, 98, 111A, 159, 160, 160A, 161, 161A, 162–166, 169A, 170, 173, 175–184, 184A, 185–187, 196, 210, 217
Sudhoff, Karl 64A
Sünde 35, 45, 46A, 58, 60, 65, 68, 71, 74, 75, 77, 88, 89, 89A, 90–93, 93A, 96, 97, 97A, 101A, 112, 113, 113A, 114A, 115, 115A, 116, 116A, 117A, 118A, 122, 122A, 123, 124, 128, 131–135, 140, 144–145, 160, 163, 178, 182, 195, 203A, 208–210, 212A, 217
Sündenkatalog 46A, 70
Sullivan, Sister Mary Rosenda 37, 107
Sylvester, Richard S. 22A, 30, 48A, 104, 106, 114A

Teufel 39, 43, 50, 73, 74,

89A, 90, 92, 92A, 130,
131, 136, 140, 141, 142,
142A, 144, 144A, 159,
164, 164A, 165, 173, 204
Tholen, Alfred 26, 26A,
27, 27A, 43, 43A, 54A,
100A, 107, 207A
Thomas von Aquin 187A
Thomas von Kempen 68A
Tod passim
Totentanz 13, 68, 73–75,
75A, 92, 96A, 137A,
138A, 166A, 167A, 169A
Trägheit 46, 46A, 97, 97A,
101A, 111A, 116, 122A,
145, 163, 203A, 206, 207,
217, 217A, 218, 218A
Trapp, J. B. 29A, 108
Trost 43, 50, 51, 57, 67,
67A, 68, 80, 88, 99, 99A,
103, 106, 112A, 113A,
123, 123A, 125, 126, 129,
136A, 140
Tugend 21, 37, 60, 65, 74,
82, 86, 88, 98, 160A,
161A, 187A, 208, 209,
210 (s. auch Kardinaltugenden)

Ulke, K. D. 106
Underhill, Evelyn 67A,
69A, 102

Verdammung 13A, 65, 67,
71–73, 89–90, 115, 115A,
116, 143–144, 209
Vergänglichkeit (Vanitas)
38A, 67, 68, 70, 75, 92,
97, 100, 118A, 119A,
136A, 144A, 186A

Vincent (Figur aus dem
Dialogue of Comfort)
46A, 48
Vischer, L. 83A
Visser, F. T. 52A, 54A
Vliederhoven, Gerhard von
12A, 41A, 71, 104
Vögtle, A. 46A
Völlerei 46, 46A, 57, 76,
93A, 97, 111A, 161–163,
198, 202–208, 211–214,
215, 217

Warren, F. 75A
Weisheitsliteratur, alttestamentliche 86, 111A,
188A
Welzig, W. 105
Wenkebach, E. 63A
Werbeck, W. 81A
White, Helen C. 12A, 108
Wildbolz, R. 62A
Wollust 41, 46, 97, 111A,
148, 148A, 163, 198,
203A, 206–207, 218
Wood, John 20A
Woodville, Anthony, Earl
Rivers 71A, 107

Yee, Nancy C. 52A
Yersin, A. 77A

Zekert, O. 64A
Ziegler, J. G. 162A, 178A
Zorn 15, 97, 98, 111A,
132, 132A, 160–162,
162A, 178, 178A, 179,
181–184, 184A, 185, 186,
207, 217

THOMAS MORUS WERKE
IM KÖSEL-VERLAG

Die Auswahl der Werke von Thomas Morus gibt einen kompetenten Einblick in die Entstehung eines neuen Weltbildes. Durch die größtenteils erstmalige Übersetzung der wichtigsten Texte soll das Werk Thomas Morus neu erschlossen werden.

Der Herausgeber der Thomas-Morus-Werke, **Dr. Hubertus Schulte Herbrüggen,** geb. 1924, ist Professor für Anglistik am Anglistischen Institut der Universität Düsseldorf und Mitbegründer der Thomas-Morus-Gesellschaft.

Trotz einer internationalen »Morus-Renaissance« der letzten Jahrzehnte sind Werke Thomas Mores, mit Ausnahme des Staatsromans »Utopia«, der einer ganzen Literaturgattung den Namen verlieh, in Deutschland bisher fast unbekannt geblieben. Die einzelnen Bände bieten eine ausführliche, den gegenwärtigen Forschungsstand repräsentierende Einführung sowie Sacherläuterungen zum vollständigen Text.

Folgende Bände sind bereits erschienen:

Gebete und Meditationen
Herausgegeben von Hubertus Schulte Herbrüggen, Düsseldorf

Epigramme
Übersetzt, eingeleitet und kommentiert von Uwe Baumann, Düsseldorf

Die Geschichte des Königs Richard III.
Übersetzt, eingeleitet und kommentiert von Hans P. Heinrich, Düsseldorf

Die vier letzten Dinge
Übersetzt, eingeleitet und kommentiert von Friedrich Karl Unterweg, Düsseldorf